U0516112

长江经济带绿色发展报告

（2019）

Report on the Green Development of
Yangtze River Economic Belt (2019)

谢瑾岚　杨顺顺　刘　敏　罗黎平　等／著

社会科学文献出版社
SOCIAL SCIENCES ACADEMIC PRESS (CHINA)

序　言

以"生态优先、绿色发展"为核心理念的长江经济带发展战略，是以习近平同志为核心的党中央尊重自然规律、经济规律和社会规律，顺应发展潮流，为推动我国区域协调发展和可持续发展、打造中国经济新增长带做出的重大战略决策和部署。开展长江经济带绿色发展研究，是国家战略层面的现实需求，是对中央和政府有关文件的准确领悟，在当前和未来都将是理论界、智库界探讨的热点命题。

湖南地处长江中游，是长江经济带的重要省份之一，承担着"一带一部"的建设使命和"守护一江碧水"的历史重任。作为省委、省政府的核心智库，湖南省社会科学院早在2016年就组建了由区域经济与绿色发展研究所专业技术人员为主的研究团队，启动了《长江经济带绿色发展报告》的研究和编撰工作。通过团队人员的共同努力，《长江经济带绿色发展报告（2017）》在社会科学文献出版社正式出版。这是国内推出的关于长江经济带绿色发展整体性研究的首部专著，在全国率先构建了长江经济带绿色发展评价指标体系，首次从流域、区域、省（市）域3个层面对长江经济带绿色发展进行了评价分析，并对长江经济带城市、产业、消费3大领域的绿色发展进行了专题研究。著作的出版发布在国内产生了广泛的积极影响，省内外专家学者对此给予了高度评价，《人民日报·海外版》、《湖南日报》、《国际商报》、《中国社会科学报》、中国国际广播电台、湖南经视、红网等新闻媒体进行了宣传报道。

本书是《长江经济带绿色发展报告》年度系列报告的第二本，被列入湖南省社会科学院智库团队重大委托课题并给予资助。谢瑾岚研究员总体负责全书调研与撰写工作，刘敏研究员具体负责书稿撰写过程组织管理。

本书由谢瑾岚提出总体研究思路和框架体系，经多次集体讨论细化章节提纲后分工执笔。初稿完成后由刘敏、杨顺顺、罗黎平初审并提出修改意见，经各章执笔人反复修改后，再由谢瑾岚终审定稿。

本书由"评价篇"、"案例篇"两大部分和"附录"组成。其中"评价篇"包括4章，其结构的逻辑关系如下。首先，继续发布"长江指数"和对长江经济带东、中、西3大板块、11省（市）绿色发展水平进行测度评价，在此基础上对长江经济带绿色发展的现状、问题进行研判，并提出针对性的对策建议；其次，对湖南融入长江经济带绿色发展的位势与作用、问题与不足进行评价与剖析，对未来发展方向与路径进行探讨；最后，构建评价指标体系，对湖南省湘江流域绿色发展水平进行测度评价，以期为湖南"守护好一江碧水"提供数据支撑与决策依据。"案例篇"包括5章，选取地处长江经济带中游的湖南省为研究对象，分别从流域综合治理、湖区湿地保护、水资源可持续利用和绿色发展、海绵城市建设、生态旅游扶贫等方面，对湖南省绿色发展实践中涌现出的先进典型与成功案例进行总结与提炼。"附录"主要收录了本书各类评价模型计算部分程序示例，以及《长江经济带绿色发展报告（2017）》出版发布的各类反响。本书各章节分工如下：第一章，曾召友著；第二章，肖琳子著；第三章，谢瑾岚著；第四章，杨顺顺著；第五章，罗黎平著；第六章，刘敏著；第七章，陈文锋著；第八章，曲婷著；第九章，高立龙著。"附录"的评价模型计算程序示例由杨顺顺承担，反响资料由肖琳子收集整理。此外，杨顺顺承担本书模型运算工作，曾召友承担部分数据收集与处理工作，高立龙、周静分别承担第一章、第三章图表绘制，郑小鸣对本书的撰写提出了不少真知灼见，付出了辛勤劳动。

《长江经济带绿色发展报告》的研撰，是湖南省社会科学院依托湖南本土平台，立足国家大区域发展战略，致力于"跳出湖南来研究湖南"的一次重要尝试和探索，也是团队不断磨合、认识不断深入、体系不断完善、方法不断健全、文字不断凝练的过程。但受时间、经费和研究能力等条件限制，依然存在评价体系有待进一步完善、调研深度与广度不足、专题研究刚刚展开、针对性政策建议偏少等问题，这些都有待今后年度系列报告的不断完善与提升。

　　《长江经济带绿色发展报告》在研究、写作过程中，得到湖南省社会科学院院党组、科研处的关心与支持；在调研过程中，得到湖南省政府有关部门和常德市、岳阳市、郴州市、平江县等市、县有关部门的帮助与支持，社会科学文献出版社皮书出版分社邓泳红社长对著作的出版给予了关心与帮助，陈颖编辑付出了辛勤劳动，本书也参考了国内外许多学者颇有见地的相关研究成果和分析资料，在此一并表示衷心感谢！

谢瑾岚

2019 年 12 月

目录
contents

评价篇

案例篇

附　录

评价篇

第一章　长江经济带绿色发展的总体评价

本章运用课题组《长江经济带绿色发展报告（2017）》所建立的长江经济带绿色发展测度评价指标体系和评价方法，基于 2011～2017 年数据，分流域、东中西区域和 11 省（市）对长江经济带绿色发展水平进行测度与评价，尤其关注 2016 年、2017 年呈现的新特点、新变化，以期全面反映整个长江经济带绿色发展的历史、现状与趋势，成效特点与瓶颈障碍。

一　长江经济带绿色发展指数测算与评价

基于层次分析—灰色关联（AHP – GRAP）联合评价法，以绿色发展总指数为目标层，以绿色增长度、绿色承载力、绿色保障力为一级指标，以结构优化、创新驱动、开放协调、水资源利用、水生态治理、绿色投入、绿色生活为二级指标，以 36 个具体指标为三级指标，对 2011～2017 年长江经济带绿色发展水平进行测度与评价。

（一）长江经济带绿色发展总指数综合测算结果与评价分析

2011～2017 年，长江经济带绿色发展总指数测算结果如图 1 – 1 所示。

1. 总指数变动态势

2011～2017 年，长江经济带绿色发展总指数由 49.39 上升至 60.44，其间，虽有小幅震荡但总体而言呈平稳上升的态势。从总指数次级指标来看，绿色承载力贡献最大，绿色保障力其次，但绿色保障力指标值年均增速不高，而绿色增长度指标对总指数贡献偏低，仅在 2013 年略超绿色保障力，2016～2017 年其发展加速，与绿色承载力的贡献相当（见图 1-1、1-2）。

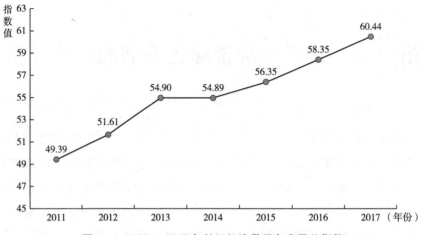

图 1-1 2011～2017 年长江经济带绿色发展总指数

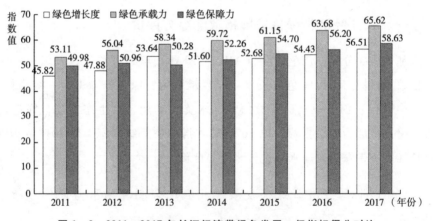

图 1-2 2011～2017 年长江经济带绿色发展一级指标得分对比

2. 总指数增速变动情况

2011～2017 年，长江经济带绿色发展总指数年均增速为 3.42%，其间，虽有小幅震荡但总体而言呈平稳上升的态势，尤其是 2016 年与 2017 年保持了稳健增长势头，年均增长达 3.57%，表明长江经济带绿色发展稳步推进，绿色发展水平稳健提升（见表 1-1）。

表 1-1　2011~2017 年长江经济带绿色发展总指数增速

单位:%

指数层级	指标名称	2012年	2013年	2014年	2015年	2016年	2017年	2011~2017年年均	2016年2017年年均
目标层	总水平指数	4.49	6.39	-0.02	2.65	3.57	3.58	3.42	3.57
一级指标	绿色增长度	4.50	12.03	-3.81	2.09	3.32	3.83	3.56	3.58
	绿色承载力	5.52	4.11	2.36	2.40	4.13	3.05	3.59	3.59
	绿色保障力	1.96	-1.32	3.92	4.68	2.74	4.32	2.70	3.53

同样,绿色承载力对总指数增速的贡献最大,其次为绿色保障力,虽然绿色保障力年均增速仅为 2.70%,但后期加速发力,稳定提升,2016 年与 2017 年年均增速几乎追平另外两项指标。相对而言,绿色增长度对长江经济带绿色发展总指数增长率的贡献偏低,但 2016 年后提速,与绿色承载力并驾齐驱。由此可知,大力发展绿色经济,不断提高绿色增长度,将是长江经济带绿色发展的方向。

(二) 长江经济带绿色发展分项指数测算结果与评价分析

将长江经济带绿色发展总指数分解为绿色增长度、绿色承载力和绿色保障力 3 个一级指标,分项进行分析和评价。

1. 绿色增长度的测算结果与分析评价

测算结果表明,2011~2017 年,长江经济带绿色增长度由 45.82 上升到 56.51 (如图 1-3 所示),年均增长率为 3.56%,其中 2013 年表现出色,增幅达 12.03%,2014 年增幅逆转为负,此后保持平稳上升态势,2016~2017 年年均增幅为 3.58%,略高于总体平均水平。

从二级指标对绿色增长度的贡献来看,结构优化的贡献居首,创新驱动的贡献排尾。2011~2017 年,结构优化指数由 49.31 升至 69.24,略呈

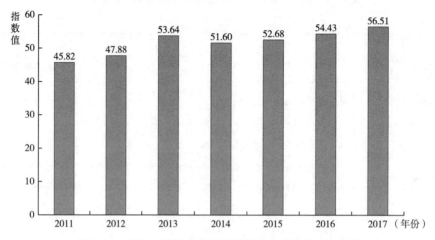

图 1 - 3　2011～2017 年长江经济带绿色增长度变化趋势

匀加速态势，年均增速 5.82%。源于其次级指标即三级指标中人均 GDP、第三产业增加值占 GDP 比重、工业劳动生产率均实现了较大幅度的增长，其中人均 GDP 在近五年间增长接近 40%。特别是 2016～2017 年两年人均 GDP 增幅达 29.33%，工业劳动生产率甚至达 44.84%；与此同时万元 GDP 能耗也出现较大幅度下降，由 0.68 吨标准煤/万元下降到 0.46 吨标准煤/万元，共同为结构优化指数的快速增长提供了强劲支撑。

　　开放协调为长江经济带绿色增长度的提升做出了较大贡献，但近两年受大环境影响，部分指标表现欠佳，2011～2017 年，开放协调由 49.83 上升到 58.64，然后回落至 56.88，年均增速 2.23%，2016～2017 年两年总体出现负增长，跌幅接近 3%，年均跌幅为 1.51%。从三级指标看，其中城镇化率由 50.29% 小幅上升到 58.29%，外商投资企业投资总额增速由 12.26% 升至 15.52%，地方财政住房保障支出比重基本平稳，2017 年回落至 3.49%，甚至低于 2011 年的 3.65%；出口交货值相对规模呈现逐年微幅下降趋势，2016～2017 年增幅为 -16.51%，城乡居民收入比由 3.15 平稳下降至 2.70，泰尔熵指数由 0.10 下降到 0.09。

　　从图 1-4 可以发现，绿色增长度与创新驱动的表现具有一定的同构性，只是前者增减程度更为缓和，绿色增长度在 2013 年前后的上升下降是与创新驱动能力的大幅升降及开放协调发展过于平缓分不开的。2013～

2014年，创新驱动由53.27大幅下降到45.09，2015年持续降至43.17，年均增速为−3.27%，但开放协调在2015~2016年的大幅下降没有改变绿色增长度的态势，这主要得益于结构优化的稳定支撑和创新驱动能力的阶段性平稳发展的支撑。从三级指标来看，R&D经费投入强度、万人拥有科研人员数都呈现明显的上升趋势，但是新产品销售收入增速出现明显波动，万人发明专利授权量先升后降，但总体呈上升趋势，技术市场成交额增速明显下降，信息产业占GDP比重波动变化，整体呈现微幅下降趋势，其中，技术市场成交额增速2011年为19.54%，2013年达到峰值31.7%，2015年降至14.01%，2016年开始回升，2017年升至19.51%；信息产业占GDP比重由2011年的4.24%波动下降，到2017年降至4.05%。由此可见，着力提高创新驱动能力将是长江经济带绿色发展的主攻方向。

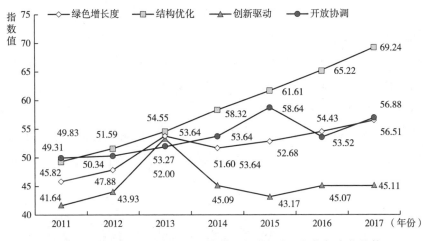

图1−4　2011~2017年长江经济带绿色增长度二级指标变化趋势

2. 绿色承载力的测算结果与分析评价

测算结果显示，长江经济带绿色承载力由2011年的53.11持续上升，2017年达到65.62（见图1−5），年均增速达3.59%，2016~2017年基本保持同等速度延续递增态势。从其次级指标来看，水资源利用指数和水生态治理指数均呈现稳定上升趋势，其中水资源利用对长江经济带绿色承载力指标贡献较大，2011~2017年分析期间水资源利用指数由55.40上升到70.64，年均增长率达到4.13%。从三级指标看，其中万元GDP水耗2011

年为 123.39 立方米/万元，2017 年降至 71.08 立方米/万元；七年间工农业用水效率均大幅度提高，其中万元农业增加值用水量由 708.09 立方米/万元降低到 515.07 立方米/万元，而万元工业增加值用水量由 81.84 立方米/万元降低到 52.00 立方米/万元；但人均生活用水量始终保持微弱上升势头，由 61.29 立方米/（人·年）提高到 67.60 立方米/（人·年）（见图 1-6）。

水生态治理指数也有较快提高，由 2011 年的 51.92 稳定提高到 2017年的 63.00，年均增长 3.28%，这说明，近年来长江经济带水生态治理已取得明显实效。具体而言，2011~2017 年，长江水质前五年明显上升，长江流域国控断面三类（水质）以上占比由 2011 年的 80.9%，到 2013 年升至 89%左右；2016 年降至 82.3%，2017 年回升到 84.5%；湿地面积前两年为 3.89%，后五年基本湿地面积占国土面积比重为 5.65%，保持稳定；万人城市污水日处理能力总体增强，自 2012 年持续稳步递增，2017 年回调至 2056.63 立方米/（万人·日）；化学需氧量排放强度与氨氮排放强度均出现持续明显下降，万元 GDP 化学需氧量排放由 4.26 千克/万元下降到 1.33 千克/万元，万元 GDP 氨氮排放量由 0.53 千克/万元下降到 0.18 千克/万元；化肥施用强度由 0.50 吨/公顷降至 0.49 吨/公顷，而农药施用强度总体保持小幅下降，时有波动但变化不大，基本保持在 17.2~18.3 千克吨/公顷。

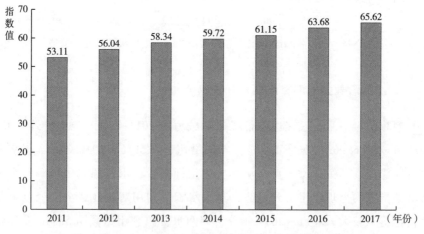

图 1-5 2011~2017 年长江经济带绿色承载力变化趋势

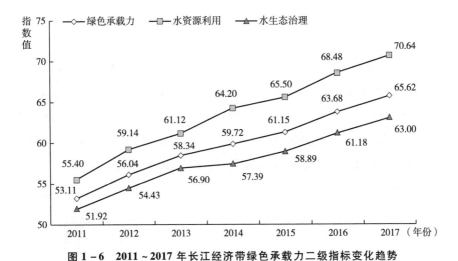

图 1 - 6　2011 ~ 2017 年长江经济带绿色承载力二级指标变化趋势

3. 绿色保障力的测算结果与分析评价

测算结果显示，2011 ~ 2017 年，长江经济带绿色保障力由 49.98 上升到 58.63（见图 1 - 7），年增速为 2.70%，其中 2016 年和 2017 年两年增幅达 7.19%，年均增速为 3.53%，保持了 2013 年以来的增长态势。从数值上看，大多年份绿色保障力指数低于绿色承载力指数、高于绿色增长度指数。从增长率来看，与绿色增长度及绿色承载力相比，绿色保障力的年均增速低不到 1 个百分点，也比长江指数 3.42% 的年均增速低 0.72 个百分点。由此可见，长江经济带绿色保障力一方面基础比较薄弱，另一方面保障力提升不足，在一定程度上影响了长江经济带的绿色发展水平和速度。

绿色投入增长较快是绿色保障力提高的主要原因。2011 ~ 2017 年，绿色投入指数由 41.07 上升到 48.28，年增长率为 2.73%。从三级指标看，2011 年，节能环保支出占公共财政支出比重为 2.51%，此后总体呈先降后升态势，2016 年微弱回落，到 2017 年大幅增长到 2.73%，后两年年均增速为 6.79%。此外，水利环境固定资产占全社会固定投资比重由 8.33% 提高到 13.91%，增速明显，特别是 2016 年及 2017 年年均增幅达 25.76%；但万人拥有环保人员数自 2015 年开始有所下降（见图 1 - 8）。

2011 ~ 2017 年，绿色生活指数由 63.93 提高到 74.85，呈现先升后降再持续上升的状态，年均增长率高达 2.66%。从三级指标看，突发环境事件次数评分由 2011 年的 99.09 升至 2013 年的 131.18，2017 年降至 33，总体而言，说明环境保护与治理卓有成效。生活垃圾无害化处理率由 84.89% 上升到 98.87%，建成区绿化覆盖率也由 39.57% 变为 40.92%，略有提升。公共交通覆盖率每万人拥有公共交通车辆由 11.39 标台/万人上升为 14.35 标台/万人，小幅提升。地级及以上（省会）城市空气质量优良天数比重由 2011 年的 90.76% 降为 2013 年的 59.18%，2017 年升至 76.63%，波幅较大，但后两年增幅明显，超过 10%。

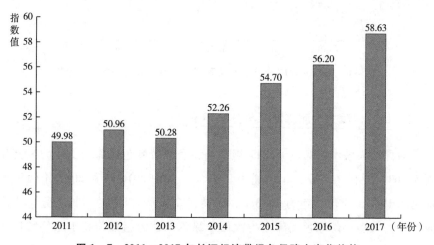

图 1-7　2011~2017 年长江经济带绿色保障力变化趋势

图 1-8　2011~2017 年长江经济带绿色保障力二级指标变化趋势

二 长江经济带三大区域绿色发展评价

根据地理空间分布，长江经济带可划分为东、中、西三大区域，东部区域包括上海市、江苏省和浙江省，中部区域包括安徽省、江西省、湖北省和湖南省，西部区域包括重庆市、四川省、贵州省和云南省。为了更为精确地展示长江经济带内部不同区域绿色发展的状况，本部分采用 2011～2017 年数据对长江经济带东、中、西三大区域的绿色发展指数进行测度和比较分析。

（一）长江经济带东、中、西区域绿色发展指数比较分析

近年来，长江经济带绿色发展持续推进，东、中、西部三大区域均取得显著成就，但也存在明显差异。

1. 总指数比较分析

从总指数来看（见图 1－9），东部绿色发展水平七年来一直遥遥领先，从 2011 年的 53.04 增长到 2017 年的 66.55，年均增速为 3.85%，无论是绿色指数水平值，还是其年均增速，东部区域均在三大区域中排名第一；西部绿色发展成效也相对突出，2011～2017 年，绿色指数由 46.74 增长到 57.30，超过中部，在三大区域中排名第二，但年均增速排名第三，为 3.46%，增长速度有待提高；中部绿色指数七年间一直处于末位，2011～2017 年，绿色指数由 43.53 增长到 54.49，各年始终位列第三，年均增速 3.81%，排名第二。

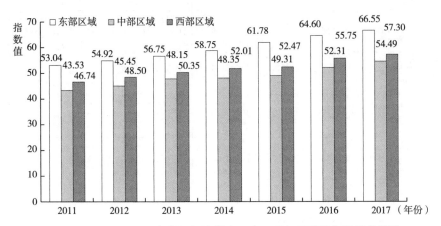

图 1－9 2011～2017 年长江经济带东、中、西部区域绿色发展总指数

2. 绿色增长度比较分析

从绿色增长度分析，2011～2017 年，东部绿色增长度指数由 53.54 增至 67.45，始终处于绝对领先地位，年均增长率达 3.92%，而西部的绿色增长度指数均低于 50，2017 年达 48.85，位居第三位，年均增速为 3.16%，也位居中、东部增长水平 3.65% 和 3.92% 之后。但考察近两年情况，2016～2017 年东、中部增速加快，年均增速中部达 3.93%，东部达 3.99%，但西部则放缓 0.1 个百分点。从二级指标结构优化、创新驱动、开放协调的各项指数来看，区域位次各年始终未变，东部第一，西部排尾，从结构优化、创新驱动能力提升速度来看，排序也是如此，但从开放协调度的提高情况考察，西部开放协调指数七年来增幅第一，东部第三（见表 1-2）。

表 1-2　2011～2017 年长江经济带东、中、西区域绿色增长度指数及排名

区域	指标名称	2011 年		2012 年		2013 年		2014 年		2015 年		2016 年		2017 年	
		数值	排名	数值	排名	数值	排名	数值	排名	数值	排名	数值	排名	数值	排名
东部区域	绿色增长度	53.54	1	55.59	1	57.81	1	59.18	1	62.37	1	64.93	1	67.45	1
	结构优化	58.74	1	61.54	1	65.09	1	69.04	1	74.44	1	79.07	1	85.99	1
	创新驱动	48.01	1	50.04	1	51.19	1	50.39	1	52.26	1	53.56	1	52.71	1
	开放协调	57.00	1	56.59	1	58.39	1	59.33	1	60.06	1	60.49	1	60.94	1
中部区域	绿色增长度	42.97	2	45.12	2	50.01	2	48.59	2	49.32	2	50.50	2	53.27	2
	结构优化	44.98	2	47.16	2	49.40	2	54.69	2	56.95	2	60.42	2	64.25	2
	创新驱动	38.90	2	42.96	2	51.01	2	42.82	2	42.14	2	41.78	2	42.42	2
	开放协调	51.60	2	46.44	2	48.34	2	49.93	2	50.84	2	50.20	2	57.40	2

区域	指标名称	2011年		2012年		2013年		2014年		2015年		2016年		2017年	
		数值	排名	数值	排名	数值	排名	数值	排名	数值	排名	数值	排名	数值	排名
西部区域	绿色增长度	40.53	3	42.15	3	44.40	3	46.14	3	46.00	3	48.23	3	48.85	3
	结构优化	42.45	3	44.79	3	48.30	3	50.46	3	53.02	3	56.63	3	58.21	3
	创新驱动	38.83	3	40.13	3	41.32	3	42.81	3	40.02	3	41.63	3	41.36	3
	开放协调	40.55	3	40.95	3	42.92	3	44.26	3	44.98	3	44.96	3	45.79	3

3. 绿色承载力比较分析

从绿色承载力分析，各年区域位次稳定，东部最高，西部第二，中部最低。2011～2017年，东部绿色承载力指数由55.26增至69.23，年均增速3.83%；中部绿色承载力指数由40.89增至54.42，年均增速4.88%；西部绿色承载力指数由50.56增至64.78，年均增速4.22%。虽然中部年均增长速度最快，但由于绿色承载力指数绝对水平值大大低于东部和西部，中部绿色承载力的提升注定较为艰难，但已显现β收敛趋势（落后地区比发达区域增速更快，整体呈现收敛一致的趋势）。从二级指标来看，水资源利用指数西部长期稳居首位，表明西部水资源利用效率最高，其次是东部，而中部的水资源利用效率则最低；水生态治理指数东部最高，且远高于中、西部；西部排名第二。表明水生态治理成效东部最为显著，中部单从指标看成效不显著（见表1-3）。

表1-3　2011～2017年长江经济带东、中、西区域绿色承载力指数及排名

区域	指标名称	2011年		2012年		2013年		2014年		2015年		2016年		2017年	
		数值	排名	数值	排名	数值	排名	数值	排名	数值	排名	数值	排名	数值	排名
东部区域	绿色承载力	55.26	1	57.31	1	59.89	1	61.81	1	64.13	1	68.08	1	69.23	1
	水资源利用	60.06	2	63.19	2	63.96	2	66.41	2	69.45	2	72.20	2	74.34	2
	水生态治理	52.76	1	54.24	1	57.77	1	59.41	1	61.36	1	65.93	1	66.58	1

续表

区域	指标名称	2011年		2012年		2013年		2014年		2015年		2016年		2017年	
		数值	排名	数值	排名	数值	排名	数值	排名	数值	排名	数值	排名	数值	排名
中部区域	绿色承载力	40.89	3	43.05	3	44.52	3	46.48	3	47.54	3	53.14	3	54.42	3
	水资源利用	47.15	3	51.39	3	53.21	3	56.40	3	57.02	3	60.05	3	61.54	3
	水生态治理	37.63	3	38.70	3	40.00	3	41.31	3	42.59	3	49.54	3	50.71	3
西部区域	绿色承载力	50.56	2	52.66	2	55.23	2	57.16	2	57.75	2	62.61	2	64.78	2
	水资源利用	60.88	1	64.79	1	69.06	1	72.83	1	72.51	1	75.35	1	78.18	1
	水生态治理	45.18	2	46.34	2	48.02	2	49.00	2	50.06	2	55.97	2	57.80	2

4. 绿色保障力比较分析

从绿色保障力来分析，西部的绿色保障力指数最高，七年来一直稳居领先地位；东部在2011～2014年连续4年的绿色保障力指数最低，2015年达到55.01，跃居第二位并一直保持；中部在2011～2014年的绿色保障力指数位居第二，但2015年开始被东部赶超，排名下降。2011～2017年，东、中、西部绿色保障力指数年均增速分别为3.71%、2.12%、2.34%，东部的增速最快，目前，东、中、西部绿色保障力指数分别为58.22、57.73、61.77，东部年均增速明显超过西部，是长江经济带绿色保障力增速最快的区域，而中部当前绿色保障力指数水平值和增速均处于末位，是绿色保障力最为弱势的区域。东部绿色保障力快速提升与绿色生活指数的提高密不可分，2011～2017年，东部绿色投入指数由39.00提高到46.05，2014～2015年在三大区域中一度由排名第三跃升到第二，但在2016年和2017年又被中部反超；绿色生活指数增长更快，由59.01提高到77.29，排名由第三跃居第一，为东部绿色保障力的提升做出了巨大贡献（见表1-4）。

表 1-4　2011～2017 年长江经济带东、中、西区域绿色保障力指数及排名

区域	指标名称	2011 年		2012 年		2013 年		2014 年		2015 年		2016 年		2017 年	
		数值	排名	数值	排名	数值	排名	数值	排名	数值	排名	数值	排名	数值	排名
东部区域	绿色保障力	46.80	3	47.84	3	47.02	3	50.75	3	55.01	2	55.93	2	58.22	2
	绿色投入	39.00	3	38.76	3	40.13	3	41.64	2	43.59	2	43.25	3	46.05	3
	绿色生活	59.01	3	62.07	3	57.80	3	65.01	3	72.90	1	75.79	1	77.29	1
中部区域	绿色保障力	50.90	2	51.71	2	51.67	2	52.00	2	53.34	3	55.01	3	57.73	3
	绿色投入	40.60	2	40.86	2	41.41	2	40.54	3	41.94	3	44.31	2	46.65	2
	绿色生活	67.03	1	68.69	2	67.74	2	69.93	1	71.20	2	71.76	3	75.07	2
西部区域	绿色保障力	53.77	1	55.13	1	54.36	1	55.18	1	56.89	1	59.27	1	61.77	1
	绿色投入	45.50	1	46.44	1	45.70	1	45.88	1	48.29	1	51.19	1	55.14	1
	绿色生活	66.74	2	68.75	1	67.93	1	69.76	2	70.36	3	71.91	2	72.14	3

（二）长江经济带东部区域绿色发展评价

2011～2017 年，长江经济带东部区域绿色发展水平总体呈相对平稳的线性递增态势，在长江经济带三大区域板块中处于领先地位。

1. 东部区域绿色发展总指数变化特征

无论是绿色指数水平值，还是年均增速，东部区域绿色发展水平在三大区域中一直遥遥领先，从 2011 年的 53.04 增长到 2017 年的 66.55，年均增速为 3.85%，呈稳定上升态势（见图 1-10）。从次级指标的贡献来看，主要是绿色增长度和绿色承载力提供了较好的支撑，2017 年，这 2 个一级指标对总指标的贡献分别为 38.60% 和 32.47%，但绿色保障力表现并不突

出，对总指数的贡献为 28.94%（见图 1 - 11）。

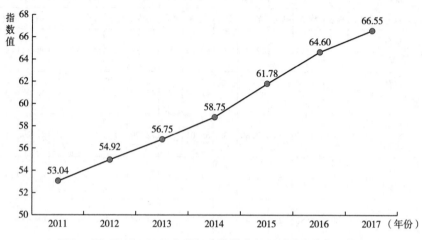

图 1 - 10   2011 ～ 2017 年长江经济带东部区域绿色发展总指数

2. 东部区域绿色发展分指数变化特征

（1）一级指标，东部区域 3 项一级指标分项指数历年变化情形如图 1 - 11所示。

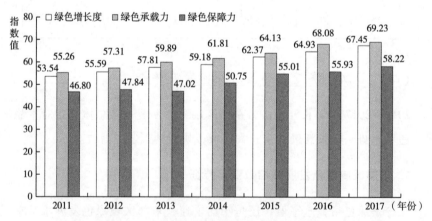

图 1 - 11   2011 ～ 2017 年长江经济带东部区域绿色发展一级指标变化

2011 ～ 2017 年，长江经济带东部区域的绿色增长度指数由 53.54 变为 67.45，年均增长 3.92%，接近并略高于总评指数增速 3.85%；绿色承载力指数由 55.26 变为 69.23，年均增长幅度为 3.83%，与总评指数增速基本持平；绿色保障力指数由 46.80 变为 58.22，年均增长幅度为 3.71%，比总评指数增速略低。其中，绿色增长度指数主要得益于结构优化指数高速增长的稳定支撑，创新驱动指数虽然总体呈缓慢增长，但是波动明显，特别是 2017 年比 2016 年下降明显，开放协调指数始终保持平稳的缓慢增长；绿色承载力指数的提升同时受益于两项二级指标水资源利用和水生态治理的共同支撑；绿色保障力指数呈波动上升趋势，2016 年受绿色投入指数小幅下滑影响，幸而绿色生活指数快速上升起到一定支撑作用。

（2）二级指标。2011～2017 年，东部区域的结构优化指数由 58.74 升至 85.99，年均增长幅度为 6.56%；创新驱动指数由 48.01 升至 52.71，年均增长幅度为 1.57%；开放协调指数由 57.01 升至 60.94，年均增长幅度为 1.12%；水资源利用指数由 60.06 升至 74.34，年均增长幅度为 3.62%；水生态治理指数由 52.76 升至 66.58，年均增长幅度为 3.95%；绿色投入指数由 39.00 升至 46.05，年均增长幅度为 2.81%；绿色生活指数由 59.01 升至 77.29，年均增长幅度为 4.60%。增长态势方面，结构优化、水资源利用、水生态治理等二级指标均呈稳步快速上升趋势，特别是水生态治理 2016 年增速很快，2017 年出现反弹性减缓；创新驱动、开放协调、绿色投入等 3 项二级指标则呈波动变化，开放协调于 2016 年和 2017 年增速明显放缓。比较反常的是绿色投入和创新驱动，分别在 2016 年和 2017 年出现负增长，主要原因是绿色投入中的环保支出和环保人数占比均在 2016 年出现下滑，而创新驱动中的 6 项次级指标中有 4 项出现明显降低，特别是新产品销售收入增速由 15.25% 降至 2.19%，跌幅较大（见表 1 - 5，图 1 - 12）。

表 1 - 5 2011～2017 年长江经济带东部区域绿色发展二级指标指数

二级指标	2011 年	2012 年	2013 年	2014 年	2015 年	2016 年	2017 年
结构优化	58.74	61.54	65.09	69.04	74.44	79.07	85.99
创新驱动	48.01	50.04	51.19	50.39	52.26	53.56	52.71
开放协调	57.01	56.59	58.39	59.33	60.06	60.49	60.94
水资源利用	60.06	63.19	63.96	66.41	69.45	72.20	74.34
水生态治理	52.76	54.24	57.77	59.41	61.36	65.93	66.58
绿色投入	39.00	38.76	40.13	41.64	43.59	43.25	46.05
绿色生活	59.01	62.07	57.80	65.01	72.90	75.79	77.29

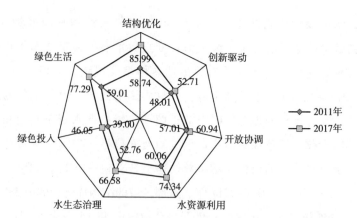

图 1-12　2011 年和 2017 年长江经济带东部区域绿色发展二级指标对比

（3）三级指标。首先，结构优化 4 项三级指标均得以持续优化，绿色生活指标中建成区绿化覆盖率、公共交通覆盖率、城市空气质量优良率、生活垃圾无害化处理率、突发环境事件次数评分等 5 项三级指标实现稳定提升，而森林覆盖率得以保持。其次，水资源利用、水生态治理和绿色投入指数增幅居中，水资源利用中表征综合用水效率的万元 GDP 水耗保持稳定下降趋势，而代表产业用水效率的万元工业增加值水耗、万元农业增加值水耗均整体延续下降态势，但万元农业增加值水耗相比 2016 年而言，在 2017 年出现较大幅度的增加，由 595.43 立方米/万元增至 621.03 立方米/万元，考虑到消费需求升级背景下居民生活节水相对困难，代表居民用水效率的指标人均生活用水量确实持续攀升，与预期吻合，且 2016 年增幅较大，2017 年达 80.79 立方米/（人·年）；水生态治理中湿地面积占比数值维持不变，人均城市污水处理能力 2017 年在 2016 年取得较大幅度增长的基础上略有回落，总体增长态势得以维持，化学需氧量和氨氮这两类总量控制污染物排放强度持续下降，延续了 2015 年之前的势头，化肥和农药施用强度保持微幅稳定下降；绿色投入在 2016 年出现负增长，主要原因是绿色投入中的环保支出和环保人数占比均在 2016 年出现下滑，但这并未改变绿色投入指数增长的长期趋势。再次，创新驱动和开放协调指数增幅偏低，创新驱动指标中，R&D 经费投入强度、万人拥有科研人员数呈增幅递减的增长态势，而技术市场成交额增速、新产品销售收入增速受经济增速普遍下降的大环境影响，2017 年大幅下滑，幸而 2016 年增幅较大，支撑了整体上升的势头，此外万人发明专利授权量、信息产业占 GDP 比重均有所下滑，2017 年东部区域两指标各为 31.90 件/万人和 3.76%，分别较2015 年下降了 2.37 件/万人和 0.17 个百分点。

（三）长江经济带中部区域绿色发展评价

总体而言，长江经济带中部区域绿色发展滞后，不论是指标值还是年均增速，绝大多数低于全经济带的总体水平，部分指标值甚至低于西部区域。

1. 中部区域绿色发展总指数变化特征

2011～2017 年长江经济带中部区域绿色发展总指数值如图 1－13所示。

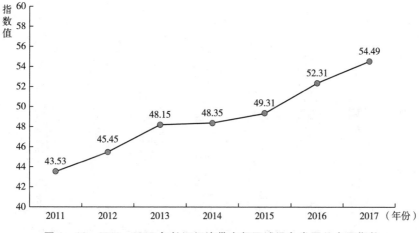

图 1－13　2011～2017 年长江经济带中部区域绿色发展总水平指数

2011～2017 年，中部区域绿色发展总水平指数在三大板块中各年均靠后，但 2011～2015 年总水平指数年均增速位居第二，为 3.17%，2016～2017 年增速明显加快，达 5.12%，其原因主要是绿色增长度指标从 2016年开始加速上升，变幅较大，而且其核算权重最大，为 0.37。绿色保障力指标权重略小，但 2016～2017 年增幅明显大于前面年份。因此总水平指数受绿色增长度指标和绿色保障力指标变化的冲击最为显著，整个分析期年均增速位列第二。

2. 中部区域绿色发展分指数变化特征

（1）一级指标。图1-14所示，2011~2017年，中部区域绿色增长度指数由42.97升至53.27，年均增长3.65%，略低于总水平指数增速；绿色承载力指数由40.89升至54.57，年均增长4.88%，高于总水平指数增速1.23个点；绿色保障力指数由50.90升至57.73，年均增长2.12%，明显低于总水平指数增速。可见，绿色增长度与绿色保障力指数明显偏低，对总水平指数的支撑作用明显不及绿色承载力指标，未来对总水平指数贡献的提升空间较大。增长态势方面，绿色增长度在2014年出现明显下降，2015年开始反转，2016年基本持平，2017年明显上升达53.27；绿色承载力2016年增速实现11.78%，次年增速放缓；绿色保障力截至2017年几乎一直保持均一速度温和上升，变幅不大。

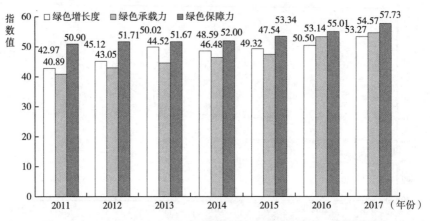

图1-14 2011~2017年长江经济带中部区域绿色发展一级指标变化

（2）二级指标。中部区域绿色发展总水平指数同前面一样，选取的同是7个二级指标，分别为结构优化、创新驱动、开放协调、水资源利用、水生态治理、绿色投入和绿色生活。其逐年变化如表1-6所示。

表1-6 2011~2017年长江经济带中部区域绿色发展二级指标变化

二级指标	2011年	2012年	2013年	2014年	2015年	2016年	2017年
结构优化	44.98	47.16	49.40	54.69	56.95	60.42	64.25
创新驱动	38.90	42.96	51.01	42.82	42.14	41.78	42.42

续表

二级指标	2011 年	2012 年	2013 年	2014 年	2015 年	2016 年	2017 年
开放协调	51.60	46.44	48.34	49.93	50.84	50.20	57.40
水资源利用	47.15	51.39	53.21	56.40	57.02	60.05	61.54
水生态治理	37.63	38.70	40.00	41.31	42.59	49.54	50.71
绿色投入	40.60	40.86	41.41	40.54	41.94	44.31	46.65
绿色生活	67.03	68.69	67.74	69.93	71.20	71.76	75.07

在构成绿色增长度的次级指标中，除结构优化指数稳定上升外，创新驱动指数在 2013 年达峰下落，其后一直围绕 42.00 持续微幅波动，峰谷之距大于 1，2017 年为 42.42，略高于前一年；开放协调指标则震荡前进，振幅较大，峰谷相差 10 个点。而构成绿色承载力的次级指标水资源利用和水生态治理，构成绿色保障力的次级指标绿色投入在 2016~2017 年均保持缓慢增长趋势的特点而显得平稳，但绿色生活 2017 年增幅显著，掩盖了之前的增幅不显著。所有这些次级指标变化的叠加效应，综合形成图 1-15 所示的情形。

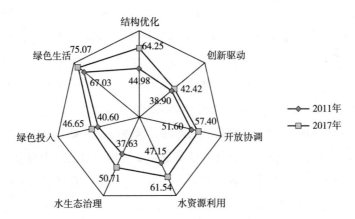

图 1-15 2011 年和 2017 年长江经济带中部区域绿色发展二级指标对比

将中部区域年度数据结果进行对比分析，可以看出在 2011 年的基础上，2011~2017 年，中部区域各项二级指标表现均有不同程度的改善。

（3）三级指标。从三级指标看，首先，结构优化指数跃升幅度明显，主要是因为其次级指标工业劳动生产率、三产增加值占 GDP 比重及人均 GDP 指标优化迅速，2015 年之前基础扎实，各项得分均净增 1 倍有余，且

2016～2017 年势头不减，其增幅分别达 49.55%、43.72% 及 30.18%。加之万元 GDP 能耗稳步下降，使其指标得分升幅稳定。水资源利用得分上升，主要源于万元 GDP 水耗和工业用水效率二者的贡献，与 2011 年相比，2015 年万元 GDP 水耗和万元工业增加值用水量分别降低 32.6% 和 31.6%，2016～2017 年二者得分增幅 19.83% 和 10.89%，依然势头迅猛，只是居民生活节水难度更大，代表居民用水效率的指标始终负向变化。水生态治理指标得分主要缘于两类总量控制污染物排放强度明显下降，化学需氧量和氨氮排放强度 2016～2017 年分别下降到 75.65% 和 60.02%，势头强劲，因此其得分大幅稳定提高。且化肥施用强度指标得分在 2016～2017 年两年增幅达 19.77%。其次，开放协调、绿色投入和绿色生活升幅居中，分别源于城镇化的稳步推进，城镇化率快速增大，2016～2017 年年均增幅达 8.42%，在一定程度上抵消了出口交货值相对规模和地方财政住房保障支出比重的负面冲击。水利环境固定投资占比指标得分在 2016～2017 年两年增幅达 69.59%，升幅巨大，抵消了环保人数占比降低的负影响，财政节能环保支出占比节节攀升，得分在 2016～2017 年两年增幅达 23.79%。绿色生活次级指标中建成区绿化覆盖率、公共交通覆盖率、生活垃圾无害化处理率均稳定提升，但城市大气污染形势严峻，城市空气质量优良率指标由 2011 年的 88.8% 明显下降至 2015 年的 68.1%，2016～2017 年公共交通覆盖率、城市空气质量优良率和建成区绿化覆盖率表现依旧抢眼，得分加速提升，从其归一化结果来看，两年增幅均超过 10%，分别为 54.94%、14.30% 和 10.48%。再次，创新驱动指标升幅最小，主要原因在于尽管 R&D 经费投入强度和万人发明专利授权量得分稳步增加，但支撑力量有限，而万人拥有科研人员数、技术市场成交额增速和信息产业占 GDP 比重的得分受近年大环境影响而持续下降，技术市场成交额增速在 2016～2017 年归一化结果降幅达 22.95%，致使创新驱动指标指数受其影响，表现不突出。

（四）长江经济带西部区域绿色发展评价

本部分对 2011～2017 年，尤其是 2016 年和 2017 年长江经济带西部区域板块的绿色发展总指数、3 项一级指标、7 项二级指标和相应的三级指标的变动特点进行展示和分析。

1. 西部区域绿色发展总指数变化特征

2011～2017 年，长江经济带西部区域绿色发展总体水平呈稳步上升态势，从 2011 年的 46.74 增至 2017 年的 57.30，共增长 22.59%，年均增幅 3.46%，2016 年与 2017 年两年增幅更大，高达 9.22%，年均增幅 4.51%，势头强劲。总指数明显高于中部区域，与整个经济带基本持平且多数年份略微偏低，但远低于东部区域。从一级指标来看，绿色承载力和绿色增长度是总体指数增长的主要支撑因素，2017 年绿色承载力指数位居中部区域指数与全经济带及东部区域指数之间；但绿色增长度指数位列三大区域末位，也低于全经济带绿色增长度指数；绿色保障力指数高于全经济带、东部区域和中部区域。从增长态势方面来看，2011～2017 年，绿色承载力和绿色增长度年均增幅分别为 4.22% 和 3.16%，绿色保障力指数年均增幅相比较小，为 2.34%。绿色承载力 2016 年与 2017 年增幅达 12.17%，而绿色保障力指数 2016 年与 2017 年增幅为 8.57%，二者均加快了之前的增长势头。但绿色增长度指数 2016 年与 2017 年年均增速放缓，其在 2016 年增速上扬，高达 4.86%，但 2017 年增速迅速减缓，仅为 1.30%（见表 1-7 和图 1-17），总指数和一级分项指数总体呈上升趋势，只是部分指标部分年份出现增幅不一致而已，充分说明长江经济带西部区域绿色发展各方面均在稳步推进。

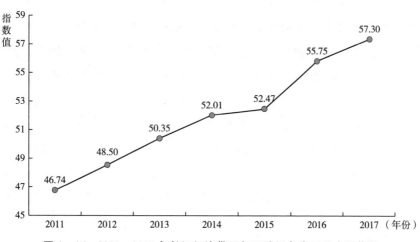

图 1-16 2011～2017 年长江经济带西部区域绿色发展总水平指数

表 1-7　2011~2017 年长江经济带西部区域绿色发展指数增速（%）

指数层级	指标名称	2012 年	2013 年	2014 年	2015 年	2016 年	2017 年	2011~2017 年年均	2016 年~2017 年年均
总指数	总水平指数	3.77	3.82	3.29	0.88	6.26	2.79	3.46	4.51
一级指标	绿色增长度	3.99	5.33	3.94	-0.33	4.86	1.30	3.16	3.06
	绿色承载力	4.16	4.88	3.49	1.03	8.42	3.47	4.22	5.92
	绿色保障力	2.53	-1.40	1.51	3.09	4.18	4.22	2.34	4.20
二级指标	结构优化	5.51	7.84	4.47	5.08	6.80	2.79	5.40	4.78
	创新驱动	3.35	2.97	3.61	-6.51	4.02	-0.66	1.06	1.65
	开放协调	0.98	4.81	3.12	1.62	-0.03	1.85	2.05	0.91
	水资源利用	6.42	6.59	5.45	-0.43	3.92	3.75	4.26	3.84
	水生态治理	2.57	3.63	2.03	2.16	11.82	3.27	4.19	7.46
	绿色投入	2.06	-1.58	0.38	5.26	6.02	7.72	3.26	6.86
	绿色生活	3.02	-1.20	2.70	0.86	2.20	0.32	1.31	1.26

2. 西部区域绿色发展分指数变化特征

（1）一级指标。2011~2017 年，西部区域绿色发展一级指标呈逐步上升态势，绿色增长度从 40.53 升至 48.85，年均增长 3.16%；绿色承载力从 50.56 升至 64.78，年均增长 4.22%；绿色保障力从 53.77 升至 61.77，年均增长 2.34%。根据测算，绿色增长度指数的上升主要得益于结构优化指数以年均增幅 5.40% 的速度快速拉升，开放协调指数增速次之，年均增幅不到结构优化指数增幅的一半，创新驱动年均增速仅为 1.06%，且在 2017 年不升反降，因而造成绿色增长度 2016 年增速尽管高达 4.86%，但在 2017 年增速迅速减缓，仅为 1.30% 的情形（见图 1-17）。绿色承载力指数的增长同时得益于水资源利用和水生态治理指数的快速上升，在 2016~2017 年依然维系绿色承载力指数快速增长的势头，且加速度为正。绿色保障力指数的提升主要得益于绿色投入，其年均增速 3.26%，远高于年均增速仅为 1.31% 的绿色生活的支撑作用，在 2016~2017 年仍基本保持加速增长趋势。

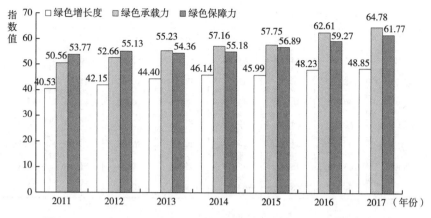

图1-17 2011~2017年长江经济带西部区域绿色发展一级指标变化

（2）二级指标。2011~2017年，西部区域绿色发展虽然部分二级指标部分年份出现了小幅下滑，但总体呈上升态势，其中，结构优化、水生态治理等指标的指数实现了持续上涨，而创新驱动、开放协调、绿色生活、绿色投入与水资源利用指标的指数却表现为在波动中上升。例如在2011~2017年，结构优化指数由42.45提升至58.21，年均增速5.40%，其增速在7项二级指标中排名居首，2016年与2017年递增速度放缓，两年升幅达9.78%，其年均增速为4.78%；创新驱动指数从38.83提升至41.36，年均增长1.06%，2016年与2017年增速加快，两年升幅达3.33%，其年均增速为1.65%；开放协调指数从40.55提升至45.79，年均增长2.05%，2016年与2017年年均增速下降为0.91%；水资源利用指数从60.88提升至78.18，年均增长4.26%，2016年与2017年增速放缓，两年升幅达7.82%，其年均增速为3.84%；水生态治理指数从45.18提升至57.80，年均增长4.19%，2016年与2017年增速明显加快，两年升幅达15.46%，其年均增速达7.46%；绿色投入指数从45.50提升至55.14，年均增长3.26%，2016年与2017年增速加快，两年升幅达14.20%，其年均增速为6.86%，明显提高；绿色生活指数从66.74提升至72.14，年均增长1.31%，2016年与2017年增速略有放缓，年均增速跌至1.26%（见表1-8、图1-18）。由此看来，结构优化、水生态治理和绿色投入等指标表现最好，创新驱动指标指数增速最慢，表现最差，应为今后长江经济带西部区域绿色发展急需提高的着力点。

表1-8　2011～2017年长江经济带西部区域绿色发展二级指标变化

二级指标	2011 年	2012 年	2013 年	2014 年	2015 年	2016 年	2017 年
结构优化	42.45	44.79	48.30	50.46	53.02	56.63	58.21
创新驱动	38.83	40.13	41.32	42.81	40.02	41.63	41.36
开放协调	40.55	40.95	42.92	44.26	44.98	44.96	45.79
水资源利用	60.88	64.79	69.06	72.83	72.51	75.35	78.18
水生态治理	45.18	46.34	48.02	49.00	50.06	55.97	57.80
绿色投入	45.50	46.44	45.70	45.88	48.29	51.19	55.14
绿色生活	66.74	68.75	67.93	69.76	70.36	71.91	72.14

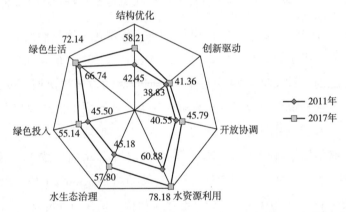

图1-18　2011年和2017年长江经济带西部区域绿色发展二级指标对比

　　（3）三级指标。从三级指标来看，2011～2017年，结构优化指数的三级指标虽然都实现了优化，但这些分项指标对结构优化指数大幅提升的支撑作用不一，在此我们重点考察最后两年即2016～2017年的情形，以期发现其后的变动趋势，突出需要重点监测的指标。在2016～2017年人均GDP增长幅度最大，达40.3%，工业劳动生产率次之，为34.47%；创新驱动指数之所以表现不佳，在于其三级指标中，仅R&D经费投入强度在2016～2017年增速较快，增幅达16.37%，其他万人发明专利授权量、技术市场成交额和新产品销售收入增速3个指标的指数均出现负增长，加之信息产业占GDP比重指标提升幅度较小，导致创新驱动指数增幅甚微，仅为0.04，是西部区域绿色发展的短板；开放协调指数的三级指标中，城镇化率、出口交货值相对规模和外商投资企业投资总额增速三项指标在2016～

2017 年增速迅猛，增幅分别为 26.45%、35.66% 和 21.60%，相对较差的是地方财政住房保障支出比重，在 2016~2017 年出现 19.35% 的负增长，显著拉低了年均增速；水资源利用指数中，在 2016~2017 年万元 GDP 水耗、农业和工业用水效率都实现了大幅下降，万元 GDP 水耗降幅达 10.38%，农业和工业用水效率降幅分别为 4.55% 和 6.01%，在人均生活用水量指数不升反降的情况下，实现了水资源利用指数加速提升的势头；水生态治理指数中，湿地面积占比评分维系不变，城市污水日处理能力、化学需氧量排放强度与氨氮排放强度在 2016~2017 年增幅分别为 31.71%、41.50% 和 37.99%，水生态治理指数虽有较大幅度提升，但化学需氧量排放强度与氨氮排放强度急需采取措施加以控制，同时农村面源污染源控制仍需加强，特别是化肥的施用强度有所增大；绿色投入的三级指标水利环境固定投资占比 2016~2017 年增幅达 44.95%，财政节能环保支出占比 2016~2017 年增幅次之，环保人员数占比在 2017 年有所降低；绿色生活的三级指标中，2016~2017 年建成区绿化覆盖率及公共交通覆盖率增幅均超过 16%，其他指标虽然变动不显著，但其走向均趋好。

三 长江经济带 11 省（市）绿色发展评价

长江经济带横贯中国东中西部，范围包括上海、江苏、浙江、安徽、江西、湖北、湖南、重庆、四川、云南、贵州等 11 省市，所属各省市绿色发展水平参差不齐。

（一）长江经济带省域绿色发展总指数比较分析

长江经济带各省市绿色发展水平参差不一，且排名处于不断变动之中。

1. 省域绿色发展总指数比较

2011 年长江经济带各省市绿色发展总水平排名依次为：上海市、江苏省、浙江省、重庆市、贵州省、四川省、湖北省、云南省、江西省、安徽省、湖南省，经过七年来大力开展生态文明建设，2017 年，11 个省市绿色发展总水平排名已变为：上海市、江苏省、浙江省、重庆市、湖北省、贵州省、四川省、湖南省、安徽省、云南省、江西省。

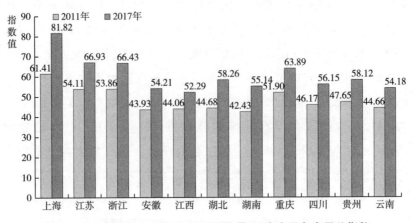

图 1 - 19　2011 年和 2017 年长江经济带 11 省市绿色发展总指数

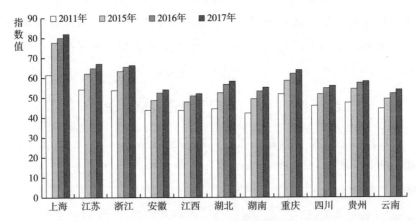

图 1 - 20　2011 年、2015 年、2016 年和 2017 年长江经济带 11 省市绿色发展总指数比较

从 2011 年到 2017 年，长江经济带 11 个省市虽然部分省市的排名位次没有变化，有的变动非常细微，但各省市绿色发展总水平均有很大的提高，只是提高幅度有所差别而已。排名位次没有变化的共有四个省市：上海市，绿色发展指数由 61.41 跃升至 81.82，一直稳居榜首；江苏省，绿色发展指数由 54.11 跃升至 66.93；浙江省，绿色发展指数由 53.86 跃升至 66.43；重庆市，绿色发展指数由 51.90 提高到 63.89，依序包揽前四，但江苏和浙江在 2013 年和 2017 年出现过换位情形，主要是由于各自绿色增长度排名及分值发生变化，位次完全未变的只有上海和重庆两市。部分省市排名略有变化，贵州省，绿色发展指数由 47.65 提高到 58.12，前六年一直保持第五位，2017 年下滑为第六；安徽省，绿色发展指数由 43.93 升至 54.21，一度由第十晋升第九又跌至第十位，在 2016 年重回第九并保持至 2017 年；四川省从 2015 年开始由第六位下降到第七位，主要原因是绿色增长度、绿色保障力指数的增速放缓，分项排名偏低且下降所致。排名变化最大的省市是湖南省、湖北省、云南省和江西省。湖南省、湖北省排名上升较大，其中湖南省由第十一位上升到第八位，主要是由于其绿色增长度增速非常快，分析期内稳步上升，绿色保障力也有较大的提高；其次是湖北省 2012 年由第七位降至第八位，次年开始上升，2017 年到第五位，主要原因是其绿色增长度指数上升很快，其得分较高，对总指数形成有力支撑，另两项排名变化不大，其中绿色保障力虽然排名最后但分值未被其他省拉开距离；排名下降的为云南省，绿色发展指数由 44.66 提高到 54.18，2011 年为第八位，次年第七，2013 年开始三年保持第八位，而后下降为第十并保持至 2017 年，主要原因是绿色增长度增速过缓，排名过低；江西省由 2012 年第九位滑到 2013 年的第十位，次年即下降到第十一位，主要原因是其绿色承载力增速缓慢且得分过低（见图 1-19、图 1-20、表 1-9）。

表 1-9　2011~2017 年长江经济带各省市绿色发展总水平指数及排名

区域	2011 年		2012 年		2013 年		2014 年		2015 年		2016 年		2017 年	
	数值	排名	数值	排名	数值	排名	数值	排名	数值	排名	数值	排名	数值	排名
上海	61.41	1	63.63	1	69.77	1	74.28	1	77.70	1	79.96	1	81.82	1
江苏	54.11	2	56.01	2	57.60	3	59.11	3	61.97	3	64.84	3	66.93	2
浙江	53.86	3	55.91	3	58.22	2	59.55	2	63.39	2	65.37	2	66.43	3
安徽	43.93	10	44.92	10	46.86	9	48.21	10	48.86	10	52.39	9	54.21	9
江西	44.06	9	45.68	9	46.09	10	46.74	11	47.96	11	50.90	11	52.29	11
湖北	44.68	7	45.68	8	47.54	7	49.91	7	52.71	6	56.71	6	58.26	5
湖南	42.43	11	44.89	11	45.84	11	48.29	9	49.51	9	53.37	8	55.14	8
重庆	51.90	4	54.23	4	54.54	4	55.84	4	58.52	4	62.27	4	63.89	4
四川	46.17	6	47.63	6	49.96	6	51.44	6	51.70	7	54.78	7	56.15	7
贵州	47.65	5	48.77	5	51.10	5	53.37	5	54.26	5	57.53	5	58.12	6
云南	44.66	8	46.01	7	47.19	8	48.55	8	49.64	8	52.17	10	54.18	10

2. 省域绿色发展总指数增速变化趋势

2011～2017 年绿色发展总水平指数增速最快的是上海，年均增速达到 4.90%，年均增速超过 4% 的有上海、湖北、湖南，最慢的是江西，仅为 2.90%，其他省市处于 3%～4%；从后续增长势头来看，2016 年与 2017 年速度加快的有江苏、安徽、江西、湖北、湖南、重庆、四川、贵州和云南，速度最快的是湖南，年均增速达到 5.53%，超过 5% 的省市有安徽、湖北和湖南；减速的是上海和浙江，且年均增速低于 3%，其余省市年均增速介于 3%～5%（见表 1－10）。

表 1－10　2011～2017 年长江经济带各省市绿色发展总指数增速

单位：%

区域	2012 年	2013 年	2014 年	2015 年	2016 年	2017 年	2011～2017 年 年均	2016 年 2017 年年均
上海市	3.62	9.65	6.46	4.60	2.91	2.33	4.90	2.62
江苏省	3.51	2.84	2.62	4.84	4.63	3.22	3.61	3.92
浙江省	3.81	4.13	2.28	6.45	3.12	1.62	3.56	2.37
安徽省	2.25	4.32	2.88	1.35	7.22	3.47	3.57	5.33
江西省	3.68	0.90	1.41	2.61	6.13	2.73	2.90	4.42
湖北省	2.24	4.07	4.99	5.61	7.59	2.73	4.52	5.13
湖南省	5.80	2.12	5.34	2.53	7.80	3.32	4.46	5.53
重庆市	4.49	0.57	2.38	4.80	6.41	2.60	3.52	4.49
四川省	3.16	4.89	2.96	0.51	5.96	2.50	3.32	4.21
贵州省	2.35	4.78	4.44	1.67	6.03	1.03	3.37	3.50
云南省	3.02	2.56	2.88	2.25	5.10	3.85	3.27	4.47

（二）长江经济带省域绿色发展分项指数比较分析

同样，长江经济带各省市绿色发展分项指数水平参差不一，排名处于不断变动之中。

1. 长江经济带省域绿色增长度比较

（1）绿色增长度指数与排名。2017 年，长江经济带各省市绿色增长度指数排名情况由高到低依次是上海市、江苏省、浙江省、湖北省、重庆市、湖南省、安徽省、江西省、四川省、云南省、贵州省。其中排名位次七年中始末保持不变的省市有 4 个，分别为上海市、江苏省、浙江省和四川省。上海市绿色增长度指数由 67.33 提高到 88.58，始终高居首位；江苏省绿色增长度指数由 54.65 提高到 71.13，增速较快，一直稳居第二位，但与上海市相比，差距仍较大；浙江省绿色增长度指数由 51.24 提高到 64.07，开始年份略低于江苏，后来差距有所加大，但始终保持第三位；四川省绿色增长度指数由 41.35 提高到 50.35，排名由开始两年的第九逐级上升到第七位后又下滑到第九位，是因其创新驱动能力出现快速提高弥补了结构优化指数的下滑幅度。有 3 个省份的排名有所提升：湖南省、湖北省和云南省，湖南省绿色增长度指数由 40.18 提高到 54.48，排名大幅上升，由第十位升至第六位，主要原因在于结构优化指数增长较快，此外创新驱动能力的提高也是原因之一；湖北省绿色增长度指数由 43.80 提高到 60.47，排名由第七位跃升为第四位，源于开放协调和结构优化指数得到明显提高，其创新驱动能力也得以增强；云南省绿色增长度指数由 37.37 提高到 45.67，排名由多年保持的第十一位，2017 年首次跨入前十。有 4 个省市的排名出现下滑：安徽省绿色增长度指数由 44.04 提高到 51.41，因其结构优化、创新驱动等相应因素的影响，排名一度由第六位下降到 2015 年、2016 年的第九位，又于 2017 年上升到第七位；江西省由第五位下降到第八位，这是因为其结构优化指数增速过慢，排名下滑两位，创新驱动指数曾一度前进四位，但最终没能保持还是回落到并列第九位，开放协调指数的增速相对较慢，位次后退一位；贵州省由第八位下降到第十一位，其重要原因是创新驱动指数下降，呈现明显负增长。重庆市绿色增长度指数由 46.15 上升至 56.38，相对而言，增速过于平缓，导致排名由第四位滑至第五位（见表 1 - 11）。

表 1 - 11　2011 ~ 2017 年长江经济带各省市绿色增长度指数及排名

区域	2011 年		2012 年		2013 年		2014 年		2015 年		2016 年		2017 年	
	数值	排名	数值	排名	数值	排名	数值	排名	数值	排名	数值	排名	数值	排名
上海	67.33	1	69.82	1	75.37	1	79.60	1	83.64	1	87.54	1	88.58	1
江苏	54.65	2	57.78	2	59.67	2	61.29	2	63.70	2	67.49	2	71.13	2

区域	2011 年		2012 年		2013 年		2014 年		2015 年		2016 年		2017 年	
	数值	排名	数值	排名	数值	排名	数值	排名	数值	排名	数值	排名	数值	排名
浙江	51.24	3	53.81	3	57.10	3	57.45	3	63.12	3	62.36	3	64.07	3
安徽	44.04	6	44.09	7	45.92	7	47.06	7	47.87	9	49.89	9	51.41	7
江西	44.89	5	46.11	5	47.17	6	47.02	7	48.15	8	51.34	6	50.99	8
湖北	43.80	7	45.16	6	48.11	5	52.15	4	56.44	4	58.82	4	60.47	4
湖南	40.18	10	43.29	8	44.48	9	47.57	6	49.22	6	50.84	7	54.48	6
重庆	46.15	4	46.57	4	48.62	4	50.98	5	52.33	5	55.23	5	56.38	5
四川	41.35	9	42.68	9	45.40	8	46.66	9	48.40	7	50.34	8	50.35	9
贵州	42.31	8	40.29	10	41.25	10	42.69	10	42.93	10	45.44	10	45.33	11
云南	37.37	11	38.53	11	40.25	11	41.40	11	42.46	11	44.11	11	45.67	10

（2）绿色增长度指数增速。2011～2017 年绿色增长度指数增速最快的是湖北，年均增速达到 5.52%，年均增速超过 4% 的有上海、江苏、湖北、湖南，最慢的是贵州，仅为 1.16%，其次是安徽和江西，均低于 3%，其他省市介于 3%～4%；从后续增长势头来看，2016 年与 2017 年速度加快的有江苏、安徽、江西、重庆、贵州和云南，速度最快的是江苏，年均增速达到 5.67%，超过 5% 的省市有江苏和湖南；减速的是上海、浙江、湖北和四川，浙江最低仅为 0.75%，湖南持平，保持 5.21%，除了上海、浙江和四川外，还有江西、贵州低于 3%，其余省市年均增速介于 3%～4%（见表 1-12）。

表 1-12　2011～2017 年长江经济带各省市绿色增长度指数增速

单位:%

区域	2012 年	2013 年	2014 年	2015 年	2016 年	2017 年	2011～2017 年 年均	2016 年 2017 年年均
上海市	3.70	7.95	5.61	5.08	4.66	1.19	4.68	2.91
江苏省	5.73	3.27	2.71	3.93	5.95	5.39	4.49	5.67
浙江省	5.02	6.11	0.61	9.87	-1.20	2.74	3.79	0.75
安徽省	0.11	4.15	2.48	1.72	4.22	3.05	2.61	3.63
江西省	2.72	2.30	-0.32	2.40	6.63	-0.68	2.15	2.91
湖北省	3.11	6.53	8.40	8.23	4.22	2.81	5.52	3.51
湖南省	7.74	2.75	6.95	3.47	3.29	7.16	5.21	5.21

续表

区域	2012 年	2013 年	2014 年	2015 年	2016 年	2017 年	2011～2017 年年均	2016 年 2017 年年均
重庆市	0.91	4.40	4.85	2.65	5.54	2.08	3.39	3.80
四川省	3.22	6.37	2.78	3.73	4.01	0.02	3.34	1.99
贵州省	-4.77	2.38	3.49	0.56	5.85	-0.24	1.16	2.76
云南省	3.10	4.46	2.86	2.56	3.89	3.54	3.40	3.71

（3）结构优化、创新驱动、开放协调指数及排名与增速。2011～2017 年间绿色增长度次级指标结构优化、创新驱动、开放协调指数及排名与增速见表 1-13 至表 1-18。

表 1-13　2011～2017 年长江经济带各省市结构优化指数及排名

区域	2011 年		2012 年		2013 年		2014 年		2015 年		2016 年		2017 年	
	数值	排名	数值	排名	数值	排名	数值	排名	数值	排名	数值	排名	数值	排名
上海	73.76	1	77.14	1	81.39	1	85.98	1	93.27	1	97.93	1	100.01	1
江苏	58.87	2	62.00	2	65.86	2	70.30	2	74.85	2	82.23	2	87.46	2
浙江	56.41	3	59.00	3	62.19	3	64.82	3	72.77	3	71.43	3	76.20	3
安徽	46.46	6	48.02	6	49.96	8	51.96	9	53.45	9	56.63	9	60.06	8
江西	50.51	5	52.70	5	54.73	5	56.17	7	57.26	7	60.48	7	63.06	7
湖北	44.69	7	47.73	7	50.50	6	57.83	5	61.85	5	67.18	5	70.94	6
湖南	43.68	9	46.42	8	48.95	9	56.48	6	59.44	6	63.40	6	71.04	5
重庆	52.50	4	55.36	4	57.63	4	60.58	4	63.73	4	70.24	4	73.15	4
四川	43.98	8	46.41	9	50.44	7	52.58	8	55.48	8	59.53	8	57.54	9
贵州	38.00	11	40.07	11	41.79	11	43.68	11	45.63	11	50.31	11	52.58	11
云南	38.86	10	40.57	10	45.44	10	47.20	10	50.00	10	51.98	10	55.46	10

表 1-14　2011～2017 年长江经济带各省市结构优化指数增速

单位：%

区域	2012 年	2013 年	2014 年	2015 年	2016 年	2017 年	2011～2017 年年均	2016 年 2017 年年均
上海市	4.58	5.51	5.64	8.48	5.00	2.12	5.21	3.55
江苏省	5.32	6.23	6.74	6.47	9.86	6.36	6.82	8.10
浙江省	4.59	5.41	4.23	12.26	-1.84	6.68	5.14	2.33

续表

区域	2012 年	2013 年	2014 年	2015 年	2016 年	2017 年	2011～2017 年年均	2016 年 2017 年年均
安徽省	3.36	4.04	4.00	2.87	5.95	6.06	4.37	6.00
江西省	4.34	3.85	2.63	1.94	5.62	4.27	3.77	4.94
湖北省	6.80	5.80	14.51	6.95	8.62	5.60	8.01	7.10
湖南省	6.27	5.45	15.38	5.24	6.66	12.05	8.44	9.32
重庆市	5.45	4.10	5.12	5.20	10.21	4.14	5.68	7.14
四川省	5.53	8.68	4.24	5.52	7.30	-3.34	4.58	1.84
贵州省	5.45	4.29	4.52	4.46	10.26	4.51	5.56	7.35
云南省	4.40	12.00	3.87	5.93	3.96	6.69	6.11	5.32

表 1-15　2011～2017 年长江经济带各省市创新驱动指数及排名

区域	2011 年		2012 年		2013 年		2014 年		2015 年		2016 年		2017 年	
	数值	排名	数值	排名	数值	排名	数值	排名	数值	排名	数值	排名	数值	排名
上海	58.26	1	60.82	1	69.54	1	74.59	1	74.48	1	82.87	1	83.43	1
江苏	48.94	2	52.33	2	53.11	2	52.98	2	54.30	2	55.83	2	58.86	2
浙江	45.18	4	48.43	3	51.22	3	49.20	3	54.17	3	53.63	3	53.01	3
安徽	42.06	6	40.09	7	41.53	5	41.84	6	42.02	7	43.68	5	43.87	6
江西	39.09	8	39.62	8	39.21	10	37.56	10	38.70	10	42.96	6	39.89	9
湖北	42.30	5	42.29	4	44.96	4	46.75	4	52.23	4	52.57	4	52.68	4
湖南	36.31	10	40.24	6	40.15	9	39.76	9	40.32	8	40.13	10	41.24	8
重庆	40.38	7	38.60	10	40.64	8	42.85	5	42.67	5	42.81	7	42.55	7
四川	38.38	9	39.13	9	40.73	7	41.13	7	42.28	6	42.68	8	44.31	5
贵州	47.77	3	41.68	5	41.17	6	41.04	8	40.16	9	41.72	9	39.89	9
云南	36.31	10	36.66	11	35.81	11	36.84	11	36.28	11	37.89	11	38.26	11

表 1-16　2011～2017 年长江经济带各省市创新驱动指数增速

单位:%

区域	2012 年	2013 年	2014 年	2015 年	2016 年	2017 年	2011～2017 年年均	2016 年 2017 年年均
上海市	4.39	14.34	7.26	-0.15	11.26	0.68	6.17	5.84
江苏省	6.93	1.49	-0.24	2.49	2.82	5.43	3.12	4.11
浙江省	7.19	5.76	-3.94	10.10	-1.00	-1.16	2.70	-1.08

续表

区域	2012 年	2013 年	2014 年	2015 年	2016 年	2017 年	2011～2017 年年均	2016 年 2017 年年均
安徽省	-4.68	3.59	0.75	0.43	3.95	0.43	0.70	2.18
江西省	1.36	-1.03	-4.21	3.04	11.01	-7.15	0.34	1.53
湖北省	-0.02	6.31	3.98	11.72	0.65	0.21	3.73	0.43
湖南省	10.82	-0.22	-0.97	1.41	-0.47	2.77	2.14	1.13
重庆市	-4.41	5.28	5.44	-0.42	0.33	-0.61	0.88	-0.14
四川省	1.95	4.09	0.98	2.80	0.95	3.82	2.42	2.37
贵州省	-12.75	-1.22	-0.32	-2.14	3.88	-4.39	-2.96	-0.34
云南省	0.96	-2.32	2.88	-1.52	4.44	0.98	0.88	2.69

表 1-17　2011～2017 年长江经济带各省市开放协调指数及排名

区域	2011 年		2012 年		2013 年		2014 年		2015 年		2016 年		2017 年	
	数值	排名	数值	排名	数值	排名	数值	排名	数值	排名	数值	排名	数值	排名
上海	80.06	1	79.26	1	77.21	1	77.17	1	74.63	1	70.36	1	69.68	1
江苏	62.06	2	64.20	2	63.72	2	62.47	3	61.80	3	62.08	3	62.70	3
浙江	56.76	3	56.69	3	62.21	3	63.85	2	64.54	2	64.94	2	65.14	2
安徽	43.36	8	46.04	7	48.98	6	50.33	6	51.30	6	50.72	7	50.91	7
江西	47.92	4	48.54	4	51.82	5	52.08	5	53.31	5	52.37	5	52.41	5
湖北	46.48	6	47.44	5	51.94	4	53.47	4	54.22	4	54.40	4	54.74	4
湖南	43.07	9	44.29	8	45.81	9	47.23	9	48.57	8	49.14	8	48.93	9
重庆	46.61	5	47.15	6	48.51	7	49.47	7	50.59	7	51.80	6	52.34	6
四川	43.77	7	43.59	9	46.16	8	47.66	8	47.74	9	48.42	9	49.00	8
贵州	36.16	11	35.80	11	39.74	10	45.60	10	44.34	10	43.17	10	41.61	10
云南	36.39	10	38.78	10	39.61	11	39.17	11	40.48	11	41.19	11	40.83	11

表 1-18　2011～2017 年长江经济带各省市开放协调指数增速

单位:%

区域	2012 年	2013 年	2014 年	2015 年	2016 年	2017 年	2011～2017 年年均	2016 年 2017 年年均
上海市	-1.00	-2.59	-0.05	-3.29	-5.72	-0.97	-2.29	-3.37
江苏省	3.45	-0.75	-1.96	-1.07	0.45	1.00	0.17	0.73
浙江省	-0.12	9.74	2.64	1.08	0.62	0.31	2.32	0.46

续表

区域	2012 年	2013 年	2014 年	2015 年	2016 年	2017 年	2011～2017 年 年均	2016 年 2017 年年均
安徽省	6.18	6.39	2.76	1.93	-1.13	0.37	2.71	-0.38
江西省	1.29	6.76	0.50	2.36	-1.76	0.08	1.50	-0.85
湖北省	2.07	9.49	2.95	1.40	0.33	0.63	2.76	0.48
湖南省	2.83	3.43	3.10	2.84	1.17	-0.43	2.15	0.37
重庆市	1.16	2.88	1.98	2.26	2.39	1.04	1.95	1.71
四川省	-0.41	5.90	3.25	0.17	1.42	1.20	1.90	1.31
贵州省	-1.00	11.01	14.75	-2.76	-2.64	-3.61	2.37	-3.13
云南省	6.57	2.14	-1.11	3.34	1.75	-0.87	1.94	0.43

2. 长江经济带省域绿色承载力比较分析

（1）绿色承载力指数及排名。2011～2017 年，各省市绿色承载力指数排名情况变动很小，排名始终未变的共九个省市，分别为：上海市、浙江省、贵州省、四川省、云南省、湖北省、安徽省、湖南省和江西省。只有江苏省和重庆市的排名出现细微变动。上海市绿色承载力指数由 64.42 提升至 83.37，多年稳居榜首，但从次级指标来看，上海市水资源利用效率其实并非最高，倒是水生态治理为其绿色承载力增长做出重要贡献和支撑，水生态治理指数始终排名第一，说明上海市水生态治理卓有成效；浙江省绿色承载力指数由 56.73 提高到 71.00，一直位居第二，其水资源利用指数非常高，长期排名第一第二，而水生态治理指数则在第三第四位间徘徊；重庆市绿色承载力指数由 52.80 提高到 69.86，排名由第四位前进到第三，水资源利用效率的快速提高是其主因，其水资源利用指数甚至在 2016 年和 2017 年超越浙江，由第二位跃升为第一，水生态治理指数则始终保持在第五位；江苏省绿色承载力指数由 54.82 提高到 67.10，排名由第三位降至第四位，排名下降主要因为水资源利用指数增长缓慢且排名下滑，并长期在第七第八的中下游水平徘徊；贵州省绿色承载力指数由 50.76 提高到 66.98，排名一直保持第五，虽然排名不变，但从表 1-21 可以发现，其水资源利用指数增长迅速，排名五年间实现由第八跃进前三，升幅巨大；四川省绿色承载力指数由 49.97 提高到 62.93（见表 1-19），排名始终位居第六，其水资源利用指数排名由第三滑至第四，水生态治理指数则由第七升为第六，可见水生态治理能力的提高是其绿色承载力提升的重要支撑；云南省、湖北省、安徽省、湖南省、江西省绿色承载力指数排名情况在七年内没有改变，分别为第七、八、九、十、十一位，其中安徽、湖南及江西的二级指标水资源利用指数排名没有变化、水生态治理的指数排名也变化不大，而云南、湖北的二级指标指数排名则出现波动变化，但因二级指标排名彼此交替升降，此消彼长从而最终导致其承载力指数排名保持稳定。

表 1-19　2011~2017 年长江经济带各省市绿色承载力指数及排名

区域	2011 年		2012 年		2013 年		2014 年		2015 年		2016 年		2017 年	
	数值	排名	数值	排名	数值	排名	数值	排名	数值	排名	数值	排名	数值	排名
上海	64.42	1	66.68	1	75.60	1	79.35	1	81.94	1	82.65	1	83.37	1
江苏	54.82	3	56.87	3	59.16	3	60.43	3	62.57	4	66.00	4	67.10	4
浙江	56.73	2	58.37	2	61.07	2	63.30	2	65.79	2	70.72	2	71.00	2
安徽	41.71	9	43.66	9	45.84	9	48.10	9	48.46	9	54.55	9	55.43	9
江西	37.90	11	40.23	11	41.01	11	42.57	11	44.01	11	47.64	11	49.48	11
湖北	42.15	8	44.29	8	46.24	8	48.28	8	49.37	8	56.63	8	57.54	8
湖南	40.49	10	42.48	10	43.40	10	45.13	10	46.38	10	52.72	10	53.38	10
重庆	52.80	4	56.06	4	57.87	4	60.42	4	62.71	3	68.14	3	69.86	3
四川	49.97	6	51.57	6	53.87	6	56.10	6	54.90	6	60.36	6	62.93	6
贵州	50.76	5	53.55	5	57.44	5	58.92	5	61.23	5	64.85	5	66.98	5
云南	47.69	7	50.03	7	52.11	7	53.59	7	54.51	7	57.78	7	59.50	7

（2）绿色承载力指数增速。2011~2017 年绿色承载力指数增速最快的是湖北，年均增速达到 5.32%；年均增速超过 4% 的有上海、湖北、湖南、安徽、江西、重庆和贵州；最慢的是江苏，仅为 3.43%；其他还有三省市介于 3%~4%。从后续增长势头来看，2016 年与 2017 年速度加快的有江苏、浙江、安徽、江西、湖北、湖南、重庆、四川和云南；年均速度最快的是湖北，年均增速达到 7.96%，超过 7% 的还有湖南和四川；减速的是上海和贵州，上海最低，年均增速 0.87%（见表 1-20）。

表 1 - 20 2011～2017 年长江经济带各省市绿色承载力指数增速

单位：%

区域	2012 年	2013 年	2014 年	2015 年	2016 年	2017 年	2011～2017 年年均	2016 年2017 年年均
上海市	3.51	13.38	4.96	3.26	0.87	0.87	4.39	0.87
江苏省	3.74	4.03	2.15	3.54	5.48	1.67	3.43	3.56
浙江省	2.89	4.63	3.65	3.93	7.49	0.40	3.81	3.88
安徽省	4.68	4.99	4.93	0.75	12.57	1.61	4.85	6.95
江西省	6.15	1.94	3.80	3.38	8.25	3.86	4.54	6.03
湖北省	5.08	4.40	4.41	2.26	14.71	1.61	5.32	7.96
湖南省	4.91	2.17	3.99	2.77	13.67	1.25	4.71	7.28
重庆市	6.17	3.23	4.41	3.79	8.66	2.52	4.78	5.55
四川省	3.20	4.46	4.14	-2.14	9.95	4.26	3.92	7.06
贵州省	5.50	7.26	2.58	3.92	5.91	3.28	4.73	4.59
云南省	4.91	4.16	2.84	1.72	6.00	2.98	3.76	4.48

（3）水资源利用、水生态治理指数及排名与增速。2011～2017 年绿色承载力次级指标水资源利用、水环境治理指数及排名与增速见表 1 - 21 至表 1 - 24。

表 1 - 21 2011～2017 年长江经济带各省市水资源利用指数及排名

区域	2011 年		2012 年		2013 年		2014 年		2015 年		2016 年		2017 年	
	数值	排名	数值	排名	数值	排名	数值	排名	数值	排名	数值	排名	数值	排名
上海	57.17	4	60.34	4	60.12	6	67.35	4	68.56	5	68.75	6	69.75	5
江苏	53.57	5	57.01	6	57.50	7	58.57	8	61.52	7	63.79	8	65.63	7
浙江	73.91	1	76.02	1	78.51	1	81.44	1	84.85	1	86.38	2	86.26	2
安徽	45.87	10	49.07	10	51.27	10	55.90	10	54.91	10	57.33	10	59.86	10
江西	40.79	11	45.81	11	45.99	11	48.24	11	50.67	11	53.05	11	54.42	11
湖北	50.21	7	54.42	8	56.30	8	59.27	7	58.71	8	63.98	7	64.80	8
湖南	47.31	9	51.21	9	53.56	9	56.05	9	57.73	9	59.91	9	60.79	9
重庆	66.57	2	72.46	2	74.12	2	79.04	2	82.86	2	86.99	1	88.72	1
四川	65.14	3	67.22	3	70.92	3	74.77	3	69.43	3	71.27	4	74.82	4
贵州	50.20	8	55.61	7	61.27	5	65.11	6	69.05	4	71.92	3	74.98	3
云南	52.49	6	58.58	5	62.50	4	65.69	5	66.82	4	68.98	5	69.51	6

表 1 – 22　2011~2017 年长江经济带各省市水资源利用指数增速

单位:%

区域	2012 年	2013 年	2014 年	2015 年	2016 年	2017 年	2011~2017 年年均	2016 年2017 年年均
上海市	5.54	- 0.36	12.03	1.80	0.28	1.45	3.37	0.86
江苏省	6.42	0.86	1.86	5.04	3.69	2.88	3.44	3.29
浙江省	2.85	3.28	3.73	4.19	1.80	- 0.14	2.61	0.83
安徽省	6.98	4.48	9.03	- 1.77	4.41	4.41	4.54	4.41
江西省	12.31	0.39	4.89	5.04	4.70	2.58	4.92	3.63
湖北省	8.38	3.45	5.28	- 0.94	8.98	1.28	4.34	5.06
湖南省	8.24	4.59	4.65	3.00	3.78	1.47	4.27	2.62
重庆市	8.85	2.29	6.64	4.83	4.98	1.99	4.90	3.48
四川省	3.19	5.50	5.43	- 7.14	2.65	4.98	2.34	3.81
贵州省	10.78	10.18	6.27	6.05	4.16	4.25	6.92	4.21
云南省	11.60	6.69	5.10	1.72	3.23	0.77	4.79	1.99

表 1 – 23　2011~2017 年长江经济带各省市水生态治理指数及排名

区域	2011 年		2012 年		2013 年		2014 年		2015 年		2016 年		2017 年	
	数值	排名	数值	排名	数值	排名	数值	排名	数值	排名	数值	排名	数值	排名
上海	68.19	1	69.99	1	83.66	1	85.60	1	88.91	1	89.88	1	90.46	1
江苏	55.47	2	56.80	2	60.02	2	61.39	2	63.12	2	67.15	2	67.87	2
浙江	47.77	4	49.18	4	51.98	4	53.85	4	55.86	4	62.56	3	63.05	3
安徽	39.55	8	40.83	8	43.00	8	44.04	8	45.10	8	53.09	7	53.12	9
江西	36.40	11	37.32	11	38.41	10	39.61	10	40.53	10	44.82	11	46.90	11
湖北	37.96	9	39.02	9	41.00	9	42.55	9	44.51	9	52.80	8	53.76	8
湖南	36.93	10	37.93	10	38.10	11	39.44	11	40.46	11	48.97	10	49.53	10
重庆	45.62	5	47.51	5	49.40	5	50.73	5	52.21	5	58.31	5	60.04	5
四川	42.07	7	43.42	7	45.00	7	46.38	7	47.34	7	54.67	6	56.73	6
贵州	51.05	3	52.48	3	55.45	3	55.70	3	57.15	3	61.16	4	62.81	4
云南	45.18	6	45.57	6	46.70	6	47.28	6	48.10	6	51.95	9	54.28	7

表1-24 2011～2017年长江经济带各省市水生态治理指数增速

单位:%

区域	2012年	2013年	2014年	2015年	2016年	2017年	2011～2017年年均	2016年2017年年均
上海市	2.64	19.53	2.32	3.87	1.09	0.65	4.82	0.87
江苏省	2.40	5.67	2.28	2.82	6.38	1.07	3.42	3.69
浙江省	2.95	5.69	3.60	3.73	11.99	0.78	4.73	6.24
安徽省	3.24	5.31	2.42	2.41	17.72	0.06	5.04	8.53
江西省	2.53	2.92	3.12	2.32	10.58	4.64	4.31	7.57
湖北省	2.79	5.07	3.78	4.61	18.63	1.82	5.97	9.90
湖南省	2.71	0.45	3.52	2.59	21.03	1.14	5.01	10.64
重庆市	4.14	3.98	2.69	2.92	11.68	2.97	4.68	7.24
四川省	3.21	3.64	3.07	2.07	15.48	3.77	5.11	9.47
贵州省	2.80	5.66	0.45	2.60	7.02	2.70	3.52	4.83
云南省	0.86	2.48	1.24	1.73	8.00	4.49	3.11	6.23

3. 长江经济带省域绿色保障力指数比较

（1）绿色保障力指数及排名。2011～2017年，长江经济带11个省市绿色保障力指数的变化均较大，排名均有所变动。其中贵州省绿色保障力指数由54.11上升到70.44，排名由2011年第四位提升到2014年第一并持续保持到分析期末，主要源于其绿色投入指数增长较快，始终位列前二；其绿色生活指数排名始终保持在第六七八九的中下游水平。重庆市绿色保障力指数排名由第一下滑到第二，由64.42变为69.40，其绿色投入指数增速较快，一直保持前二；但绿色生活指数几乎停滞不前，由73.40变为72.85，排名则由第三急速下滑至第七。云南省绿色保障力指数由56.26变化为63.65，波动强劲，排名由第二急速跌落第六又跃至第三，源于其二级指标均增速较快，排名提升，尤其绿色投入指数波动幅度较大，排名由第四经第七跃至第三。浙江省绿色保障力指数由54.00提高到62.12，排名由第五位一度跃至第三然后回落到第四，但绿色生活指数保持第二位的领先地位，并在2016年一度跃居榜首，绿色投入指数排名由第八滑到第十后跃至第五，2017年又下滑为第七。江西省绿色保障力指数由55.90升至

61.97，排名出现大起大落，呈抛物线变化，由第三位下降到第六位然后攀升至第五，其绿色生活指数排名非常抢眼，除2016年为第二外，一直位列首位，为绿色保障力指数的提升发挥了重要支撑作用；绿色投入指数排名靠后，前六年为第十到十一位，最后跃升为第九。上海市绿色保障力指数提升迅速，绿色保障力指数由39.70上升到61.32，排名由倒数第一蹿升到第六，源于其绿色投入指数和绿色生活指数均实现了较快增长，排名均得以显著提高，分别由第十升至第四和第十一升至第八。湖南省绿色保障力指数提高得较快，绿色保障力指数由52.51上升到60.83，排名由第七升到第四、第三后又重新滑至第七，主要是因为其绿色投入指数排名出现较大变化，由第七升为第三又退至第五；且绿色生活指数未能提供足够支撑。安徽省绿色保障力指数由48.68提高到58.50，排名由第十变到第八，中间年份也曾一度下滑到第十，其绿色生活指数排名上升两位，但波动主要是绿色投入指数造成。江苏省绿色保障力指数由51.16提高到55.98，排名由第八下滑至第十位又上升到2015年的第七最后跌落到第九位，其绿色投入指数前期实现了较快的增长，但后期排名巨幅下滑，由第三滑至倒数第一；绿色生活指数排名大幅变动，由第六退至第十又前进到第五。四川省绿色保障力指数由49.78提高到55.50，排名由第九升到第七再退至第十，原因是其两个二级指标增速缓慢，排名均出现下滑。湖北省绿色保障力指数由52.66提高到54.39，排名由第六降至第十一位，主要是因为绿色投入不足，绿色投入指数排名从第三波动式下滑至第十，绿色生活指数排名由第十升至第九再下降到十一位，最终回到第十（见表1-25）。

表1-25　2011~2017年长江经济带各省市绿色保障力指数及排名

区域	2011年		2012年		2013年		2014年		2015年		2016年		2017年	
	数值	排名	数值	排名	数值	排名	数值	排名	数值	排名	数值	排名	数值	排名
上海	39.70	11	41.13	11	42.47	11	49.44	10	53.16	8	54.79	8	61.32	6
江苏	51.16	8	49.58	10	48.84	10	50.62	9	56.29	7	55.52	7	55.98	9
浙江	54.00	5	55.67	5	54.61	5	56.39	4	58.69	3	60.89	4	62.12	4
安徽	48.68	10	49.89	9	51.56	8	51.35	8	52.28	10	53.86	8	58.50	8
江西	55.90	3	56.90	3	54.87	3	55.47	5	56.44	6	57.18	6	61.97	5
湖北	52.66	6	50.17	8	49.07	9	47.96	11	50.85	11	51.61	11	54.39	11

续表

区域	2011 年		2012 年		2013 年		2014 年		2015 年		2016 年		2017 年	
	数值	排名	数值	排名	数值	排名	数值	排名	数值	排名	数值	排名	数值	排名
湖南	52.51	7	54.40	6	54.85	4	57.26	3	57.36	4	61.25	3	60.83	7
重庆	64.42	1	69.49	1	61.90	1	57.75	2	64.68	2	66.81	2	69.40	2
四川	49.78	9	51.21	7	52.67	7	52.99	7	52.79	9	53.38	10	55.50	10
贵州	54.11	4	59.41	2	61.68	2	67.83	1	67.18	1	71.60	1	70.44	1
云南	56.26	2	55.81	4	53.58	6	55.23	6	56.81	5	59.84	5	63.65	3

（2）绿色保障力指数增速。2011～2017 年绿色保障力指数增速最快的是上海，年均增速达到 7.51%，遥遥领先；年均增速超过 4% 的有上海和贵州，最慢的是湖北，仅为 0.54%，其他省市介于 1%～4%；从后续增长势头来看，2016～2017 年速度加快的有浙江、安徽、江西、湖北、湖南、重庆、四川和云南；出现速度减缓的是上海、江苏和贵州。但速度最快的仍是上海，年均增速达到 7.40%，虽然增速减缓，但仍为最高；超过 5% 的省市还有安徽和云南；速度最低的是江苏，年均增速为 -0.28%（见表1-26）；年均增速加快明显（3%～5%）的有湖北、重庆和江西。

表 1-26 2011～2017 年长江经济带各省市绿色保障力指数增速

单位：%

区域	2012 年	2013 年	2014 年	2015 年	2016 年	2017 年	2011～2017 年年均	2016 年 2017 年年均
上海市	3.60	3.26	16.41	7.52	3.07	11.92	7.51	7.40
江苏省	-3.09	-1.49	3.64	11.20	-1.37	0.83	1.51	-0.28
浙江省	3.09	-1.90	3.26	4.08	3.75	2.02	2.36	2.88
安徽省	2.49	3.35	-0.41	1.81	3.02	8.61	3.11	5.78
江西省	1.79	-3.57	1.09	1.75	1.31	8.38	1.73	4.78
湖北省	-4.73	-2.19	-2.26	6.03	1.49	5.39	0.54	3.42
湖南省	3.60	0.83	4.39	0.17	6.78	-0.69	2.48	2.98
重庆市	7.87	-10.92	-6.70	12.00	3.29	3.88	1.25	3.58
四川省	2.87	2.85	0.61	-0.38	1.12	3.97	1.83	2.53
贵州省	9.79	3.82	9.97	-0.96	6.58	-1.62	4.49	2.40
云南省	-0.80	-4.00	3.08	2.86	5.33	6.37	2.08	5.85

（3）绿色投入、绿色生活指数及排名与增速。2011～2017年绿色保障力指数次级指标绿色投入指数及排名与增速和绿色生活指数及排名与增速见表1-27至表1-30。

表1-27 2011～2017年长江经济带各省市绿色投入指数及排名

区域	2011年		2012年		2013年		2014年		2015年		2016年		2017年	
	数值	排名	数值	排名	数值	排名	数值	排名	数值	排名	数值	排名	数值	排名
上海	37.46	10	36.73	11	40.92	8	43.89	5	43.29	8	44.90	6	54.44	4
江苏	41.63	5	41.61	6	43.79	5	43.86	6	47.28	3	44.02	9	43.66	11
浙江	39.68	8	38.97	9	39.83	10	41.79	8	44.73	6	46.70	5	48.43	7
安徽	39.34	9	40.20	8	40.63	9	39.59	9	40.03	10	41.18	11	48.70	6
江西	36.55	11	38.64	10	38.91	11	38.42	11	39.54	11	42.90	10	46.12	9
湖北	46.69	3	41.28	7	41.18	7	39.17	10	42.50	9	44.06	8	44.16	10
湖南	40.98	7	43.09	4	44.92	3	45.83	3	46.24	4	50.49	3	51.05	5
重庆	58.68	1	65.92	1	55.36	2	49.18	2	59.30	2	62.09	2	67.19	2
四川	41.56	6	42.55	5	44.29	4	43.96	4	43.73	7	44.07	7	46.71	8
贵州	47.33	2	54.32	2	59.55	1	67.89	1	65.56	1	72.11	1	70.02	1
云南	46.54	4	44.36	3	41.85	6	42.12	7	45.80	5	48.44	4	54.87	3

表1-28 2011～2017年长江经济带各省市绿色投入指数增速

单位：%

区域	2012年	2013年	2014年	2015年	2016年	2017年	2011～2017年年均	2016年2017年年均
上海市	-1.95	11.41	7.26	-1.37	3.72	21.25	6.43	12.14
江苏省	-0.05	5.24	0.16	7.80	-6.90	-0.82	0.80	-3.90
浙江省	-1.79	2.21	4.92	7.04	4.40	3.70	3.38	4.05
安徽省	2.19	1.07	-2.56	1.11	2.87	18.26	3.62	10.30
江西省	5.72	0.70	-1.26	2.92	8.50	7.51	3.95	8.00
湖北省	-11.59	-0.24	-4.88	8.50	3.67	0.23	-0.92	1.93
湖南省	5.15	4.25	2.03	0.89	9.19	1.11	3.73	5.07
重庆市	12.34	-16.02	-11.16	20.58	4.70	8.21	2.28	6.44
四川省	2.38	4.09	-0.75	-0.52	0.78	5.99	1.97	3.35
贵州省	14.77	9.63	14.01	-3.43	9.99	-2.90	6.75	3.35
云南省	-4.68	-5.66	0.65	8.74	5.76	13.27	2.78	9.45

表 1 - 29　2011～2017 年长江经济带各省市绿色生活指数及排名

区域	2011 年		2012 年		2013 年		2014 年		2015 年		2016 年		2017 年	
	数值	排名	数值	排名	数值	排名	数值	排名	数值	排名	数值	排名	数值	排名
上海	43.21	11	48.02	11	44.91	11	58.15	11	68.62	9	70.28	9	72.11	8
江苏	66.07	6	62.04	10	56.77	10	61.21	10	70.40	7	73.53	7	75.28	5
浙江	76.42	2	81.81	2	77.75	2	79.25	2	80.55	2	83.12	1	83.57	2
安徽	63.31	8	65.07	7	68.66	6	69.77	6	71.48	6	73.73	6	73.85	6
江西	86.18	1	85.51	1	79.87	1	82.18	1	82.90	1	79.55	2	86.78	1
湖北	62.01	10	64.08	9	61.42	9	61.72	9	63.92	11	63.43	11	70.41	10
湖南	70.56	5	72.12	5	70.40	5	75.16	4	74.76	3	78.12	3	76.15	4
重庆	73.40	3	75.08	3	72.37	3	71.16	5	73.11	5	74.21	5	72.85	7
四川	62.65	9	64.76	8	65.80	7	67.14	8	67.00	10	67.97	10	69.27	11
贵州	64.73	7	67.39	6	65.02	8	67.75	7	69.71	8	70.81	8	71.09	9
云南	71.48	4	73.75	4	71.94	4	75.77	3	74.04	4	77.69	4	77.41	3

表 1 - 30　2011～2017 年长江经济带各省市绿色生活指数增速

单位：%

区域	2012 年	2013 年	2014 年	2015 年	2016 年	2017 年	2011～2017 年年均	2016 年 2017 年年均
上海市	11.13	-6.48	29.48	18.01	2.42	2.60	8.91	2.51
江苏省	-6.10	-8.49	7.82	15.01	4.45	2.38	2.20	3.41
浙江省	7.05	-4.96	1.93	1.64	3.19	0.54	1.50	1.86
安徽省	2.78	5.52	1.62	2.45	3.15	0.16	2.60	1.64
江西省	-0.78	-6.60	2.89	0.88	-4.04	9.09	0.12	2.31
湖北省	3.34	-4.15	0.49	3.56	-0.77	11.00	2.14	4.95
湖南省	2.21	-2.38	6.76	-0.53	4.49	-2.52	1.28	0.93
重庆市	2.29	-3.61	-1.67	2.74	1.50	-1.83	-0.13	-0.18
四川省	3.37	1.61	2.04	-0.21	1.45	1.91	1.69	1.68
贵州省	4.11	-3.52	4.20	2.89	1.58	0.40	1.57	0.98
云南省	3.18	-2.45	5.32	-2.28	4.93	-0.36	1.34	2.25

第二章 长江经济带绿色发展的现实研判与对策思路

长江经济带作为中国新一轮改革开放转型实施新区域开放开发战略的地带，是具有全球影响力的内河经济带、东中西部互动合作的协调发展带、沿海沿江沿边全面推进的对内对外开放带，更是生态文明建设的先行示范带。推动长江经济带发展走"生态优先，绿色发展"之路，是破解当前资源与环境矛盾、促进经济增长方式转型的必然选择，也是保持生态系统功能格局安全稳定、增进人民福祉的客观要求。

一 长江经济带绿色发展的进展与成效

推进长江经济带绿色发展是我国重要的国家发展战略，长江经济带11个省市乃至全国上下都在积极推动这一战略的全面实施。随着一系列政策和文件陆续出台，长江经济带绿色发展的保障体系越来越完善，并且在实践探索中取得了良好的成效，为我国乃至世界可持续发展做出了重大贡献。

（一）长江经济带绿色发展政策的最新进展

2013年7月21日，习近平总书记提出"长江流域要加强合作，发挥内河航运作用，把全流域打造成黄金水岸"。2014年3月5日，李克强总理在政府工作报告中提出"依托黄金水道，建设长江经济带"，这标志着长江经济带发展正式被确立为国家战略。2014年9月25日，《国务院关于依托黄金水道推动长江经济带发展的指导意见》（国发〔2014〕39号）出台，对长江经济带发展的战略定位和重点任务进行了全面部署。2016年1月5日，推动长江经济带发展座谈会在重庆召开，习近平总书记在会上强调"当前和今后相当长一个时期，要把修复长江生态环境摆在压倒性位置，共抓大保护，不搞大开发"，明确长江经济带"生态优先、绿色发展"的战略定位。基于"生态优先、绿色发展"的战略定位，国家对长江经济带产业发展、生态环境保护、金融保障等方面做出了精心部署，长江经济带 11 个省市也相应出台行动方案与政策制度，为长江经济带绿色发展提供政策支持。

1. 绿色产业政策

为推动长江经济带绿色产业发展，加快培育发展新动能，促进经济高质量发展，一系列绿色产业发展扶持政策与行动方案出台。工业和信息化部于 2016 年开展绿色制造体系建设，并发布了《工业和信息化部办公厅关于开展绿色制造体系建设的通知》（工信厅节函〔2016〕586 号），此后，长江经济带 11 个省市陆续出台实施方案和政策，如《上海市绿色制造体系建设实施方案（2018～2020 年）》《湖北省工业绿色制造体系建设实施方案》《湖南省绿色制造体系建设实施方案》《贵州省绿色制造三年行动计划（2018～2020年）》等。2017 年 6 月 30 日，工业和信息化部、国家发展和改革委员会、科学技术部、财政部、环境保护部联合发布《关于加强长江经济带工业绿色发展的指导意见》（工信部联节〔2017〕178 号）。

2018 年 4 月 26 日，习近平总书记在武汉主持召开深入推动长江经济带发展座谈会，为新时代推动长江经济带发展做出重要战略部署。为全面贯彻习近平总书记重要讲话精神，落实《〈长江经济带发展规划纲要〉分工方案》，推动长江经济带农业农村绿色发展，《农业农村部关于支持长江经济带农业农村绿色发展的实施意见》（农计发〔2018〕23 号）出台。为推进农业绿色发展，长江经济带部分省市也出台相关政策，如上海市出台了《上海市都市现代绿色农业发展三年行动计划（2018～2020)》，浙江省农业厅发布了《浙江省农业绿色发展试点先行区三年行动计划（2018～2020 年)》，江苏省委办公厅、省政府办公厅印发《关于加快推进农业绿色发展的实施意见》，《湖南省人民政府办公厅关于创新体制机制推进农业绿色发展的实施意见》（湘政办发〔2018〕84 号）发布。

2. 生态环境保护政策

长江是中华民族的母亲河，是我国经济高质量发展的战略支撑。2017

年 7 月 13 日，《长江经济带生态环境保护规划》颁布。2017 年 10 月 18 日，习近平总书记在党的十九大报告中进一步强调"以共抓大保护、不搞大开发为导向推动长江经济带发展"。2018 年 4 月 2 日，习近平总书记主持召开中央财经委员会第一次会议，将打好长江保护修复攻坚战作为七场标志性战役之一，确保 3 年时间明显见效。2019 年初，经国务院同意，生态环境部、国家发展和改革委联合印发《长江保护修复攻坚战行动计划》（环水体〔2018〕181 号），明确要求"地方政府组织制定本地区工作方案"。长江经济带各省市贯彻中央精神，制定政策方案，把修复长江生态环境摆在压倒性位置。2018 年，《中共上海市委上海市人民政府关于全面加强生态环境保护坚决打好污染防治攻坚战建设美丽上海的实施意见》出台，推进实施 11 个污染防治攻坚专项行动，并制定了《上海市绿色发展指标体系》；2019 年 4 月，安徽省委办公厅、省政府办公厅印发《长江安徽段生态环境大保护大治理大修复强化生态优先绿色发展理念落实专项攻坚行动方案》；2019 年 5 月，湖南省生态环境厅、省发展和改革委联合制定了《湖南省贯彻落实长江保护修复攻坚战行动计划实施方案》；2019 年 5 月，《重庆市长江保护修复攻坚战实施方案》发布；2019 年 6 月 4 日，江苏省政府办公厅印发了《江苏省长江保护修复攻坚战行动计划实施方案》；2019 年 6 月，江西省生态环境保护委员会出台《江西省落实长江保护修复攻坚战八个专项行动实施方案》；2019 年 7 月，《湖北省长江保护修复攻坚战工作方案》发布；2019 年 9 月，《长江保护修复攻坚战浙江省实施方案》发布。

3. 生态补偿与绿色金融政策

近年来，在国家有关部委大力推动下，长江经济带全流域、多方位的生态补偿体系正在形成。2018 年 2 月 13 日，《财政部关于建立健全长江经济带生态补偿与保护长效机制的指导意见》（财预〔2018〕19 号）发布。近年来，云南省重点推进以长江流域为先导的流域横向生态补偿机制建设，印发《云南省促进长江经济带生态保护修复补偿奖励政策实施方案（试行）》，明确要求长江流域各地区尽快建立横向生态补偿机制，并统筹中央和省级资金予以奖励。2018 年 2 月，云、贵、川三省人民政府达成共识，签署《赤水河流域横向生态补偿协议》，率先在长江流域建立第一个跨省生态补偿机制。2018 年最后一个工作日，重庆、湖南两省市政府签署了《酉水流域横向生态保护补偿协议》。

绿色金融政策在支持打赢污染防治攻坚战、服务乡村振兴、促进经济社会绿色转型等方面具有重要作用。上海大力推进绿色金融发展，各大银行上海支行相继推出一系列举措支持绿色金融发展，如上海银行制定了《绿色金融建设实施纲要》，明确绿色金融的支持方向和重点领域。2019 年6 月 20 日，湖南省发改委与国家开发银行湖南省分行在长沙签署开发性金融服务湖南省长江大保护战略合作协议，双方将在长江大保护领域和绿色发展领域开展融资合作，共建长江大保护和绿色发展重点项目库。2019 年8 月，江苏省生态环境厅、省地方金融监督管理局、省财政厅等 7 部门联合印发《江苏省绿色债券贴息政策实施细则（试行）》《江苏省绿色产业企业发行上市奖励政策实施细则（试行）》《江苏省环境污染责任保险保费补贴政策实施细则（试行）》《江苏省绿色担保奖补政策实施细则（试行）》4 个文件，明确绿色债券贴息、绿色产业企业上市奖励、环责险保费补贴、绿色担保奖补等政策的支持对象、奖补金额及申请程序，打出"组合拳"为企业绿色发展添动力。

当今世界可持续发展已成为全球共识，绿色发展也已成为中国经济转型的重要方向。近年来，国家部委及长江经济带 11 个省市出台了一系列支持绿色发展的政策措施，除以上归纳总结的之外，还包括绿色交通、绿色消费、绿色贸易政策等方面的内容，这些政策对推进长江经济带绿色发展、生态文明建设、经济高质量发展起到积极的作用。

（二）长江经济带绿色发展的主要成效

近年来，长江经济带各省市围绕贯彻落实习近平总书记关于推动长江经济带发展的一系列重要论述，秉持绿色发展理念，在生态保护和绿色发展中进行了大量创新性的实践探索，取得了令人瞩目的成绩。

1. 经济发展与生态建设统筹推进

长江经济带是我国重要的经济区域，综合实力强、人口集聚程度高、发展潜力大。近年来，长江经济带 11 个省市不断加强合作，把经济社会发展同绿色发展统筹起来，实现经济高质量发展和绿色发展高水平推进。2017 年，长江经济带 GDP 为 370998.49 亿元，占全国的 44.9%；人口59501 万人，占全国的 42.8%；地方一般公共预算收入 41014.21 亿元，占全国的 44.8%；全社会固定资产投资 291700.6 亿元，占全国的 45.5%；按收发货所在地分，长江经济带进出口总额为 121330.8 亿元，占全国的43.6%；社会消费品零售总额为 154891.2 亿元，占全国的 42.3%。在经济社会快速发展的同时，长江经济带绿色发展全面推进，绿色发展总水平不断提升，课题组测算结果显示，2011～2017 年，长江经济带绿色发展总指数由 49.39 上升为 60.44。生态环境明显改善，环境治理水平显著提升，2017 年长江经济带森林面积 8466.02 万公顷，占全国的 40.8%，城市污水处理能力由 1971.83 立方米/（万人·日）提高到 2056.63 立方米/（万人·日），生活垃圾无害化处理率由 84.89% 提高到 98.87%，形成人与自然和谐发展、经济发展与生态建设共同推进的现代化建设新格局。

2. 经济结构与增长质量明显提升

长江经济带全面推进产业转型升级，深化产业结构调整，提高劳动生产率，积极运用先进技术推进传统制造业改造提升，培育壮大战略性新兴产业。根据课题组测算，如图 2-1 所示，2011～2017 年，长江经济带结构优化指数显著上升，由 49.31 提高到 69.24，产业结构调整、产业转型发展取得了良好的效果；产业结构不断优化，三次产业增加值比例由 9.2∶49.9∶40.9调整为 7.2∶42.3∶50.5，产业结构呈现"三二一"格局，第二产业、第三产业比重之和为 92.8%，在长江经济带产业结构中居于主导地位，其中，第三产业比重超过第一产业和第二产业之和，这表明长江经济带正在进入后工业化时代。如表 2-1 所示，人均 GDP 由 2011 年的 36911.01 元/人提高到 2017 年的 62351.64 元/人，人民生活水平不断提高；万元 GDP能耗由 0.68 吨标准煤/万元下降为 0.46 吨标准煤/万元，经济结构进一步优化，能源利用效率不断提高；工业劳动生产率提高较快，由 10.58 万元/人上升为 14.86 万元/人，企业生产技术水平、经营管理水平、员工技术熟练程度均得到明显提升。新兴产业和高新技术产业保持较快增长，创新驱动、集约集聚、低碳绿色的经济发展新模式正在形成。

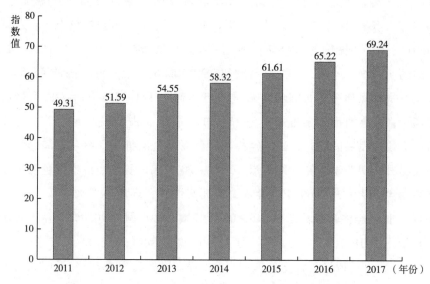

图 2 - 1　2011 ~ 2017 年长江经济带结构优化指数变化情况

表 2 - 1　2011 ~ 2017 年长江经济带结构优化指标变化情况

指标	2011 年	2012 年	2013 年	2014 年	2015 年	2016 年	2017 年
人均 GDP（元/人）	36911.01	40779.75	44957.98	48727.29	51933.06	57014.19	62351.64
第三产业增加值占 GDP 比重（%）	40.91	41.80	43.99	45.10	47.37	49.07	50.5
万元 GDP 能耗（吨标准煤/万元）	0.68	0.64	0.60	0.55	0.51	0.48	0.46
工业劳动生产率（万元/人）	10.58	11.27	11.87	12.46	12.74	13.63	14.86

资料来源：《2012 中国统计年鉴》《2013 中国统计年鉴》《2014 中国统计年鉴》《2015 中国统计年鉴》《2016 中国统计年鉴》《2017 中国统计年鉴》《2018 中国统计年鉴》。

3. 水环境治理与保护成效显著

长江全长 6300 公里，流域面积 1782715 平方公里①。2018 年，长江流

---

① 《2018 中国统计年鉴》，国家统计局网站。

域水资源总量9373.6亿立方米，占全国34.1%，地表水资源量9238.1亿立方米，占全国35.1%[①②]。水环境治理与保护取得显著成效，课题组测算结果显示，2011～2017年，长江经济带绿色承载力显著提升，由53.11上升到65.62，其中，水资源利用指数和水生态治理指数保持快速增长的态势，水资源利用指数由55.40上升到70.64，水生态治理指数由51.92上升到63.00，万元GDP水耗由123.39立方米/万元下降到71.08立方米/万元。

长江经济带地表水环境质量总体优于全国平均水平，且呈好转趋势。2019年5月22日，生态环境部发布《2018中国生态环境状况公报》，显示2018年长江流域水质良好，监测的510个水质断面中，Ⅰ类占5.7%，Ⅱ类占54.7%，Ⅲ类占27.1%，Ⅳ类占9.0%，Ⅴ类占1.8%，劣Ⅴ类占1.8%，与2017年相比，Ⅰ类水质断面比例上升3.5个百分点，Ⅱ类上升10.4个百分点，Ⅲ类下降10.9个百分点，Ⅳ类下降1.2个百分点，Ⅴ类下降1.3个百分点，劣Ⅴ类下降0.4个百分点。2018年，干流水质为优，Ⅰ类占6.8%，Ⅱ类占78.0%，Ⅲ类占15.3%，Ⅳ类、Ⅴ类、劣Ⅴ类水质断面为0，与2017年相比，Ⅱ类水质断面比例上升37.3个百分点，Ⅲ类下降37.2个百分点[③]。主要支流及省界断面水质良好（见表2-2）。

表2-2 2018年长江流域水质状况

水体	断面数（个）	比例（%）						比2017年变化（百分点）					
		Ⅰ类	Ⅱ类	Ⅲ类	Ⅳ类	Ⅴ类	劣Ⅴ类	Ⅰ类	Ⅱ类	Ⅲ类	Ⅳ类	Ⅴ类	劣Ⅴ类
流域	510	5.7	54.7	27.1	9.0	1.8	1.8	3.5	10.4	-10.9	-1.2	-1.3	-0.4
干流	59	6.8	78.0	15.3	0.0	0.0	0.0	0.0	37.3	-37.2	0.0	0.0	0.0
主要支流	451	5.5	51.7	28.6	10.2	2.0	2.0	3.9	6.9	-7.5	-1.3	-1.5	-0.4
省界断面	60	11.7	70.0	13.3	5.0	0.0	0.0	5.0	11.7	-15.0	-1.7	0.0	0.0

资料来源：《2018中国生态环境状况公报》，中华人民共和国生态环境部，2019年5月22日。

① 《2018年中国水资源公报》，中华人民共和国水利部网站。
② 《2018年长江流域及西南诸河水资源公报》，长江水利委员会。
③ 中华人民共和国生态环境部：《2018中国生态环境状况公报》，2019年5月22日。

二 长江经济带绿色发展的问题与挑战

改革开放 40 年来，在快速工业化和城市化进程中，长江经济带为国家的经济社会发展做出了巨大贡献。与此同时，经济社会的高速发展也给长江经济带的生态环境带来了压力，长江经济带绿色发展面临着诸多亟待解决的问题与挑战。

（一）长江经济带绿色发展存在的主要问题

长江经济带是我国经济发展的重要增长极，也是我国生态环境较为脆弱的地区。快速城市化及农业粗放经营，环保投入不足，环境治理机制不够完善导致流域资源环境生态问题突出。长江经济带生态环境治理与绿色发展面临的问题如下。

1. 创新驱动亟待提升

创新是绿色发展的重要驱动力，创新驱动是长江经济带实现经济与生态平衡、保护与开发并举的有效途径。然而，长江经济带创新驱动指数一直处于较低水平，创新驱动是长江经济带发展的短板。2011～2017 年，长江经济带创新驱动指数由 2011 年的 41.64 提高到 2013 年的 53.27，2014 年下降为 45.09，2017 年为 45.11（见图 2-2），可见，创新驱动指数增长幅度较小，创新对长江经济带绿色发展的推动与支持力度不足。2011～2017 年，R&D 经费投入强度由 1.72% 提高到 2.18%，增长幅度不大，科技创新的经费投入需大力提高；技术市场成交额增速 2011 年为 19.54%，增速最快的是 2013 年，为 31.70%，2017 年为 19.51%，科技成果转化应用有待加快推进；信息产业发展较慢，占 GDP 比重每年变化不大，2011 年为 4.24%，2017 年为 4.05%（见表 2-3），比重略有下降，信息产业对经济增长的拉动作用尚未充分发挥，大数据与实体经济融合发展需进一步推进。另外，创新环境尚需优化，低成本创新创业生态尚未形成，新型技术基础设施建设有待完善，创新体制机制需进一步健全，企业创新潜力有待深入发掘，创新创业平台尚需拓展，科技竞争能力有待提高。

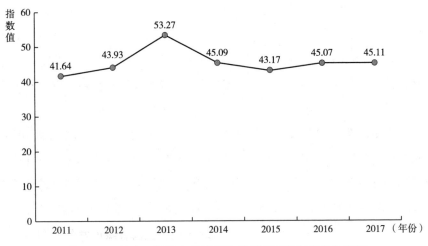

图 2 - 2　2011～2017 年长江经济带创新驱动指数变化情况

表 2 - 3　2011～2017 年长江经济带创新驱动指标变化情况

指标	2011 年	2012 年	2013 年	2014 年	2015 年	2016 年	2017 年
R&D 经费投入强度（%）	1.72	1.85	1.94	1.97	2.04	2.11	2.18
万人拥有科研人员数（人）	18.02	19.73	23.90	25.65	25.50	25.87	26.08
万人发明专利授权量（件/万人）	8.73	11.81	11.84	11.05	14.15	13.74	13.70
技术市场成交额增速（%）	19.54	21.28	31.70	21.86	14.01	18.75	19.51
信息产业占 GDP 比重（%）	4.24	4.23	4.17	4.21	4.17	4.08	4.05
新产品销售收入增速（%）	-2.25	11.64	16.86	14.92	7.68	16.20	6.43

资料来源：历年《中国统计年鉴》。

2. 发展不平衡问题凸显

　　长江经济带绿色发展区域不平衡问题仍然突出，全面推动绿色发展依然任重道远。多年来，长江经济带区域发展不平衡的问题一直没有得到妥善解决，东部区域绿色发展总水平处于领先地位，其次是西部区域，中部区域绿色发展总水平相对较低，如2011～2017年，长江经济带东部区域绿色发展总指数由53.04上升到66.55，中部区域绿色发展总指数由43.53上升到54.49，西部区域绿色发展总指数由46.74上升到57.30（见图2-3）。而且，随着工业化、城市化的加速推进，各区域产业发展重点、发展政策不同，长江经济带东、中、西三大区域的绿色发展水平差距越来越大。

从省域层面来看，长江经济带11个省市的绿色发展总水平差距明显，而且差距逐渐扩大。2011～2017年，长江经济带东部区域3个省市一直位居11个省市的前三位，其中，上海市稳居首位；2011年，上海市绿色发展总指数最高，为61.41，湖南省绿色发展总指数为42.43，排名第11位，与上海市的差距为18.98；2017年，上海市绿色发展总指数仍然位居第一，为81.82，湖南省绿色发展总指数上升为55.14，排名第8位，江西省绿色发展总指数为52.29，排名第11位，第11位与第1位之间的差距为29.53（见图2-4），可见，长江经济带11个省市绿色发展总水平的差距有不断扩大的趋势。

经济活动的空间集聚使得一定空间范围内的资源环境负荷增加，环境管控与治理压力增大，东部区域的上海市、江苏省、浙江省能够很好地处理经济增长与资源环境负荷之间的关系，中部区域和西部区域的省市在同时实现经济增长与减轻资源环境负担的道路上尚需更多的探索与实践。长江经济带区域之间、省市之间绿色发展的不平衡是目前以及今后较长时间需要解决的重要问题，全面推进长江经济带绿色发展仍任重道远。

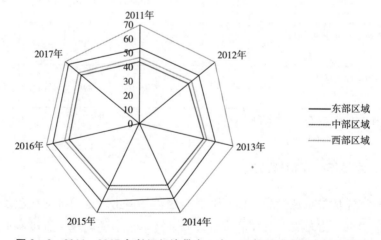

图2-3 2011～2017年长江经济带东、中、西部区域绿色发展总指数

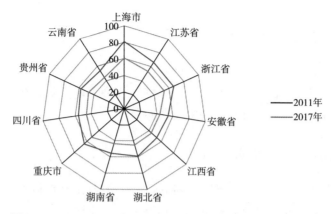

图 2 - 4　2011～2017 年长江经济带 11 个省市绿色发展总指数

3. 协调联动机制不健全

长江经济带包括 11 个省市，行政区划分割增加了管理的难度，在协调部门利益、区域利益、集体利益等方面还存在不少困难，加大了整体推进绿色发展的难度。一是综合性管理部门缺位，缺乏正式的政府职能部门协调管理长江经济带绿色发展中的各自问题，水利部长江水利委员会与生态环境部、国家能源局、沿线各级政府之间存在职能交叉[①]。二是各省市政府在产业发展、生态治理与环境监督等方面缺乏统一的规划与标准，各级政府在发展基础、治理政策与绩效考核等方面存在差异，地区之间、行业之间联合治理利益协调机制尚需完善，协同治理跨区域环境污染的能力有待提升。三是资源流动性不强，虽然长江经济带上中下游区域协调程度有所提高，但由于交易成本较高、营商环境不优等原因，下游的资本、技术和人才很难流入上游地区。四是长江三角洲城市群、长江中游城市群、成渝城市群之间以及城市群内部的绿色发展协调联动机制还比较滞后，产业、生态合作不多，绿色发展总水平有待进一步提高。五是生态系统修复保护比较薄弱，对长江流域生态系统进行研究的机构和研究成果不多，关于生物多样性保护的科学研究、科普功能需进一步加强。

---

① 曲超、王东：《关于推动长江经济带绿色发展的若干思考》，《环境保护》2018 年第 18 期，第 52～55 页。

（二）长江经济带绿色发展面临的挑战

城市绿色低碳发展涉及国土布局、生产方式、生活模式、能源结构、城市规划等诸多方面内容，是一项复杂的全社会系统工程，在城市化持续快速发展背景下，其对加快转型带来严峻挑战。

1. 生态环境面临挑战

经过多年的污染治理，长江经济带生态环境质量整体稳中有升，但仍然面临严峻的挑战。长江流域湖泊污染较严重，水质不优、富营养化程度高，2018 年对 61 个湖泊共 10833.5 平方公里水面面积进行了水质评价，Ⅰ－Ⅲ类水湖泊仅有 6 个，水质为Ⅰ－Ⅲ类的水面面积占评价面积的 11.1%，Ⅳ类水面面积占评价面积的 73.3%，Ⅴ类、劣Ⅴ类水面面积分别占评价面积的 12.7% 和 2.9%，劣于Ⅲ类水标准的项目主要为总磷、氨氮、高锰酸盐指数和五日生化需氧量等。61 个湖泊营养状况评价显示，中营养湖泊占 13.1%，富营养湖泊占 86.9%。部分饮用水水源地水质达不到使用要求，2018 年评价水源地 544 个，全年水质均合格的水源地占评价水源地的 71.9%。

生态治理效果有待提高。农业面源污染问题仍然较严重，2011 年，长江经济带化肥使用强度为 0.50 吨/公顷，农药施用强度为 0.018 吨/公顷；2017 年，化肥使用强度为 0.49 吨/公顷，农药施用强度为 0.017 吨/公顷，属高位稳定状态。废水排放总量较大，2017 年，长江经济带废水排放总量为 310.38 亿吨，占全国废水排放总量的 44.4%。随着城镇化、工业化的快速推进，岸线无序开发、绿色生态空间缩减、江河湖草关系紧张等问题仍然存在。

2. 保护和发展的矛盾仍然存在

长江经济带是大跨度的流域经济，流域经济本身的特点决定了长江经济带的发展是一种不平衡的发展。上游地区在自然资源禀赋方面具有优势，而下游地区则在生产力发展水平、技术水平、劳动者素质等方面具有优势，这是在长期的历史发展过程中形成的。统计结果显示，2018 年，上海市人均 GDP 是贵州省的 3.27 倍，是云南省的 3.63 倍，是四川省的 2.76 倍。通过数据对比，发现长江经济带下游地区比中游地区富有，中游地区比上游地区富有。流域经济发展不平衡给长江经济带的绿色发展和生态环境保护带来了挑战，保护与发展的矛盾依然存在。长江上、中、下游地区由于自身的经济发展基础、水平、所处的发展阶段不同，对国家政策的诉求也不同。上游地区希望国家能够结合资源禀赋条件，放宽经济发展空间；中下游地区在产业布局过程中，面临着发展与保护的两难取舍境地。环境经济学理论告诉我们，从长期来看，环境保护矫正了市场这只"看不见的手"，环境保护不但不会制约经济发展，反而通过矫正市场资源配置促进了经济健康发展。但是，从短期来看，严抓环境保护对经济增长的影响比较复杂，犹如刮骨疗伤，阵痛在所难免。

3. 绿色发展理念尚未达成共识

政府、企业、公众没有树立真正的生态优先、绿色发展的理念。长期以来，受 GDP 考核目标和经济利益目标的双层驱动，地方政府往往不惜一切代价保护落后的生产力，对经济发展方式绿色转型的紧迫性、艰巨性认识不足，只是把绿色发展作为宣传和显示政绩的口号，在处理当前增长与可持续发展问题上重眼前、轻长远，没有真正重视产业结构的调整优化和绿色低碳增长。企业追求的是经济利益最大化，由于没有相对应的激励政策，企业治理污染缺乏主动性，一些企业环保法制观念不强，重发展、轻环保，违法项目建设时有发生。公民的生态意识不强，生态责任意识欠缺，随意丢垃圾、浪费水资源、过度消费、乱砍滥伐森林资源、违法捕获珍稀生物资源等现象依然存在。总而言之，绿色发展价值观在全社会尚未确立，绿色发展理念还没有成为主流意识。

三 全面推进长江经济带绿色发展的对策思路

推动长江经济带发展是国家经济社会发展的重大战略，"生态优先、绿色发展"是推动长江经济带发展的核心理念，绿色发展是新时代长江经济带发展的必然选择，"共抓大保护、不搞大开发"是长江经济带绿色发展的基本定位。应破解长江经济带绿色发展难题，以加速推进长江经济带绿色发展进程，建设美丽长江、美丽中国。

（一）修复生态环境，筑牢长江流域生态安全屏障

修复长江流域生态环境，做好水、土壤、大气污染防治，是长江经济带绿色发展的重要内容。实施重要生态系统保护与修复重大工程，打造生态廊道，构建生物多样性保护网络，构筑长江流域生态安全屏障。

1. 实行最严格的水资源管理制度

严守水资源开发利用控制、用水效率控制、水功能区限制纳污三条红线，深入贯彻《国务院办公厅关于印发实行最严格水资源管理制度考核办法的通知》（国办发〔2013〕2号），强化地方各级政府责任，加强考核监督。按照江河流域水量分配方案和取水许可总量控制指标，确定省、市（州）、县（市、区）行政区域用水总量控制指标和年度用水计划控制目标，实行年度用水总量管理，控制区域用水总量。推动建立规划水资源论证制度，完善水资源费征收管理办法和水土保持补偿费征收使用管理办法，健全水资源风险预警防控机制，探索建立水资源损害责任追究制度和督察制度。

2. 构建生态环境动态监测系统

运用新的通信技术和监控技术，对长江经济带水、土壤、大气等进行动态监测，建立和完善包括数据采集传输、预报预警、分析决策于一体的长江经济带生态环境动态监测系统。对农田水利工程、城乡基础设施建设、工业企业排放、生活废水排放、气象地质灾害等影响环境的因素进行监测和分析，准确判断长江流域生态环境变化的深层次原因，形成以流域为单元的水环境管理、以地域为单元的大气土壤环境管理和以省域为单元的能源管理，不断提高长江流域生态环境质量。

3. 构建生态安全格局

整体推进山水林田湖草的全面保护，实施长江防护林体系建设、石漠化治理、河湖湿地生态保护修复等工程，增强水土保持、水源涵养、生物

多样性等生态功能①。划定沿江生态保护红线，注重国土空间合理开发，加强重点生态功能区建设与保护，强化自然保护区和水产种质资源保护区建设和管护，实施生态环境治理工程，开展耕地保护与修复、废弃工矿用地环境修复等工程，构建长江流域生态屏障。

（二）推进产业转型，构建绿色产业发展体系

绿色产业是长江经济带绿色发展的持久动力与根本基础，培育与发展绿色产业是长江经济带绿色发展的重要途径。构建长江经济带绿色产业发展体系，重点是优化长江流域产业结构和企业布局。通过优化产业发展格局、推动产业转型升级，形成绿色生态和可持续发展的经济增长方式。

1. 制定并严格执行产业准入负面清单制度

根据"生态功能保障基线、环境质量安全底线、自然资源利用上线"的要求，加快编制并严格实施长江经济带产业准入负面清单。长江经济带重点生态功能区、沿江岸线地区的主要任务是保持良好的生态环境、为人民美好生活提供优质生态产品，必须建立产业准入负面清单制度，禁止高污染、高能耗、高排放产业进入，引导绿色产业发展。对动态监测负面清单的执行情况，以监测结果作为地区财政转移支付规模确定、年度政绩考核的重要依据，保障负面清单制度的有效实施②。

2. 发展壮大绿色产业与产业集群

统筹长江经济带农业发展，防范环境污染，充分发掘农村的多元化价值，促进农业结构升级，统筹城乡发展。加快推进传统重化工型产业改造升级，加快钢铁、石化、建材、有色金属、纺织等产业技术改造步伐，发展壮大先进制造业、高新技术产业与战略性新兴产业，淘汰落后产能，优化产业结构和企业结构，实现长江经济带清洁生产和绿色发展。立足产业发展基

---

① 刘世庆、沈茂英、李晟之、巨栋等：《长江经济带绿色生态廊道战略研究》，上海人民出版社，2018。
② 吴传清、黄磊：《长江经济带绿色发展的难点与推进路径研究》，《南开学报》（哲学社会科学版）2017 年第 3 期，第 50～61 页。

础，充分发挥科教资源优势，加快发展技术密集型、知识密集型、资本密集型产业，建设国家级甚至世界级的科学中心和高新技术产业园区，培育形成若干世界级绿色、低碳高新技术产业集群①。构建绿色服务业体系，大力发展金融、文化、健康、养老、信息等服务业，倡导绿色消费模式。

3. 设立长江经济带绿色产业发展引导基金

设立长江经济带绿色产业发展引导基金，支持长江经济带绿色产业发展，推进绿色生产方式。创新金融制度，鼓励政府与金融机构、社会资本进行深度合作，引导、鼓励金融资源和社会资本支持绿色产业发展。利用绿色发展基金、绿色信贷、绿色债券、绿色保险、碳金融等金融工具和相关政策为长江经济带绿色产业发展服务。

（三）强化创新引领，提高绿色发展科技支撑能力

绿色发展离不开科研和科技的支撑，科技创新是引领绿色发展的重要动力。面对日益严峻的生态环境挑战，科技创新是支撑长江经济带绿色发展、高质量发展的根本路径。

1. 立足绿色发展，构建科技创新体系

围绕绿色发展的重大问题，构建科技创新体系，为长江经济带绿色发展和高质量发展提供动力。集中力量攻克现阶段技术上的重点难点问题，重点选择新能源、新材料、高端装备制造等产业，力争在具有全局性和带动性的重大关键技术上取得突破②。推广先进科学技术，逐步将绿色技术、绿色工艺渗透到各个产业，为产业转型升级提供绿色技术支持，提高生产力和产业竞争力。在绿色生产技术、循环再利用技术、科技人才培养、管理制度变革等方面加大投入力度，构建以企业为主体、市场为导向、产学研深度融合的科技创新体系。

2. 坚持因地制宜，提高区域创新能力

对于上海市、江苏省、浙江省这些科技创新发展较好的东部区域，应

---

① 李琳：《推动长江经济带绿色发展》，《光明日报》2019 年 7 月 4 日。
② 陈庆修：《推动绿色发展要抓住科技创新这个关键》，《经济日报》2018 年 7 月 26 日。

强化与长江经济带中部、西部区域的合作，打破区域创新溢出的市场与体制壁垒，扩大创新的辐射范围，发挥引领带动作用。对于安徽省、江西省、湖北省、湖南省等长江经济带中部区域，应积极借鉴东部区域的绿色发展经验，提高科技创新能力，提升经济发展质量。对于重庆市、四川省、贵州省、云南省这类科技创新基础较好的长江经济带西部区域，应充分发挥环境优势，在绿色发展理念指导下提高创新驱动能力[1]。利用互联网、大数据、人工智能等现代信息技术，优化创新环境，搭建创新平台，降低创新成本，加快创新成果转化。

3. 打破行政区划，建设协同创新平台

推进协同创新平台建设，引导和支持成立跨地区的产学研合作联盟、产业共性技术创新联盟以及产业技术研究院等创新平台，促进企业、高校和科研院所联合攻关，提升创新能力，提高全要素生产率，不断发展壮大高新技术产业、战略性新兴产业。建设好武汉东湖、上海张江、江苏苏南、湖南环长株潭、四川成都、浙江杭州、安徽合芜蚌、重庆国家级自主创新示范区，由点到面，完善长江经济带区域创新体系。

（四）加强协同发展，完善流域管理体制机制

推进长江经济带绿色发展，要坚持上中下游协同发展，从制度层面细化长江经济带区域联动机制，完善流域管理体制机制，加强上中下游之间经济、资源互补，打造高质量发展经济带。

1. 建立健全长江流域综合管理体制

建立长江流域综合职能管理机构，对绿色发展规划编制、流域综合开发管理、地区行政壁垒破解、一体化市场构建、突发环境事件应急处理等问题，进行综合管理。加快建立多方参与、民主协商、科学决策、分工合作的流域协调机制和高效执行机制，充分发挥流域综合职能管理机构的职

---

① 杨树旺、吴婷、李梓博：《长江经济带绿色创新效率的时空分异及影响因素研究》，《宏观经济研究》2018年第6期，第107～132页。

能和作用。制定《长江保护法》，为长江经济带绿色发展提供法律保障。

2. 完善跨行政区流域生态补偿机制

长江经济带是全国生态文明建设和绿色发展的示范区，为全国提供了优质的生态产品，发挥了巨大的生态功能。中下游地区依托区位优势与发展禀赋，已经成为国家的重要增长极，经济发展水平较高，同时也是长江流域污染排放的主要区域。上游地区支撑着长江经济带生态功能的持续稳定，为中下游经济发展做出了牺牲，经济发展水平较低。中央应加大对长江经济带重点生态功能区的生态补偿力度，长江流域中下游地区应加快加大对上游地区的生态补偿。探索生态环境与经济发展协同推进的多元化补偿机制，通过生态项目建设补偿、绿色产业生态补偿、投资运行补偿等方式促进上游地区经济社会发展①，使上游地区提高内生造血能力，长江流域共享发展成果。

3. 建立绿色 GDP 政绩考核体系

将区域绿色发展指标作为各级政府和领导干部政绩考核的重要部分，全面推广河（湖）长制，建立健全生态环境损害问责制度，切实转变过去只考虑经济发展水平而忽视生态环境的政绩考评导向。将区域绿色发展水平，特别是绿色增长质量、资源利用效率、生态治理力度、绿色投入、绿色生活水平、公众环境满意程度等作为绿色 GDP 政绩考核的重要内容，将考核结果作为干部选拔任用、奖励惩戒的依据，增强各级政府和领导干部推进绿色发展的积极性和约束性。

（五）开发绿色空间，创造生态宜居的美好家园

绿色空间是绿色发展的承载空间，应科学合理布局长江经济带的生产空间、生活空间和生态空间，统筹协调国土空间开发，构建绿色城市群，打造绿色城镇，建设美丽乡村，共建生态宜居的美好家园。

---

① 何寿奎：《长江经济带环境治理与绿色发展协同机制及政策体系研究》，《当代经济管理》2019 年第 8 期，第 57 ~ 63 页。

1. 构建绿色城市群

将绿色发展理念融入城市群建设，以长江三角洲城市群、长江中游城市群、成渝城市群为重要抓手，推动城市群之间、城市群内部城市之间产业布局、资源利用、环境保护、生态治理等协调联动。城市群应大力发展战略性新兴制造业和服务业，形成富有竞争力的流域一体化的绿色产业链集群。充分发挥长江经济带城市群良好的航运、空运、铁路、公路枢纽优势，打造交通中心、物流中心和新型国际贸易中心。增强城市群基础设施、产业发展、公共服务与资源环境的综合承载力，倡导绿色生活方式，形成区域联动、结构优化、创新驱动、开放协调、和谐宜居的绿色城市群格局。

2. 打造绿色城市

科学合理地确定城市规模、开发边界和开发强度，提高城市绿色发展水平。加大生态系统保护力度，促进山、水、林、田、湖融合发展，大力建设湿地、公园和生态走廊，不断增加城市绿量，建设一批"千园之城"和"林荫之城"，构筑山水洲城相映生辉的绿色生态空间。坚持生态优先、绿色发展，集聚资金、技术、人才、信息等要素，大力培育发展绿色产业，促进经济增长与绿色发展之间形成动态平衡。构建政府、企业、社会组织、公众多元共治的环境治理体系，坚决打赢污染防治攻坚战。促进城市发展与资源环境承载力的协调，不断满足人民群众日益增长的对优美生态环境的需要。

3. 建设美丽乡村

分类指导、科学统筹乡村产业发展和公共服务设施建设，实现现代农业和美丽乡村共同推进。立足当地农业资源禀赋，发展特色农业与生态农业，推进乡村一二三产业融合绿色发展，增加农民收入。加快乡村道路建设改造，完成危旧房更新改造，全面实现基础设施提档升级。加强乡村环境综合整治，关闭沿河近山重化工厂，提高农村垃圾、污水处理效率，提高森林覆盖率。因地制宜发展特色小镇，创建一批产业特色鲜明、产城功能融合、人文气息浓厚、生态环境优美、宜业宜居宜游的特色小镇，拓展绿色发展空间。

第三章　长江经济带绿色发展的湖南位势与对策方向

湖南省地处长江中游，是长江经济带的重要省份。2018 年 4 月习近平总书记视察湖南时，再次强调长江经济带发展要"共抓大保护、不搞大开发"，勉励湖南"守护好一江碧水"。当前，湖南在长江经济带绿色发展中的位次与作用如何？面临哪些问题与不足？未来发展的方向与对策是什么？本章对 2011～2017 年湖南省绿色发展水平与特点进行测度评价，并与长江经济带其他省、市进行比较分析，进而聚焦重点领域和关键环节，提出有针对性和可操作性的对策建议。

一　湖南省绿色发展水平测度与评价

运用课题组《长江经济带绿色发展报告（2017）》所建立的省域绿色发展测度评价指标体系和评价方法，基于 2011～2017 年数据对湖南省绿色发展水平进行测度与评价分析。

（一）2011～2017 年湖南省绿色发展水平测度结果

基于层次分析—灰色关联（AHP – GRAP）联合评价法，以绿色发展总指数为目标层，以绿色增长度、绿色承载力、绿色保障力为一级指标，以结构优化、创新驱动、开放协调、水资源利用、水生态治理、绿色投入、绿色生活为二级指标，以 34 个具体指标为三级指标，对 2011～2017 年湖南省绿色发展水平进行测算，结果见表 3 – 1、表 3 – 2。

1. 总指数及一、二级指标指数测算结果

总指数及一、二级指标指数的测算结果见表 3 – 1。

表 3 - 1　2011～2017 年湖南省绿色发展指数水平及增速

指标层级	指标名称	2011 年	2012 年	2013 年	2014 年	2015 年	2016 年	2017 年	年均增速（%）
总目标	绿色发展水平总指数	42.43	44.89	45.84	48.29	49.51	53.37	55.14	4.46
一级指标	绿色增长度	40.18	43.29	44.48	47.57	49.22	50.84	54.48	5.21
	绿色承载力	40.49	42.48	43.39	45.13	46.38	52.72	53.38	4.71
	绿色保障力	52.51	54.40	54.85	57.26	57.36	61.25	60.83	2.48
二级指标	结构优化	43.68	46.42	48.95	56.48	59.44	63.40	71.04	8.44
	创新驱动	36.31	40.24	40.15	39.76	40.32	40.13	41.24	2.14
	开放协调	43.07	44.29	45.81	47.23	48.57	49.14	48.93	2.15
	水资源利用	47.31	51.21	53.56	56.05	57.73	59.91	60.79	4.27
	水生态治理	36.93	37.93	38.10	39.44	40.46	48.97	49.53	5.01
	绿色投入	40.98	43.09	44.92	45.83	46.24	50.49	51.05	3.73
	绿色生活	70.56	72.12	70.40	75.16	74.76	78.12	76.15	1.28

2. 具体指标归一化结果

湖南省 2011～2017 年具体指标归一化结果见表 3 - 2。

表 3 - 2　2011～2017 年湖南省绿色发展水平具体指标归一化处理结果

指标名称	2011 年	2012 年	2013 年	2014 年	2015 年	2016 年	2017 年
1. 人均 GDP	15.41	19.53	23.49	27.30	30.14	34.14	37.77
2. 第三产业增加值占 GDP 比重	16.49	18.43	23.86	27.44	33.00	39.32	48.00
3. 万元 GDP 能耗	51.72	59.16	63.97	80.54	84.08	87.96	90.66
4. 工业劳动生产率	20.68	31.18	40.37	51.07	57.73	67.24	94.49
5. R&D 经费投入强度	19.11	22.61	23.57	24.52	26.75	28.98	34.71
6. 万人拥有科研人员数	0.99	2.72	7.88	8.77	6.11	6.35	5.65
7. 万人发明专利授权量	3.68	6.24	6.60	7.34	9.92	9.84	11.13
8. 技术市场成交额增速	3.30	4.18	8.66	11.32	12.23	12.31	24.82
9. 信息产业占 GDP 比重	31.84	32.34	31.07	29.72	27.45	25.39	26.78
10. 新产品销售收入增速	0.00	76.63	70.60	61.92	67.44	61.88	57.89

续表

指标名称	2011 年	2012 年	2013 年	2014 年	2015 年	2016 年	2017 年
11. 城镇化率	18.55	21.38	23.78	26.20	29.15	32.56	35.97
12. 城乡居民收入比	58.10	58.32	67.12	70.06	70.99	71.05	70.94
13. 出口交货值相对规模	6.24	8.22	9.19	8.81	8.72	7.98	7.24
14. 外商投资企业投资总额增速	15.51	18.73	22.80	27.25	30.96	34.63	42.40
15. 地方财政住房保障支出比重	31.44	45.18	33.26	39.68	50.09	49.71	31.80
16. 万元 GDP 水耗	31.99	41.57	48.87	55.47	60.17	65.41	69.94
17. 农业用水效率	61.65	64.80	62.41	63.91	68.28	71.84	63.01
18. 工业用水效率	41.13	48.04	56.78	65.32	64.80	67.42	71.52
19. 人均生活用水量	55.24	66.71	67.94	64.67	64.43	62.18	60.57
20. 湿地面积占比	7.78	7.83	6.49	6.49	6.49	5.99	5.99
21. 人均城市污水处理能力	32.66	32.37	21.35	25.18	26.60	26.75	19.70
22. 化学需氧量排放强度	0.00	15.96	26.74	35.76	42.04	80.86	84.48
23. 氨氮排放强度	0.00	16.54	29.62	39.99	47.20	86.88	88.70
24. 化肥施用强度	21.95	18.78	19.22	19.41	20.01	20.06	20.62
25. 农药施用强度	11.50	9.39	8.34	8.34	9.92	12.88	15.07
26. 财政节能环保支出占比	39.47	47.36	50.26	50.17	45.49	48.65	42.86
27. 水利环境固定资产投资占比	18.99	22.33	31.03	36.94	45.76	61.21	67.45
28. 万人拥有环保人员数	10.35	14.51	13.37	12.60	5.47	3.91	0.00
29. 森林覆盖率	75.25	75.25	75.25	75.25	75.25	75.25	75.25
30. 建成区绿化覆盖率	31.03	32.41	36.55	43.45	51.03	57.24	61.38
31. 城市空气质量优良率	89.38	85.00	25.22	37.61	52.21	56.19	54.42
32. 公共交通覆盖率	24.23	24.50	30.15	52.49	68.37	88.43	79.00
33. 生活垃圾无害化处理率	65.13	87.18	89.74	99.23	99.49	99.74	99.49
34. 突发环境事件次数	99.21	95.24	98.41	98.81	94.05	97.22	93.65

注：上表中无论是成本型或效益型指标，均按照最优值为 100、最差值为 0 进行处理。

（二）2011～2017 年湖南省绿色发展水平变动情况

2011～2017 年，湖南省绿色发展取得较好成效，绿色发展总指数和分项指数总体呈稳步上升态势。

1. 总指数的变动轨迹与特点

2011～2017 年，湖南绿色发展总指数变化情况如图 3-1 所示。

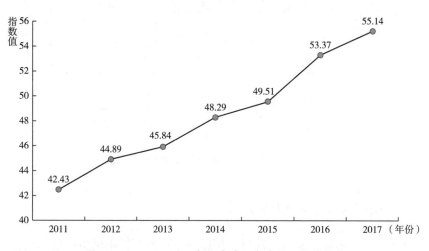

图 3-1 2011～2017 年湖南省绿色发展总指数变化

如图 3-1 所示，2011～2017 年，湖南绿色发展总指数从 42.43 提高到 55.14，整个考察期间年均增速为 4.46%，总指数变化曲线呈现快慢交替的折线上升。

2. 一级指标变动轨迹与特点

"绿色增长度""绿色承载力""绿色保障力" 3 个一级指标的变化状况与绿色发展总指数变化节律较为一致，整个考察期间呈现快慢交替的折线上升，但总体来看仍处于中等发展水平。进一步分析数据区间发现，其中绿色增长度指数提升最快，由 40.18 上升至 54.48，7 年上升 14.3 个百分点，年均增速为 5.21%，虽然其 3 个次级指数都呈上升趋势，但增速主要来自结构优化的支撑，创新驱动与协调开放两者贡献不大。绿色承载力指数其次，7 年上升 12.89 个百分点，年均增幅为 4.71%，其贡献主要来源于水生态治理，其次是水资源利用。绿色保障力指数相对上升幅度较小，7 年上升 8.32 个百分点，年均增长 2.48%（见图 3-2），主要由绿色投入增加带动。

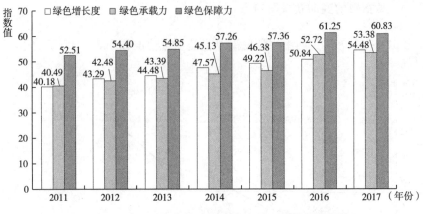

图 3-2　2011~2017 年湖南省绿色发展一级指数变化情况

3. 二级指标变动轨迹与特点

从图 3-3 中可以看出，2011~2017 年，7 个二级指标中以结构优化指数升幅最大，从 2011 年的 43.68 上升至 2017 年的 71.04，年均增长 8.44%，这与湖南省万元 GDP 能耗较大下降和工业劳动生产率指标明显趋优等密不可分，其中结构优化指数 2017 年增长尤为明显，比 2016 年提升 7.64。其次是水生态治理在近两年取得了明显成效，2015 年比 2011 年的指标值仅略有升高，其曲线图表现为平缓而稳定的增加，年均增幅仅 2.3%，此后在 2016 年指标值猛然大幅提升，2016 年较 2015 年上升 8.51。从创新驱动、绿色生活与开放协调 3 个指标来看，总的变动轨迹均为缓慢提升，年均增幅分别为 2.14%、1.28% 和 2.15%，但开放协调指数、绿色生活指数在 2017 年出现小幅下滑，其中开放协调指数从 2016 年的 49.14 小幅下降到 2017 年的 48.93，绿色生活指数从 2016 年 78.12 小幅降低到 76.15。水资源利用和绿色投入指数变动轨迹则为小幅平稳增长，年均增幅分别为 4.27% 和 3.73%。

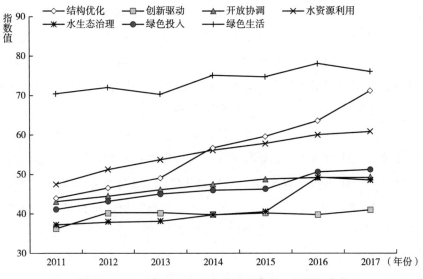

图 3 - 3　2011 ~ 2017 年湖南省绿色发展二级指标变化

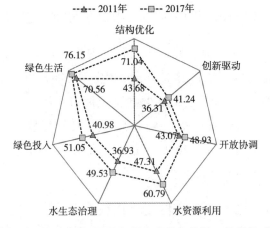

图 3 - 4　2011 年和 2017 年湖南省绿色发展二级指标对比

从图 3 - 4 可以看出，2011 ~ 2017 年，表征湖南省绿色发展水平的 7 个二级指标都得到了不同程度的发展，但美中不足的是均衡度欠佳。首先，结构优化指数增长幅度最大，由 2011 年 43.68 的较低水平上升到 2017 年 71.04 的较高水平，年均增长率为 8.44%，这主要得益于各项次级指标均有较大改善，其中人均 GDP 年均增速达到 8.75%，万元 GDP 能耗年均降低 8.66%，工业劳动生产率年均提升 9.51%。其次，水生态治理和水资源利用指标指数有较大提升，其中水生态治理指数年均增长 5.01%。从它的次级指标来看，其贡献主要是化学需氧量排放强度、氨氮排放强度下降快；水资源利用指数年均增长 4.27%，究其原因，是支撑水资源利用的次级指标中所有指标得分均有不同程度的提升，其中尤以万元 GDP 水耗和工业用水效率贡献大。再次，绿色生活指标发展的起点较高且指数小幅波动提升，2017 年达 76.15，进入较高级阶段，从它的次级指标来看，森林覆盖率、生活垃圾无害化处理率和突发环境事件次数评分等指标均得分较高，其归一化值均在 75 以上，特别是生活垃圾无害化处理率得分持续走高，2017 年达到 99.49。最后，绿色投入、开放协调、创新驱动三项指标在考察期间得分均有一定程度的增加，但 2017 年仍处于较低水平，特别是创新驱动指数仅为 41.24。其中绿色投入指标指数呈平缓而稳定持续的增加态势，开放协调指数出现小幅波动，创新驱动指数曲线走向则波动性明显。

二　湖南省与长江经济带各省市绿色发展比较分析

长江经济带包括上海、江苏、浙江、安徽、江西、湖北、湖南、重庆、四川、云南、贵州等 11 个省市，根据空间分布，可以将长江经济带划分为东、中、西三大区域，东部区域包括上海市、江苏省和浙江省，中部区域包括安徽省、江西省、湖北省和湖南省，西部区域包括重庆市、四川省、贵州省和云南省。基于 2011~2017 年数据，对湖南省与长江经济带各省市绿色发展指数进行比较分析。

（一）2011~2017 年总指数的比较分析

1. 总指数水平

从总指数水平来看，2011~2017 年，湖南省绿色发展水平稳步提升，在长江经济带 11 个省市中的排名由 2011 年的最后一位上升到 2017 年的第八位，2017 年总指数达到 55.14，高于安徽省、云南省和江西省，在长江经济带中部区域四省中仅次于湖北省，排名第二（见表 3-3）。

2. 总指数增速

从总指数增速来看（表 3 - 3），2011～2017 年，湖南省绿色发展总指数年均增速达到 4.46%，在长江经济带 11 个省市中位居第三位，特别是后两年年均增幅达到 5.53%，在长江经济带 11 个省市中明显领先。

表 3 - 3　2011～2017 年长江经济带各省市绿色发展总指数与增速比较

区域	2011 年	2012 年	2013 年	2014 年	2015 年	2016 年	2017 年	2011～2017 年年均增速（%）	2015～2017 年年均增速（%）
湖南省	42.43	44.89	45.84	48.29	49.51	53.37	55.14	4.46	5.53
上海市	61.41	63.63	69.77	74.28	77.70	79.96	81.82	4.90	2.62
江苏省	54.11	56.01	57.60	59.11	61.97	64.84	66.93	3.61	3.92
浙江省	53.86	55.91	58.22	59.55	63.39	65.37	66.43	3.56	2.37
安徽省	43.93	44.92	46.86	48.21	48.86	52.39	54.21	3.57	5.33
江西省	44.06	45.68	46.09	46.74	47.96	50.90	52.29	2.90	4.42
湖北省	44.68	45.68	47.54	49.91	52.71	56.71	58.26	4.52	5.13
重庆市	51.90	54.23	54.54	55.84	58.52	62.27	63.89	3.52	4.49
四川省	46.17	47.63	49.96	51.44	51.70	54.78	56.15	3.32	4.21
贵州省	47.65	48.77	51.10	53.37	54.26	57.53	58.12	3.37	3.50
云南省	44.66	46.01	47.19	48.55	49.64	52.17	54.18	3.27	4.47

（二）2017 年各分项指标的比较分析

1. 绿色增长度的比较分析

2017 年，湖南省绿色增长度指数为 54.48，在长江经济带 11 个省市中排第六位，比湖北省低 5.99，更比长江经济带 11 个省市排名第一的上海市低 34.1。从次级指标看，结构优化指数为 71.04，在长江经济带 11 个省市中排第五位，在长江经济带中部区域排第一位，但比长江经济带中排名第一的上海低 28.97；创新驱动指数仅为 41.24，排名第八位，但除了排名第一的上海市为 83.43 外，其余省市得分值都不高，且差别较小；开放协调指数为 48.93，排名第九位，在长江经济带乃至中部区域都处于相对落后水平（见表 3－4）。

表 3－4　2017 年湖南与长江经济带各省市绿色增长度及其二级指标比较

区域	绿色增长度		结构优化指数		创新驱动指数		开放协调指数	
	数值	排名	数值	排名	数值	排名	数值	排名
湖南省	54.48	6	71.04	5	41.24	8	48.93	9
上海市	88.58	1	100.01	1	83.43	1	69.68	1
江苏省	71.13	2	87.46	2	58.86	2	62.70	3
浙江省	64.07	3	76.20	3	53.01	3	65.14	2
安徽省	51.41	7	60.06	8	43.87	6	50.91	7
江西省	50.99	8	63.06	7	39.89	10	52.41	5
湖北省	60.47	4	70.94	6	52.68	4	54.74	4
重庆市	56.38	5	73.15	4	42.55	7	52.34	6
四川省	50.35	9	57.54	9	44.31	5	49.00	8
贵州省	45.33	11	52.58	11	39.89	9	41.61	10
云南省	45.67	10	55.46	10	38.26	11	40.83	11

2. 绿色承载力的比较分析

2017 年，湖南省绿色承载力指数为 53.38，在长江经济带 11 个省市中排第十位，仅高于江西省 3.9，比排名第一位的上海市低 29.99。分析次级指标，其中水资源利用指数为 60.79，但在长江经济带 11 个省市中排名第九位，仅高于安徽省和江西省；水生态治理指数仅为 49.53，在长江经济带 11 个省市排名倒数第二，仅高于江西省 2.63，比排名第一位的上海市低 40.93（见表 3－5）。由此可知，未来湖南水资源治理任重而道远。

表 3 - 5　2017 年长江经济带各省市绿色承载力及其二级指标比较

区域	绿色承载力		水资源利用指数		水生态治理指数	
	数值	排名	数值	排名	数值	排名
湖南省	53.38	10	60.79	9	49.53	10
上海市	83.37	1	69.75	5	90.46	1
江苏省	67.10	4	65.63	7	67.87	2
浙江省	71.00	2	86.26	2	63.05	3
安徽省	55.43	9	59.86	10	53.12	9
江西省	49.48	11	54.42	11	46.90	11
湖北省	57.54	8	64.80	8	53.76	8
重庆市	69.86	3	88.72	1	60.04	5
四川省	62.93	6	74.82	4	56.73	6
贵州省	66.98	5	74.98	3	62.81	4
云南省	59.50	7	69.51	6	54.28	7

3. 绿色保障力的比较分析

2017 年，湖南省绿色保障力指数为 60.83，在长江经济带 11 个省市中排名第七位。从次级指标看，绿色投入指数和绿色生活指数在长江经济带 11 个省市均处于第一方阵，其中绿色投入指数为 51.05，排名第五，绿色生活指数达到 76.15，位居第四（见表 3 - 6）。

表 3 - 6　2017 年长江经济带各省市绿色保障力及其二级指标比较

区域	绿色保障力		绿色投入指数		绿色生活指数	
	数值	排名	数值	排名	数值	排名
湖南省	60.83	7	51.05	5	76.15	4
上海市	61.32	6	54.44	4	72.11	8
江苏省	55.98	9	43.66	11	75.28	5
浙江省	62.12	4	48.43	7	83.57	2
安徽省	58.50	8	48.70	6	73.85	6
江西省	61.97	5	46.12	9	86.78	1

区域	绿色保障力		绿色投入指数		绿色生活指数	
	数值	排名	数值	排名	数值	排名
湖北省	54.39	11	44.16	10	70.41	10
重庆市	69.40	2	67.19	2	72.85	7
四川省	55.50	10	46.71	8	69.27	11
贵州省	70.44	1	70.02	1	71.09	9
云南省	63.65	3	54.87	3	77.41	3

三 湖南省融入长江经济带绿色发展的对策方向

当前，湖南正处于工业化中期向后期加速过渡的"黄金发展期"，面临加快发展与绿色转型的双重任务和双重压力，必须找准绿色发展中的薄弱环节与重要潜力，明确未来发展的方向与路径，科学引导与施策，走出一条经济发展与生态保护双赢的绿色发展之路。

（一）湖南省绿色发展面临的主要问题与挑战

通过以上的纵向分析和横向对比，可以发现当前湖南省绿色发展面临的问题与挑战主要有以下几个方面。

1. 绿色发展水平总体处于较低层次

以 2007 年长株潭城市群获批"两型社会"综合改革试验区为标志，湖南开启了绿色发展和两型改革建设的新篇章。十多年的先行实践与探索，积累了宝贵经验，取得了显著成效。从测算结果看，2011～2017 年，绿色发展总指数和分项指数总体呈稳步上升态势，总指数年均增速达到 4.46%，在长江经济带 11 个省市中位居第一方阵，特别是后两年明显领先。但从其绝对值来看，2017 年总指数为 55.14，刚刚跨越 50 为界限的中等发展水平，在长江经济带 11 个省市中排第八位，低于西部区域的重庆、四川、贵州，更远低于东部区域的上海、江苏和浙江。绿色增长度、绿色承载力和绿色保障力 3 个一级指标分别为 54.48、53.38 和 60.83，总体来看仍处于中等发展水平，在长江经济带 11 个省市中分别排第六位、第十位和第七位。未来应在重要和关键指标上大做文章，加快绿色发展，以尽快弥补不足，缩小差距。

2. 创新驱动与开放协调亟待加强

近年来，湖南绿色经济发展取得积极成效，绿色增长度指数排位由2011年的第十位上升到2017年的第六位，年均增长率为5.21%。究其原因，结构不断优化是拉动湖南绿色经济增长的重要因素，而创新驱动指数与开放协调指数提升较慢，贡献不大。2011～2017年，创新驱动指数与开放协调指数年均增幅分别为2.14%和2.15%，开放协调指数甚至从2016年的49.14小幅下降到2017年的48.93，两项指标在长江经济带分别位于第八位和第九位，处于较低水平，是湖南省绿色发展中相对最为薄弱的两个环节，应成为未来提升绿色发展水平的重要着力点。

3. 水资源利用与水生态治理任重道远

绿色承载力是湖南绿色发展的短板，在长江经济带处于落后状态，虽然自2015年起增速加快，但2017年绿色承载力指数在11个省市中仍然排倒数第二位。究其原因，湖南省水资源利用和水生态治理指数都处于较低水平，2017年，水资源利用指数在长江经济带中处于倒数第三位，水生态治理指数排倒数第二位，表明湖南水资源利用效率有待提升，特别是水生态治理任务艰巨。亟待在大力推进重点流域水污染治理和水生态保护的基础上，进一步出台一些政策措施，推动"一江一湖"治理保护向"一湖四水"纵深发展。

4. 绿色投入有待进一步提升

7年来，湖南绿色保障力指数经历了一个先升后降的波折，由2011年的第七位上升到2015年的第四位，2017年又回落到第七位。其中绿色生活指标发展的起点较高，2017年达76.15，次级指标森林覆盖率、生活垃圾无害化处理率和突发环境事件次数等指标归一化值均在75以上，增速持续走高的空间有限。而绿色投入指标2017年指数值为51.05，仍处于较低水平，成为瓶颈，直接影响绿色保障力的提升，未来迫切需要进一步加大绿色投入力度，优化投入结构，稳步提升绿色保障力指数。

（二）加快推进湖南绿色发展的对策方向

面对问题与不足，必须把握瓶颈与关键，明确重点与方向，科学施策，有的放矢。

1. 加快创新型省份建设，驱动创新与绿色融合发展

一是加快建立与完善绿色技术支撑体系。以推动绿色发展为目标，建立和完善绿色技术研发体系、应用体系和市场开发体系，加大绿色技术和绿色产品的研发投入力度，重点支持污染控制和预防技术、源头削减技术、废物最少化技术、循环再生技术、生态工艺、净化技术等绿色生产技术的研发和孵化，为实现湖南绿色增长提供有力的科技支撑。二是加快提升绿色科技成果转化能力。以激发市场主体活力为重点，以强化技术推广服务体系为抓手，以体制机制和商业模式创新为保障，加快科研院所转制，扶持新型研发机构，建立促进成果转化的人才激励机制，落实创新创业税收优惠政策，进一步提升绿色科技成果转移转化能力，积极促进污水处理、土壤修复、大气污染防治、生态养殖、资源循环利用、垃圾资源化处理、工业节能等绿色、低碳技术的推广运用。三是大力发展绿色产业。积极培育战略性新兴产业，着力发展以绿色核心科技为支撑的先进制造业、以生态环保为特征的高效农业和现代服务业，实施一批先进、成熟的绿色技术推广示范项目，培育壮大一批技术领先、管理精细、综合服务能力强、品牌影响力大的绿色标杆企业，推动绿色产业发展，努力变资源优势为经济优势。

2. 拓展开放合作领域，促进绿色开放崛起

一是积极开展绿色发展国际交流与合作。鼓励外商外资或境外机构在湖南设立绿色经济研发机构，开展有关项目的合作研究，积极利用世行、亚行、全球环境基金、联合国开发计划署等国际组织以及各国政府的贷款或赠款，用以发展省域绿色经济。借鉴国际环境保护、生态建设和循环经济的有益经验和做法，逐步建立和完善以绿色产品、绿色技术、

绿色服务为主导的投资贸易政策体系，参考生态环境保护和建设的国际惯例，修订地方政策法规和产业标准，在资金、技术、人才、管理等方面全方位开展国际交流与合作。二是推动开展绿色发展省际交流与合作。积极参与长江经济带生态环境保护与建设，建立协作机制和有组织、可操作的专项议事制度，共同推进水环境治理、水生态保护、水资源管理和利用。联合湖北省加快洞庭湖生态经济区的规划和建设，争取国家在政策、项目、投资和重大产业布局方面更多的支持。三是继续开展绿色技术省、部合作攻关。联合国家有关部委，进一步开展湘江流域重金属污染治理、洞庭湖污染控制及综合治理、环保产业发展等领域的关键技术攻关。

3. 推进"一湖四水"治理，加快提升绿色承载力

一是权责对等，联防联治。按照"一湖四水"治理各类主体权力与责任相适应、有权必有责、权责一致、利责匹配的导向，灵活运用政策工具，打破区域间、流域间、部门间合作的桎梏，以河（湖）长制为核心，构建责任明确、协调有序、监管严格、保护有力的管理机制，形成纵向协调、横向互动、联防联治、共建共享的治理体系。二是生态为本，治调并举。将调结构、调布局的源头优化与治污染、富生态的过程治理相结合，统一部署"一湖四水"产业政策、工业布局、污染防治、生态保护、资源管理。坚持工业污水治理"四化并举"，以结构优化、清洁化、集聚化为导向优化常态治理体系，以现代化应急管理建设为核心完善非常态治理体系。推进农业面源污染治理"双零行动"，种植业以精准施用促进污染性生产要素零增长，养殖业以循环利用促进水体污染物零排放。促进城乡生活污染治理"三元联动"，形成政府保基本服务、企业全链条负责、公众便捷性参与的协同治理体系，打造水陆同步、城乡一体、治调并举的新格局。三是点面结合，长效管控。整合行政、资金、科技、人才等资源，按照共同但有区别的思路，通过实施一批试点、示范工程，在重点区域和关键领域取得突破，以点带面推进湘江保护"一号重点工程"向"一湖四水"延伸，统筹推进"一湖四水"水污染综合防治。全面深化重点领域和关键环节改革，在法规标准、行业准入、平台建设、监督考核等方面探索

和完善一套巩固治理效果的长效机制。实施"江湖修复""绿色屏障""润泽三湘"三项行动，保护河湖、岸线、森林、湿地、生物五大资源，打造中国海绵城市湖南模式，在"一湖四水"全流域构建山水林田湖全防全控的水生态保护体系。四是立法执法、考核问责。建立健全"一湖四水"生态环境保护法律体系，抓紧制定出台《湖南省"一湖四水"保护条例》，积极开展水权制度、河道湖泊管理与保护等方面的立法前期工作。尽快制定颁布《洞庭湖富营养化防治法规及水质标准》，建立流域水行政执法控制体系，严厉查处涉水违法行为。依法推动企业向全社会公开相关信息，加大典型水环境违法行为的曝光力度，用法制意识构筑全社会保护"一湖四水"的无形红线。科学划分水污染控制单元，明确水质保护目标和水资源使用总量，强化目标管理。建立"一湖四水"建设评价指标体系、考核办法、奖惩机制，强化指标约束和考核结果应用，考核结果作为地方政府领导干部综合考核评价和生态保护财政转移支付的重要依据。对水环境质量持续恶化、出现水污染事故、超过用水总量的，要约谈相关地方人民政府及其有关部门的负责人，并依法依规依纪追究有关单位和人员的责任。

4. 加大绿色投入力度，着力提高绿色保障力

一是加大政府对绿色发展的财政投入力度。各级政府要切实增加对生态环境保护与建设的财政投入，将绿色发展资金列入本级预算，逐年提高占比，统筹安排新建、扩建、改建项目的环境污染治理资金，加大对林、草、土地、水资源建设及环境保护与监测等项目的投资力度，充分发挥公共财政在生态建设和环境保护方面的引导作用，引导全社会扩大对生态环境保护与建设的投入。二是推动生态建设和环保项目社会化运作。采取建立政府引导资金、政府投资的股权收益适度让利、公益性项目财政补助等政策措施，使社会资本对生态建设投入能取得合理回报。组建一批具有一定规模的环境污染治理公司，提供污染治理的社会化、专业化服务，推进垃圾、污水集中处理和环保设施运营的市场化运作。进一步探索和推广水权转让、排污权交易、矿业权招标拍卖、流域水资源有偿使用等办法，充分发挥市场机制在资源配置中的作用。三是建

立完善绿色发展多元化投融资渠道。积极支持生态项目申请银行信贷、设备租赁融资和国家专项资金，发行企业债券和上市融资。政府通过财政贴息补助、延长项目经营权期限等政策，鼓励不同经济成分和各类投资主体，以独资、合资、承包、租赁、拍卖、股份制、股份合作制、BOT等不同形式参与湖南绿色发展。探索经营生态项目的企业将特许经营权、污水和垃圾处理收费权，林地、矿山使用权等作为抵押物进行抵押贷款。

第四章　湘江流域绿色发展的总体评价

湘江是长江的重要一级支流，流域年均水资源量接近湖南全省的一半，流域面积超过全省面积的40%，流域涉及长沙、株洲、湘潭、衡阳、郴州、永州、娄底、岳阳8个市，70余个县、市（区），承载着超过湖南全省60%的经济总量和超过70%的常住人口①，涵盖经济相对发达的长株潭板块、开放条件相对优越的环洞庭湖板块和生态基底较好的湘南板块等各有特色的区域板块。党的十八大以来，湘江流域生态建设与绿色发展进程全面提速，2013年《湖南省湘江保护条例》正式实施，同年湘江流域治理作为省长一号工程提出，2014年湘江流域率先在湖南省创新探索流域生态补偿机制，特别是湘江流域长株潭城市群"两型社会"试验区经历十余年的建设，已经成为湖南绿色发展的重要展示窗口。湘江流域绿色发展将为全省优化生态空间格局、落实水资源管理制度、科学规划水功能分区、全面推进生态修复、治理工农业环境污染、打造滨江特色生态城镇带、发展绿色循环低碳经济体系、创新流域管理机制等提供典型模式和借鉴经验，是影响全省生态建设成效的核心板块。但由于当前传统的粗放型发展模式没有根本转变，流域资源和生态环境问题仍然凸显，湘江流域绿色发展依然面临着压力与挑战。本章构建湘江流域绿色发展测度评价指标体系和评价方法，对近年来湘江流域绿色发展水平实施总体评价，以期摸清现状、发掘优势、寻找短板，为进一步加快推进湘江流域绿色发展提供决策依据。

---

① 按《湖南统计年鉴（2018）》数据测算；湘江流域涉及地市在不同规划文件中有不同表述，部分湘江流域相关规划中包括邵阳、益阳，本章按照2017年底湘江第一次省级河长会议确定的覆盖范围表述。

一 湘江流域绿色发展指数评价体系构建

湘江流域绿色发展指数与长江经济带绿色发展指数的设计一脉相承，同样涵盖绿色经济、绿色生态、绿色制度等经济社会发展各层面，其主要特色在于研究对象从省域层面深入市域层面，因此指标会更多涉及城市、城镇经济增长模式转变和生态环境治理领域，而其定量评价的主要困难在于地市级中观环境类数据的采集与省域相比有更多障碍。

（一）评价体系及测算方法设计原则与思路

在遵循评价指标体系及测算方法设计的科学性、独立性、前瞻性、静态与动态相结合等原则和思路的基础上，充分考虑以下特质。

1. 体现对长江经济带绿色发展指数的继承和发展

本章提出的湘江流域绿色发展指数（简称湘江指数），参考《长江经济带绿色发展报告（2017）》一书提出的长江经济带绿色发展指数（简称长江指数）的基础上，针对中观流域尺度进行评估。湘江指数与长江指数并非简单的两套指数，而是将长江指数进行适当改造并适用于湘江流域的结果，在指标设计时湘江指数依然沿用长江指数的绿色增长度、绿色承载力和绿色保障力三项一级指标的框架体系。具体指标的选用，在满足数据采集要求的情况下，大部分指标与长江指数的指标选用保持大体一致性。与长江指数设计有明显区别的是，考虑到湘江流域评价对象和数据采集相对有限，指标数量显著少于长江指数指标体系，故湘江指数未沿用长江指数中涉及的 7 项二级指标，而是直接采用总指数、一级指标和具体指标的体系框架。

2. 更加考虑指标数据采集的可获得性和可操作性

湘江流域绿色发展指数面向地市级评价对象，而长江经济带绿色发展指数面向省域评价，从数据分析的权威性和可公开性角度考虑，湘江指数绝大部分具体指标来源于省市统计年鉴和专业统计年鉴，而目前与生态环境相关的统计数据大多仅公布至国家和省级层面，市级层面指标缺失较多。为便于指数横向对比和增强评价结论说服力，评价体系目前全部以定量化指标构成，因此在指标设计前需要充分考虑指标数据来源稳定、可靠。此外，受具体指标可获得性影响，本章所涉及的评价指标体系对各一级指标下具体指标的隶属进行了平衡调整，湘江指数各一级指标下具体指标的分布与长江指数有一定区别。

3. 选用适宜流域纵向和市域横向比较的核算方法

湘江流域绿色发展指数在具体应用上，主要为解决两个问题：一是湘江流域近年来整体绿色发展水平和趋势如何，优势和瓶颈如何？二是湘江流域 8 市在绿色发展方面进展如何，各有何侧重和困难？故湘江指数应选择能适配纵向累计分析和横向对比分析的核算方法。与长江指数不同，湘江流域绿色发展分析，无论从整体流域层面，抑或 8 个不同地市比较层面，都缺乏类似于长江经济带 11 个省市涵盖从相对落后到最为发达的多层次发展的参照目标，难以像长江指数核算时那样，确定具体指标的上下限值。因此，在评价体系的核算方法方面，应从适宜于流域自身对比出发，以指标的增速增幅、相对优势作为评价指数优劣的关键，避免判断指标的绝对得分，从而确定适宜的评价手段。

（二）评价指标体系与指标解释

按照上述遴选思路，湘江流域绿色发展评价体系由 3 项一级指标、27 项具体指标构成。其中，绿色增长度包含 10 项具体指标，主要涉及经济结构、创新开放、城乡协调方面的考察指标；绿色承载力包含 9 项具体指标，主要涉及能源资源节约、污染治理、生态建设方面的考察指标；绿色保障力包含 8 项具体指标，主要涉及资金人才投入、基础设施配置、公共环保服务方面的考察指标。与长江经济带绿色发展评价指标体系对照，湘江流域绿色发展评价指标体系中有 13 项指标与其相同（按具体计算方式），有 4 项指标属长江经济带绿色发展评价指标体系中对应指标稍做变化而得，其余 10 项指标属表达范围与长江经济带绿色发展评价指标体系同类指标类似，但受数据采集限制或为更好地反映地市级绿色发展需求而新增纳入。

湘江流域绿色发展评价指标体系见表 4-1 所示。

表 4 - 1　湘江流域绿色发展评价指标体系

总目标	一级指标	三级指标	单位
绿色发展 水平总指数	绿色增长度	1. 人均 GDP	元/人
		2. 第三产业增加值占 GDP 比重	%
		3. 高新技术产业增加值占 GDP 比重	%
		4. 环保产业年收入	亿元
		5. 规模以上工业企业新产品销售收入增速	%
		6. 规模以上工业企业有效发明专利数	件
		7. 城镇化率	%
		8. 城乡居民收入比	—
		9. 外贸依存度	%
		10. 实际利用外资	万美元
	绿色承载力	11. 万元 GDP 能耗累计下降率（对照 2012 年取绝对值）	%
		12. 规模以上工业企业用水效率（用水强度）	立方米/万元
		13. 人均日生活用水量	升/（人·日）
		14. 城市污水处理率	%
		15. 化肥施用强度	吨/公顷
		16. 建成区绿化覆盖率	%
		17. 人均公园绿地面积	平方米
		18. 空气质量达标率	%
		19. 生活垃圾无害化处理率	%
	绿色保障力	20. 农林水支出占一般公共预算支出比重	%
		21. 社会保障和就业支出比重	%
		22. 规模以上工业企业 R&D 经费投入强度	%
		23. 规模以上工业企业 R&D 人员全时当量	人·年
		24. 用气普及率	%
		25. 排水管网密度	公里/平方公里
		26. 人均城市污水处理能力	立方米/（万人·日）
		27. 公共交通支持率	标台/万人

　　湘江流域绿色发展评价体系中共含 23 项正向指标、4 项负向指标，具体指标权重参考长江经济带绿色发展评价指标体系同类指标确定，3 项一级指标权重与长江指数相同。指标性质和各级权重见表 4 - 2 所示。

表 4 - 2 湘江流域绿色发展评价指标体系权重分配

总目标	一级指标	本级权重	三级指标	指标性质	本级权重	总权重
绿色发展水平总指数	绿色增长度	0.3720	1. 人均 GDP	效益型	0.1154	0.0429
			2. 第三产业增加值占 GDP 比重	效益型	0.2178	0.0810
			3. 高新技术产业增加值占 GDP 比重	效益型	0.1131	0.0421
			4. 环保产业年收入	效益型	0.1525	0.0567
			5. 规模以上工业企业新产品销售收入增速	效益型	0.0945	0.0352
			6. 规模以上工业企业有效发明专利数	效益型	0.1418	0.0528
			7. 城镇化率	效益型	0.0709	0.0264
			8. 城乡居民收入比	成本型	0.0563	0.0209
			9. 外贸依存度	效益型	0.0169	0.0063
			10. 实际利用外资	效益型	0.0208	0.0077
	绿色承载力	0.3049	11. 万元 GDP 能耗累计下降率（对照 2012 年取绝对值）	效益型	0.2812	0.0857
			12. 规模以上工业企业用水效率（用水强度）	成本型	0.0900	0.0275
			13. 人均日生活用水量	成本型	0.0693	0.0211
			14. 城市污水处理率	效益型	0.1349	0.0411
			15. 化肥施用强度	成本型	0.0814	0.0248
			16. 建成区绿化覆盖率	效益型	0.0871	0.0266
			17. 人均公园绿地面积	效益型	0.0940	0.0287
			18. 空气质量达标率	效益型	0.0600	0.0183
			19. 生活垃圾无害化处理率	效益型	0.1021	0.0311
	绿色保障力	0.3231	20. 农林水支出占一般公共预算支出比重	效益型	0.3287	0.1062
			21. 社会保障和就业支出比重	效益型	0.0167	0.0054
			22. 规模以上工业企业 R&D 经费投入强度	效益型	0.2230	0.0721

总目标	一级指标	本级权重	三级指标	指标性质	本级权重	总权重
绿色发展水平总指数	绿色保障力	0.3231	23. 规模以上工业企业 R&D 人员全时当量	效益型	0.0935	0.0302
			24. 用气普及率	效益型	0.0560	0.0181
			25. 排水管网密度	效益型	0.1344	0.0434
			26. 人均城市污水处理能力	效益型	0.1261	0.0407
			27. 公共交通支持率	效益型	0.0216	0.0070

评价指标体系中具体指标的核算方式如下。

（1）人均 GDP：用于衡量区域经济总体发展水平，计算公式为"人均 GDP=地区生产总值/地区总常住人口"。

（2）第三产业增加值占 GDP 比重：用于衡量区域产业结构优化程度，计算公式为"第三产业增加值占 GDP 比重=地区第三产业增加值/地区生产总值×100%"。

（3）高新技术产业增加值占 GDP 比重：用于衡量区域科技创新驱动产业结构升级程度，计算公式为"高新技术产业增加值占 GDP 比重=高新技术产业增加值/地区生产总值×100%"。

（4）环保产业年收入：环保产业是湖南省第 11 个千亿元产业，用于衡量与绿色发展直接相关的产业领域发展水平，按历年《湖南统计年鉴》查询"全省环保产业统计情况"数据确定。

（5）规模以上工业企业新产品销售收入增速：用于衡量区域企业创新研制的新产品的市场效果，计算公式为"规模以上工业企业新产品销售收入增速=（当年规模以上工业企业新产品销售收入/上一年规模以上工业企业新产品销售收入−1）×100%"。

（6）规模以上工业企业有效发明专利数：用于衡量工业企业科研产出和市场应用的相对水平，按历年《湖南统计年鉴》查询"规模以上工业企业科技活动产出情况"数据确定。

（7）城镇化率：用于衡量区域城乡经济结构变化，反映社会经济发展整体水平，计算公式为"城镇化率=地区城镇常住人口/地区常住人口×100%"。

（8）城乡居民收入比：用于衡量区域城乡经济发展水平差异，计算公式为"城乡居民收入比＝城镇居民人均可支配收入/农村居民人均可支配收入"。

（9）外贸依存度：用于衡量区域进出口对经济发展的拉动作用，一定程度上反映开放型经济发展水平，计算公式为"外贸依存度＝进出口商品总值（美元计价）×美元兑人民币汇率/地区生产总值×100%"。

（10）实际利用外资：用于衡量区域对国外资金、技术、资源的吸引能力，反映区域开放经济发展程度的进口类指标，按历年《湖南统计年鉴》查询"外商直接投资情况"数据确定。

（11）万元 GDP 能耗累计下降率：用于衡量区域能源综合利用效率提升水平，反映经济结构优化程度、能源节约和碳减排情况，由于近年来湘江流域所有地市的万元 GDP 能耗都处于不断下降趋势，故采用对照 2012 年能源强度的累计下降率这一概念，计算公式为"万元 GDP 能耗累计下降率＝（1－当年万元 GDP 能耗/2012 年万元 GDP 能耗）×100%"。

（12）规模以上工业企业用水效率：用于衡量区域工业水资源利用效率，受数据所限，本章中采用规模以上万元工业主营业务收入用水量表征，计算公式为"规模以上工业企业用水效率＝规模以上工业企业取水总量/规模以上工业企业主营业务收入"。

（13）人均日生活用水量：用于衡量区域居民生活用水利用效率，与人均综合用水量有所不同（即地区总用水量/地区总常住人口），受数据所限，本章中采用城区人均日生活用水量表征，按历年《湖南统计年鉴》查询"城市设施水平情况"数据确定。

（14）城市污水处理率：用于衡量城市水污染处理覆盖面，本章中仅针对城区污水处理情况讨论，按历年《湖南统计年鉴》查询"城市设施水平情况"数据确定。

（15）化肥施用强度：用于衡量农业面源污染情况的间接指标，计算公式为"化肥施用强度＝地区化肥折纯施用量/实有耕地面积"。

（16）建成区绿化覆盖率：用于衡量区域城市居民居住的核心地区的绿化水平，按历年《湖南统计年鉴》查询"城市设施水平情况"数据确定。

（17）人均公园绿地面积：用于衡量区域城市整体居民生活环境质量

的指标，按历年《湖南统计年鉴》查询"城市设施水平情况"数据确定。

（18）空气质量达标率：用于衡量区域城市大气环境保护的整体水平，大气污染物浓度评价结果符合 GB3095－2012 和 HJ663－2013 标准即为达标，所有污染物达标即为环境空气质量达标，达标率按达标天数与有效监测天数之比确定。由相关部门提供此指标数据。

（19）生活垃圾无害化处理率：用于衡量区域城市生活垃圾的处理水平，按历年《湖南统计年鉴》查询"城市设施水平情况"数据确定。

（20）农林水支出占一般公共预算支出比重：用于衡量区域农业、林业、水利建设的政府资金投入强度，间接反映区域绿色发展资金保障能力，计算公式为"农林水支出占一般公共预算支出比重＝农林水利事务支出/一般公共预算支出×100％"。

（21）社会保障和就业支出比重：用于衡量区域社会保障和就业的政府资金投入强度，间接反映区域绿色发展中体现公平共享层面资金保障的情况，计算公式为"社会保障和就业支出比重＝社会保障和就业支出/一般公共预算支出×100％"。

（22）规模以上工业企业 R&D 经费投入强度：用于衡量区域企业创新驱动发展的资金投入，间接反映区域绿色发展中产业创新层面资金保障的情况，受数据所限，按企业主营业务收入计算，计算公式为"规模以上工业企业 R&D 经费投入强度＝R&D 经费内部支出/主营业务收入×100％"。

（23）规模以上工业企业 R&D 人员全时当量：用于衡量区域企业创新驱动发展的人才投入，间接反映区域绿色发展中产业创新层面人力保障的情况，按历年《湖南统计年鉴》查询"规模以上工业企业 R&D 人员情况"数据确定。

（24）用气普及率：用于衡量区域改善大气环境、强化相关基础设施保障的间接指标，按历年《湖南统计年鉴》查询"城市设施水平情况"数据确定。

（25）排水管网密度：用于衡量区域改善城区地下管网等基础设施、防治城市内涝等环境风险的间接指标，按历年《湖南统计年鉴》查询"城市设施水平情况"数据确定。

（26）人均城市污水处理能力：衡量区域城镇水环境污染治理基础设

施保障能力的指标，计算公式为"人均城市污水处理能力＝地区城镇污水日处理能力/地区城镇常住人口"。

（27）公共交通支持率：由于公共交通出行率相关数据所限，采用万人拥有公共交通车辆数表征此指标，用以衡量区域绿色交通发展水平，计算公式为"公共交通支持率＝地区公共交通车辆数/地区常住人口"。

（三）纵向/横向指数测算方法

为反映湘江流域绿色发展的历史建设进程和当前各市绿色发展相对进展，本节分别构建了纵向累计指数和横向对比指数两套测算方法。其中，针对整个湘江流域，采用纵向累计指数，以2013年为基年，评价各年度湘江流域绿色发展相对于2013年的累计进展；采用横向对比指数，评价各年度湘江流域8市绿色发展的相对水平和排名情况。即纵向累计指数的计算结果具备时序上的连续性，而横向对比指数的计算结果不具备时序上的连续性，每年8市横向对比指数可相互对比分析，但不能与其他年份测算结果进行时序对比。

1. 纵向累计指数测算方法

针对湘江流域整体评价，所有具体指标都以2013年为基期进行对照：假设第i个具体指标2013年和第t年的指标值分别为$X_{i,0}$和$X_{i,t}$，则对各项具体指标进行无量纲化处理：

正向指标：$Y_{i,t} = X_{i,t}/X_{0,t} \times 100$

负向指标：$Y_{i,t} = X_{0,t}/X_{i,t} \times 100$

通过加权求和，即可得各项一级指数和总指数结果，假设第i个指标的权重为W_i，待评价指数下辖n个具体指标，则第t年湘江流域纵向累计指数评价结果R_t为（若权重为总权重，则为总指数；若权重为一级指数下本级权重，则为一级指数）：

$$R_t = \sum_{i=1}^{n} W_i \cdot Y_{i,t}$$

若R_t测算结果大于100，则表示评价年湘江流域绿色发展水平较2013年有整体进步。

2. 横向对比指数测算方法

针对湘江流域各市分别评价，所有具体指标都以评价当年 8 市极值和平均值进行对照（这里的平均值系指 8 市某指标的算术平均值，并非流域整体值）：假设第 i 个具体指标第 m 个城市和 8 个城市的均值分别为 $X_{i,m}$ 和 $\overline{X_i}$，则对各项具体指标进行无量纲化处理：

正向指标：$Y_{i,m} = \dfrac{X_{i,m} - \min\limits_{m}(X_i)}{\overline{X_i} - \min\limits_{m}(X_i)} \times 100$

负向指标：$Y_{i,m} = \dfrac{\max\limits_{m}(X_i) - X_{i,m}}{\max\limits_{m}(X_i) - \overline{X_i}} \times 100$

通过加权求和，即可得各项一级指数和总指数结果，假设第 i 个指标的权重为 W_i，待评价指数下辖 n 个具体指标，则评价年湘江流域 m 市横向对比指数评价结果 R_m 为（若权重为总权重，则为总指数；若权重为一级指数下本级权重，则为一级指数）：

$$R_m = \sum_{i=1}^{n} W_i \cdot Y_{i,m}$$

若 R_m 测算结果大于 100，则表示评价年湘江流域 m 市绿色发展水平高于流域 8 市平均水平。

二 湘江流域绿色发展纵向累计指数变动分析

2013～2017 年，湘江流域绿色发展纵向累计总指数（湘江指数）保持了较快的整体上升态势，其中绿色承载力对全流域绿色发展水平提升的贡献最为明显，而绿色保障力的提升是下一阶段绿色发展纵深推进的主要瓶颈。未来湘江流域推进绿色发展需要在缩小城乡差距、加强科技成果转化、推动开放型经济发展、治理大气和农业面源污染、加强环保基础设施投入方面加大力度。

（一）总指数变动分析

按照湘江流域绿色发展评价指标体系和纵向累计指数计算方法，核算了 2013～2017 年湘江流域绿色发展纵向累计指数，结果如图 4－1 所示。

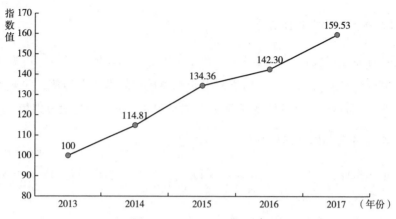

图 4 - 1 湘江流域绿色发展纵向累计总指数（2013 ~ 2017 年）

2013 ~ 2017 年，湘江流域绿色发展纵向累计总指数由基年的 100 上升至 2017 年的 159.53，年均增长率 12.39%，呈稳定上升态势。从 3 项一级指数对总指数的贡献分析，2017 年，绿色承载力对总指数的贡献率最高，达到 42.00%；其次是绿色增长度，对总指数的贡献率为 35.17%；而绿色保障力近年来增速偏低，其对总指数的贡献率仅为 22.83%。可见下一阶段，保持湘江流域绿色发展水平快速增长需要进一步分析绿色保障力提升的主要障碍，增加湘江流域绿色发展的要素投入，并完善相应制度安排。

（二）一级指数变动分析

湘江流域 3 项一级指数的历年变化情况见图 4 - 2 所示。

图 4 - 2 湘江流域绿色发展纵向累计 3 项一级指数变化（2013 ~ 2017 年）

2013～2017 年，湘江流域绿色承载力纵向累计指数快速上升至 219.75，年均增长 21.75%，明显快于总指数增速；绿色增长度纵向累计指数稳定上升至 150.84，年均增长 10.82%，略慢于总指数增速；绿色保障力纵向累计指数波动上升至 112.7，年均增长 3.03%，影响了总指数的提升。

从影响一级指数变动的具体指标分析，2013～2017 年，对绿色增长度增长起主要支撑作用的指标有环保产业年收入、规模以上工业企业有效发明专利数、实际利用外资，三者 2017 年数值分别达到 2013 年的 2.22 倍、2.45 倍和 1.64 倍；而 2017 年规模以上工业企业新产品销售收入增速指标表现甚至低于 2013 年基年情况（累计指数小于 100），2017 年该指标值为 6.07%，而 2013 年为 22.26%，在同样反映企业创新情况的规模以上工业企业有效发明专利数指标大幅提升的情况下，新产品销售收入增幅不尽如人意，表明企业科技创新的投入产出比仍相对偏低，特别是新成果转化应用和市场培育仍属瓶颈制约。此外，城市化水平和城乡居民收入比两项指标提升不大（城乡居民收入比为负向指标，这里系指下降幅度不大），纵向累计指数均为 112 左右；尽管实际利用外资总量提升明显，但外贸依存度指标 2017 年与 2013 年基本相同，仅提升了 0.12 个百分点（纵向累计指数为 101.37），说明湘江流域未来在推动新型城镇化、减小城乡收入差距和扩大开放型经济方面尚有较大提升空间。

对绿色承载力增长起主要支撑作用的指标有万元 GDP 能耗累计下降率、规模以上工业企业用水效率、人均日生活用水量，其中，2017 年万元 GDP 能耗较 2012 年累计下降率达到 26.07%（未进行固定价格换算），2017 年相对于 2013 年，规模以上工业企业用水效率由 11.99 立方米/万元下降至 9.57 立方米/万元，人均日生活用水量由 239.15 升/（人·日）下降至 191.03 升/（人·日），说明过去 5 年间湘江流域在能源和水资源节约方面成效较为明显。绿色承载力的 9 项具体指标中，表现较差的主要是空气质量达标率尚不如 2013 年情况，2016 年湘江流域空气质量达标率较 2013 年下降了 5.86 个百分点①，纵向累计指数仅为 93.19。此外，化肥施

---

① 由于数据采集原因，本次评价 27 项具体指标中空气质量达标率指标仅有 2013～2016 年各地市数据，故 2017 年沿用了 2016 年数据，其他 26 项指标均为 2017 年数据。

用强度和建成区绿化覆盖率累计指数分别为 104.57 和 107.03，但考虑到建成区绿化覆盖率 2017 年已达到 42.05%，属相对较高但进一步增长空间有限的指标，未来湘江流域污染治理的重点目标是进一步改善大气环境质量和防治农业面源污染。

对绿色保障力增长起主要支撑作用的指标有规模以上工业企业 R&D 经费投入强度、排水管网密度和公共交通支持率，2017 年这 3 项指标数值分别达到 2013 年的 1.34 倍、1.23 倍和 1.61 倍。前一项说明在湖南省创新驱动的发展战略下，骨干企业对科技投入的力度较大，目前常德市推进国家海绵城市试点，长沙建设国家水生态文明城市，排水基础设施建设进程加快；后两项指标说明湘江流域整体基础设施和公共服务建设日益完善。但是，绿色保障力的具体指标中，较其他两项一级指数，多个指标较 2013 年出现下滑现象，农林水支出占一般公共预算支出比重、用气普及率和人均城市污水处理能力三项指标的纵向累计指数分别仅为 97.99、99.28 和 93.96，其中除用气普及率 2017 年已达到 95.99%，进一步提升难度较大外，其他指标的下滑说明未来湘江流域绿色发展在推进城镇化的进程中，还需要进一步关注对生态建设和环境保护方面的资金投入和基础设施建设倾斜。

三　湘江流域各市绿色发展横向比较指数变动分析

2013～2017 年，湘江流域 8 市绿色发展横向比较指数分异明显，形成以长沙市为代表的领跑型，以株洲、湘潭、岳阳、郴州 4 市为代表的中间波动型，以及包括衡阳、永州、娄底 3 市的相对滞后型三类地市。未来应针对绿色发展后发城市，以及流域各市具体情况分类施策，推动湘江流域各地市生态优先、绿色发展。

（一）各市州绿色发展水平总指数比较分析

按照湘江流域绿色发展评价指标体系和横向对比指数计算方法，核算了 2013～2017 年湘江流域 8 市绿色发展横向对比指数及排名变动情况，结果如图 4-3 和图 4-4 所示。

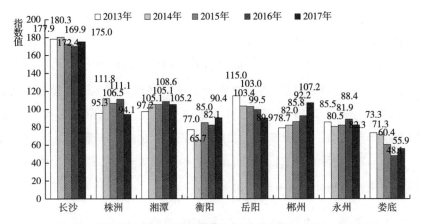

图4-3 湘江流域8市绿色发展横向对比总指数（2013~2017年）

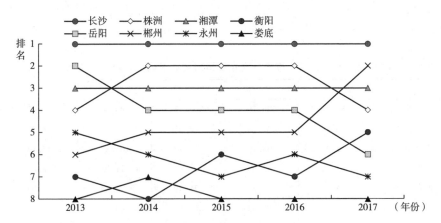

图4-4 湘江流域8市绿色发展横向对比总指数排名变化（2013~2017年）

从总指数测算结果看，目前湘江流域8市绿色发展水平可划分为三个类型：一是领跑型，即长沙市，其历年绿色发展横向对比指数基本处于170以上，远超100的平均水平，说明其绿色发展水平具有较稳定的绝对领先优势。二是中间波动型，包括株洲、湘潭、岳阳、郴州4市，其历年绿色发展横向对比指数在100左右，即代表了湘江流域绿色发展的平均水平。其中，岳阳近年来绿色发展横向对比指数处下行态势，在2016年后跌破100；而郴州绿色发展横向对比指数处上行态势，在2017年首次突破100；说明近年来郴州市绿色发展水平提升较快，而岳阳市则有所下滑，应引起重视。三是相对滞后型，包括衡阳、永州、娄底3市，其历年绿色发展横向对比指数都低于 100，即尚未达到湘江流域的平均水平，是未来推动湘江流域绿色发展需重视的重点区域。

从 8 市绿色发展横向对比指数排名看，2013 ~ 2017 年，长沙市和湘潭市一直处于首位和第 3 位，属相对领先区域；郴州和衡阳两市排名有所提升，2017 年分别较 2013 年上升了 4 个和 2 个位次，达到第 2 名和第 5 名；岳阳和永州两市排名有所下降，2017 年分别较 2013 年降低了 4 个和 2 个位次，位列第 6 名和第 7 名；株洲和娄底排名有所波动，但 2017 年和 2013 年排名相同，分别处于第 4 名和第 8 名。

（二）各市州绿色发展水平一级指数分析

2013 ~ 2017 年，湘江流域 8 市 3 项一级指数的横向对比指数测算结果见表 4 – 3、表 4 – 4 和表 4 – 5 所示。

表 4 – 3　湘江流域 8 市绿色增长度横向对比指数（2013 ~ 2017 年）

城市	2013 年	2014 年	2015 年	2016 年	2017 年
长沙市	287.81	296.79	302.12	289.36	287.42
株洲市	86.88	87.28	87.62	87.07	86.74
湘潭市	72.92	94.78	97.73	106.88	115.37
衡阳市	91.41	65.98	90.88	71.95	78.05
岳阳市	76.35	73.84	78.59	77.84	69.08
郴州市	81.97	82.03	63.01	69.42	81.75
永州市	84.01	60.07	56.51	84.06	60.35
娄底市	18.65	39.22	23.54	13.41	21.22

表 4 – 4　湘江流域 8 市绿色承载力横向对比指数（2013 ~ 2017 年）

城市	2013 年	2014 年	2015 年	2016 年	2017 年
长沙市	79.46	85.04	53.61	53.70	57.05
株洲市	94.15	135.26	135.11	143.27	116.64
湘潭市	128.52	116.39	112.45	113.36	116.63
衡阳市	75.69	75.64	88.24	90.38	106.19
岳阳市	136.33	99.53	102.04	88.51	92.39
郴州市	104.98	115.54	139.83	150.46	137.26
永州市	70.76	92.35	101.99	80.67	76.14
娄底市	110.12	80.25	66.74	79.65	97.70

表 4 - 5　湘江流域 8 市绿色保障力横向对比指数（2013～2017 年）

城市	2013 年	2014 年	2015 年	2016 年	2017 年
长沙市	144.33	136.15	135.05	142.06	156.77
株洲市	106.20	117.80	101.17	108.42	81.14
湘潭市	95.57	106.19	106.75	106.07	82.77
衡阳市	61.55	55.86	75.18	85.93	89.81
岳阳市	139.43	140.93	131.86	134.94	111.60
郴州市	50.26	50.39	61.00	63.57	108.07
永州市	101.04	92.75	92.20	100.69	113.35
娄底市	101.61	99.94	96.79	58.33	56.49

由上述分析结果可知，即使是横向对比总指数遥遥领先的长沙市，也有部分一级指标得分欠佳，甚至低于平均水平；而中间波动型和相对滞后型地市也有部分一级指标相对领先。因此，针对湘江流域 8 市绿色发展评价需要对各市绿色发展优、劣势进行进一步的具体分析。

1. 长沙市

长沙市绿色发展横向对比总指数一直处于湘江流域各地市领先位置，2017 年总指数达到 174.97，其主要受益于绿色增长度的较高得分，但绿色承载力 2017 年仅为 57.05 分，尚未达到湘江流域平均水平，是未来长沙市保持绿色发展总指数领先位次要解决的主要问题。具体从 3 项一级指数分析，长沙市绿色增长度 10 项具体指标中，绝大部分指标都明显高于流域平均水平，但规模以上工业企业新产品销售收入增速由 2013 年的 22.87% 回落至 2017 年的 8.66%，是绿色增长度中唯一一个低于流域平均水平的指标。长沙市绿色承载力表现较差，具体指标中万元 GDP 能耗累计下降率、规模以上工业企业用水效率、人均日生活用水量、化肥施用强度、建成区绿化覆盖率、人均公园绿地面积、空气质量达标率横向对比指数均低于100，其中又以万元 GDP 能耗累计下降率、人均公园绿地面积、空气质量达标率 3 项指标得分更低，一方面长沙目前能源利用效率绝对值已经较高，未来进一步削减相对困难；另一方面在城市建设加快推进的进程中，也应加大对城市绿化和大气污染治理的力度。长沙绿色保障力 2017 年横向对比指数 156.77，也处于流域 8 市首位，但其农林水支出占一般公共预算支出比重、社会保障和就业支出比重两项指标偏低，分别低于流域 8 市平均值 4.22 个和 6.82 个百分点，前者可能受制于长沙市产业结构因素，后者则说明未来仍应加大对社会保障、共享发展等方面的资金投入。

2. 株洲市

株洲市绿色发展横向对比指数在 2013～2017 年经历了排名上升和下降两个阶段，2017 年总指数 94.05，位于湘江流域第 4 位，其绿色承载力指数优于流域平均水平，但绿色增长度和绿色保障力指数低于流域平均水平。具体从 3 项一级指数分析，绿色增长度各项具体指标中，第三产业增加值占 GDP 比重、环保产业年收入、规模以上工业企业新产品销售收入增速的历年表现欠佳，说明在绿色增长度方面株洲应进一步优化产业结构，扶持环保、两型产业发展，提高科技成果转化水平。绿色承载力方面，株洲市在化肥施用强度和人均公园绿地面积两项指标上相对占优，但在人均日生活用水量和空气质量达标率方面一直偏低，未来应加强水资源节约和大气污染治理。株洲市绿色保障力指数呈现波动下行态势，2013～2016 年绿色保障力指数优于流域平均水平，但 2017 年仅为 81.14，拖累了总指数的提升，这主要源于农林水支出占一般公共预算支出比重、社会保障和就业支出比重及排水管网密度 3 项指标偏低，说明株洲在绿色保障力方面需要进一步优化公共预算支出结构，加强绿色发展基础设施建设。

3. 湘潭市

湘潭市绿色发展横向对比指数一直处于湘江流域 8 市第 3 位，排名稳定，2017 年总指数 105.22，其绿色增长度和绿色承载力指数高于流域平均水平，支撑了总指数水平，但绿色保障力指数仅 82.77，属相对短板领域。具体从 3 项一级指数分析，湘潭市 2017 年绿色增长度指数 115.37，较 2013～2016 年有明显提升，其中，高新技术产业增加值占 GDP 比重、规模以上工业企业新产品销售收入增速、外贸依存度 3 项指标优势明显，2017 年分别达到 2013 年的 2.17 倍、2.36 倍和 1.46 倍，而历年相对弱势指标主要为第三产业增加值占 GDP 比重和规模以上工业企业有效发明专利数两项指标，未来应加快产业结构调整步伐和工业企业创新成果产出。湘潭市 2017 年绿色承载力指数 116.63，人均日生活用水量、化肥施用强度和空气质量达标率等指标表现欠佳，但从历年情况分析，化肥施用强度属于一直较差指标（强度较高），农业面源污染问题在未来应引起高度重视。湘潭市绿色保障力指数一直在平均水平左右徘徊，2017 年为 82.77，属近年来最低值，主要归因于农林水支出占一般公共预算支出比重、规模以上工业企业 R&D 经费投入强度、规模以上工业企业 R&D 人员全时当量等指标数值偏低，未来应加大对绿色发展的资金投入力度，并提升规模以上企业技术创新的资金、人力投入水平。

4. 衡阳市

衡阳市绿色发展横向对比指数近年来一直处于湘江流域 8 市相对较差水平，但在 2017 年达到 90.43，排名上升至第 5 位，3 项一级指数中绿色承载力对总指数的支撑作用较强，而绿色增长度和绿色保障力均低于流域平均水平。具体从 3 项一级指数分析，衡阳市绿色增长度指数一直处于流域平均水平以下，主要受到人均 GDP、高新技术产业增加值占 GDP 比重、环保产业年收入等多项指数常年较低的影响，未来提升经济实力、增加高新技术产业占比和培养环保产业是实现经济绿色化的重要途径。衡阳市绿色承载力指数从 2015 年以来提升较快，从低于流域平均水平上涨至 2017 年的 106.19，主要得益于万元 GDP 能耗累计下降率、人均日生活用水量等指标表现一直相对出色，而人均公园绿地面积指数在近年来增加较快。衡阳市绿色保障力指数与绿色增长力指数类似，一直处于流域平均水平线下，其主要受制于规模以上工业企业 R&D 人员全时当量、人均城市污水处理能力、公共交通支持率等指标一直处于湘江流域 8 市相对较低水平，衡阳市未来应加大绿色发展保障力投入力度、重视相关人才培养引进、环保基础设施和公共服务能力的建设。

5. 岳阳市

岳阳市绿色发展横向对比指数在湘江流域中曾一度较为领先，但近年来呈下降趋势，2016 年开始总指数跌破 100 的平均水平，究其原因，主要是绿色增长度指数一直在相对低位徘徊，而绿色承载力和绿色保障力指数近年来呈下滑态势。具体从 3 项一级指数分析，岳阳市绿色增长度具体指标中大部分指标均不占优，而规模以上工业企业新产品销售收入增速、规模以上工业企业有效发明专利数、外贸依存度和实际利用外资等指标明显偏低，未来提升绿色增长度需要进一步加快贯彻湖南省"创新引领、开放崛起"战略，将岳阳依托长江经济带、通江达海的有利条件充分释放出来。2017 年，岳阳市绿色承载力指数下降至 92.39，主要受城市污水处理率、化肥施用强度和空气质量达标率等指标下降较快或一直水平不高的情况影响，说明岳阳推进绿色发展仍应持续关注大气、水等传统污染物治理问题。2017 年，岳阳市绿色保障力指数下降至 111.60，虽然仍高于湘江流域 8 市平均水平，但较之以往均在 130 以上的情况，下滑明显，主要受到农林水支出占一般公共预算支出比重、社会保障和就业支出比重、用气普及率、人均城市污水处理能力等指标相对水平下降较快的影响，下一阶段应继续保持对绿色发展资金、基础设施方面的投入强度。

6. 郴州市

郴州市绿色发展横向对比指数排名呈现快速上升态势，2017 年总指数 107.18，较 2013 年的 78.74 上升明显，这主要得益于历年绿色承载力的较好表现和绿色保障力的大幅提升。具体从 3 项一级指数分析，郴州市绿色增长度指数低于流域平均水平，主要由于经济总量、结构以及城市化进程相对落后，2017 年郴州市人均 GDP、第三产业增加值占 GDP 比重、城镇化率、城乡居民收入比等指标的横向对比指数都处于 50~60 区间，较其他城市差距较大。郴州市绿色承载力指数 2017 年达到 137.26，居湘江流域 8 市之首，万元 GDP 能耗累计下降率、规模以上工业企业用水效率、建成区绿化覆盖率、空气质量达标率指标指数都在 140 以上，仅人均日生活用水量、城市污水处理率两项指标低于流域平均水平，未来应更多关注引导生活节水和提升污水处理覆盖面。郴州市绿色保障力指数 2017 年达到 108.07，较之以往有较大幅度提升，其农林水支出占一般公共预算支出比重、用气普及率、排水管网密度等指标表现较好，但规模以上工业企业 R&D 经费投入强度、人均城市污水处理能力等指标依然偏低，未来应进一步加强对科技创新和污染治理基础设施的相关投入。

7. 永州市

永州市绿色发展横向对比指数排名近年来呈波动下行趋势，2017 年总指数为 82.29，仅高于娄底市，永州市绿色发展指数的提升主要受制于绿色增长度和绿色承载力的持续偏低。具体从 3 项一级指数分析，永州市绿色增长度指数历年处于 55~85 区间，其中人均 GDP、高新技术产业增加值占 GDP 比重、城镇化率等指标拖累较大，说明永州目前既存在经济实力不强，也存在经济结构不优的问题，同时经济发展滞后对城市化进程也造成影响。永州市绿色承载力指数大部分年度都低于流域平均水平，当前制约绿色承载力指数的主要指标有规模以上工业企业用水效率、建成区绿化覆盖率、人均公园绿地面积等，说明提升工业用水效率、加强城乡国土绿化是下一阶段的着力方向。相较于绿色增长度和绿色承载力，永州市绿色保障力指数表现较好，2017 年达到 113.35，仅次于长沙市，其农林水支出占一般公共预算支出比重、社会保障和就业支出比重指标较高，在绿色共享发展方面投入有力，但规模以上工业企业 R&D 经费投入强度、规模以上工业企业 R&D 人员全时当量、公共交通支持率等指标数值较低，未来在提升产业创新能力和公共服务能力方面还有待加强。

8. 娄底市

娄底市绿色发展横向对比指数在湘江流域 8 市中相对落后，距领先的城市差距尚大，这主要受绿色增长度和绿色保障力指数偏低的影响。具体从 3 项一级指数分析，娄底市绿色增长度指标历年均表现欠佳，其中第三产业增加值占 GDP 比重、环保产业年收入、城镇化率、城乡居民收入比、实际利用外资等指标都呈相对弱势，未来娄底市在优化产业结构、推进新型城镇化、扩大开放程度方面依然任重道远。娄底市绿色承载力指数近年来在湘江流域平均水平附近波动，而相对较优指标主要是规模以上工业企业用水效率、人均日生活用水量、城市污水处理率、化肥施用强度等体现水资源节约和水污染治理方面的指标，相对较差指标主要是万元 GDP 能耗累计下降率、建成区绿化覆盖率、人均公园绿地面积等体现节能降耗、国土绿化方面的指标。娄底市绿色保障力指数近年来呈下降态势，由略优于流域平均水平逐步下降至 2017 年的 56.49，主要受到规模以上工业企业 R&D 经费投入强度、规模以上工业企业 R&D 人员全时当量、公共交通支持率数值偏低的影响，未来娄底应关注加强对企业的创新要素投入，积极发展绿色交通、绿色出行。

案例篇

第五章　流域综合治理的"湘江模式"

湘江是湖南的母亲河，千里湘江承载着千年湖湘文化，也贡献着全省 3/4 的经济总量。然而半个多世纪以来，湘江流域一度成为全国重金属污染最严重的河流之一。2008 年后，湖南加快了湘江流域综合治理步伐，十多年的艰辛努力取得了良好的治理成效，走出了一条环境改善与经济发展的双赢之路，为我国大江大河流域治理提供了示范样板和经验借鉴。

一　湘江流域综合治理的背景与意义

湘江流域综合治理是在特殊的历史背景下，党中央、国务院交给湖南的一项政治任务，对湖南推动长株潭城市群国家两型社会建设综合配套改革试验和转变发展方式、实现绿色发展和高质量发展具有重大的政治意义和实践意义。

（一）湘江流域综合治理是党中央、国务院交给湖南的一项政治任务

湘江流域地处长江经济带与华南经济圈的辐射地带，区域内城镇密布、人口集中、经济发达、人文厚重、交通便利，是湖南经济社会发展的核心地区。湘江集饮用、灌溉、渔业、航运、工业用水、纳污等多功能于一体，是 2000 万湖南人的直接饮用水水源和沿线 2000 万亩耕地的直接灌溉水源，是湘江流域居民生活及工农业生产的重要保障。但是，由于流域工业化、农业生产以及城镇化的发展，长期积累的工业污染、城镇生活污染和农业面源污染问题日益突出，特别是流域的重金属污染问题，引起了党中央、国务院领导和国家发改委等有关部委的高度关注。2009 年初，时

任省委书记张春贤、省长周强就湘江流域综合治理工作，向时任国务院总理温家宝同志做了专题报告，温家宝同志对湘江流域综合治理做了重要指示。2009 年 3 月，时任国务院副总理李克强同志视察湖南，又对湘江流域综合治理工作提出了具体要求。2011 年初，国务院批准《湘江流域重金属污染治理实施方案》，该方案提出到"十二五"期末，湘江流域内危害群众健康的重金属污染突出问题要得到解决，涉重金属企业数量和重金属排放量要在 2008 年的基数上减少一半。尽快让人民群众喝上干净的水，呼吸上新鲜的空气，全力保障流域广大人民群众的最基本权利。至此，全面推进湘江流域综合治理上升为党中央、国务院交给湖南的一项政治任务。

（二）湘江流域综合治理的实践意义

1. 湘江流域综合治理是推动"两型"改革试验、建设"绿色湖南"的必然要求

2007 年 12 月，国务院批准长株潭城市群为全国资源节约型和环境友好型社会建设综合配套改革试验区。这是国家落实科学发展观，在新的发展阶段，为顺应世界经济发展的新要求做出的重大战略决策①。在国务院批复的《长株潭城市群资源节约型和环境友好型社会建设综合配套改革试验总体方案》中明确提出，要"将湘江流域纳入国家长江中下游污染治理规划，建立以湘江为重点的流域综合治理和保护模式"。随着长株潭两型社会改革与建设的深入，两型建设的经验在全省层面推广，推动绿色湖南建设的构想逐渐上升为省委、省政府的重大决策。在 2011 年召开的第十次省党代会上，省委正式提出"四化两型"战略和"四个湖南"建设的部署，其中将绿色湖南建设摆在首位。2012 年，湖南颁布了《绿色湖南建设纲要》，在纲要中湘江流域综合治理被摆在了非常重要的位置，纲要明确提出"坚持把湘江流域治理作为'两型社会'建设的突破口"，并首次在政府规划文件中正式提出"将湘江打造成为'东方莱茵河'"。很明显，无

---

① 湖南省长株潭两型办：《湖南"两型社会"建设的改革创新》，湖南人民出版社，2011，第 1 页。

论是在长株潭城市群"两型社会"改革试验区的建设中，还是在绿色湖南建设中，湘江流域的综合治理以及相关治理体制机制改革创新都被摆在了一个非常重要的位置，已然成为长株潭城市群两型改革试验国家战略以及省委、省政府"绿色湖南"建设战略部署最重要的组成部分。

2. 湘江流域综合治理是湖南转变发展方式、实现高质量发展的重要举措

湘江流域是湖南经济比较发达的区域，2008年在治理初期，湘江流域8市的GDP为8526.3亿元，占全省GDP的76.4%。流域集聚了全省大部分的钢铁、建材、有色冶金、化工、先进装备制造等规模以上工业企业，2008年流域工业增加值达8418.05亿元，占全省工业增加值的比重高达78.50%。但同时，湘江流域也是湖南能耗较高和污染较重的区域，2008年流域规模工业综合能源消费量占到全省的78.27%，单位GDP能耗平均水平为2.39吨标准煤/万元，高出全省平均水平20.7%，单位GDP电耗平均为1061.59千瓦时/万元，高出全省平均水平8.8%；2008年湘江流域40个省监测断面中 I ~ Ⅲ类水质断面仅占87.5%，劣Ⅴ类水质断面占比为7.5%，其中蒸水、涟水湘潭段、浏阳河长沙城区段污染严重，所设7个断面有5个劣于Ⅲ类水质。在此背景下，省委、省政府以保护饮用水水源安全为重点，综合治理、重点突破，推进流域产业结构调整和优化升级，加快湘江流域工业污染、生活污染和农村面源污染治理，促进人与自然和谐相处，这对于加快推动全省发展方式转变、实现经济的高质量发展具有十分重要的战略意义。

二　湘江流域综合治理的主要做法

湘江流域综合治理可供总结的做法很多，但规划引领、高位推动、重点突破、制度创新、立法先行以及鼓励公众参与这几方面，是湘江流域综合治理能够取得预期成效的关键所在。

（一）坚持规划引领，谋划流域综合治理的"路线图"

湘江流域综合治理作为一项庞大的系统工程，必须以科学的顶层设计为引领。湖南在推进湘江流域综合治理的过程中，坚持规划先行，精心谋划流域综合治理的"路线图"。

1. 建立了流域水污染综合治理的规划体系

首先，湘江流域水污染综合治理内容相继被纳入湖南省国民经济和社会发展的"十一五""十二五""十三五"规划纲要，明确了治理的路线图与重点任务。2008 年 5 月，省政府颁布实施《湘江流域水污染综合治理实施方案》，启动"千里湘江碧水行动"，计划用三年左右的时间，全面整治湘江流域水污染问题。2010 年，省政府颁布《湖南省流域生态环境综合治理规划》，2011 年颁布《湘江流域科学发展总体规划》，2011年国务院批复了《湘江流域重金属污染治理实施方案》，2013 年省政府制定了《湖南省湘江污染防治第一个"三年行动计划"实施方案（2013 - 2015 年）》。此外，各地市也制定了一系列本辖区湘江水污染综合治理的规划，如《株洲市水污染防治实施方案（2016 - 2020 年）》《湘潭市湘江污染防治第二个"三年行动计划"实施方案》《永州市水功能区规划》等。

2. 编制了土壤污染综合防治的相关规划和方案

省级层面，2010 年，省政府组织编制了《湖南省土壤环境保护规划（2011 - 2020 年）》，对全省包括湘江流域的土壤分三类进行划分，实施分类保护和管理；2011 年初，国务院批复《湘江流域重金属污染治理实施方案》，正式拉开了重金属污染综合治理的大幕；2016 年发布的《湖南省"十三五"环境保护规划》，对"十三五"期间湘江流域土壤污染防治提出了新的目标与任务。地市层面，2012 年长沙市政府出台了《关于加强土壤污染防治工作的意见》，对全市的土壤污染防治工作进行了系统全面的谋划；株洲市编制了《株洲市"十二五"土壤环境保护》和《株洲市"十二五"土地和矿产资源综合利用规划》；郴州市政府编制了《郴州市环境保护规划（2010 - 2030 年）》，对土壤修复、土壤污染防治工作均进行了中长期的规划；其他地市政府在各自的国民经济和社会发展五年规划以及相应的环境类规划中，也对本市的土壤生态修复、土壤污染防治进行了科学的规划。

3. 制定了大气污染综合防治的实施细则与行动方案

专门针对大气污染综合防治，省、市层面相继制定了一系列的规划与方案。2012 年，省政府印发《关于推进长株潭大气污染联防联控工作的意见》；2013 年 12 月 23 日，省政府印发了《贯彻落实〈大气污染防治行动计划〉实施细则》，对全省的大气污染综合防治工作提出了明确的方向与思路；长沙、株洲、湘潭、郴州、娄底、衡阳、岳阳等市政府先后出台《〈大气污染防治行动计划〉实施方案》；2015 年 10 月，省政府办公厅印发《长株潭大气污染防治特护期工作方案》；2015 年，湘潭、岳阳、长沙、娄底市政府出台《大气污染防治特护期工作方案（2015 - 2016）》①。

（二）坚持高位推动，形成流域综合治理的"任务表"

有了规划与行动方案，能够有效执行才是关键。为此，省政府高位推动，通过上下联动明确治理任务，部门协作形成工作合力，形成了一个高效运作、目标清晰的工作机制。

1. 上下联动明确治理任务

在机构搭建与省市联动上，省政府成立了湖南省重金属污染与湘江流域水污染综合防治委员会，2012 年又建立了环保联席会议制度，以此来加强与推动湘江流域污染综合防治工作。其运作模式是省政府对整治工作进行全面部署，提出整治目标，湘江流域各市市长递交目标责任状，领任务。随后各市立即召开了本市的湘江流域综合治理专题会议，对省政府关于整治工作的重要精神进行了很好的传达与研究，县、区随后又召开了由乡镇、街道以及企业参加的整治工作大会，将省政府的湘江流域水污染综合治理会议精神，层层传达落实到工作基层②。

---

① 李平、刘建武、张友国、方向新等：《湘江流域绿色发展研究》，中国社会科学出版社，2017，第 63～65 页。
② 湖南两型社会建设研究中心：《湖南两型大典——生态文明建设》，湖南人民出版社，2014，第 599～601 页。

2. 部门协作形成工作合力

由于湘江流域涵盖八个市，同时污染综合治理工作也涉及多个省直部门，如何实现跨行政区协作与多部门协同，是流域综合治理的一大难题。为此，省政府通过借鉴欧洲莱茵河流域水污染治理的经验模式，成立了由省长任主任、常务副省长任常务副主任、分管副省长任执行主任、省直相关部门和流域八个市的市长为成员的湘江流域综合治理委员会，统一协调解决湘江流域水污染综合治理过程中的重大决策问题。流域八个市成立由分管副市长任负责人、各县（市、区）长和市直相关部门主要负责人为委员的市级湘江流域污染整治委员会，市污染整治委员会的办公室设在市环保局，负责全市污染整治的部门协调与日常工作。通过这种机构设计与创新，将湘江流域综合治理的总目标任务和工作责任落实到各部门，落实到具体工作人员，落实到具体整治项目。

（三）坚持重点突破，打好流域综合治理的"攻坚战"

为了在短期内最大限度压减新增污染与生态破坏，围绕水、土、气三大重点领域，省市联合在湘江流域开展了一系列的"休克式"治理攻坚行动。

1. 围绕水更清，打好水体污染治理战

湘江流域八市经济发展水平各异，在水污染综合治理问题上，各自面临的难点以及需要突破的重点问题各不相同。为此，各市立足本地实际，通过对问题的梳理分析，各自确定了本市水污染综合治理的思路以及需要解决的重点和关键问题。衡阳市冶炼、化工、造纸等重化工业占比高，是造成湘江衡阳段水污染的最大源头。为此，衡阳市将这些行业的水污染排放治理作为重点，化工企业集聚区如长宁区松柏地区、衡南县松江工业园、合江套地区被列为重点整治区域；长沙市、湘潭市将湘江两岸的规模化禽畜养殖污染治理作为重点，在限期搬离岸线一定距离范围的基础上，还大力推广"发酵床养猪法"等实用技术，实现禽畜养殖污染排放的减量化；郴州市则对有色金属采矿业实施了强力管制，勒令关闭了一批非法和小规模采选企业，并对采矿企业的水污染问题进行了集中整治；株洲市是典型的重化工业城市，拥有大批高排放、高污染的化工企业，几十年的排放累积，导致清水塘地区成为全国闻名的污染重灾区，在综合治理行动中，株洲市政府选择将清水塘及城市四港污染治理作为重点；长沙市环保局成立造纸企业污染专项整治行动驻浏阳特别服务处，专门整治浏阳市花炮造纸行业的水污染问题[①]。

2. 围绕土更净，打好土壤污染治理战

湘江流域土壤污染特别是重金属污染程度深、范围广，治理的难度非常大。为此，省政府采取 "重点突破、全线推进" 的综合治理思路，努力打好土壤污染治理战。在省政府的统一部署下，挑选出一批污染程度深、防治任务重、社会影响大的重点区域和重点项目，进行优先支持、重点督办。如 2012 年，将郴州三十六湾及周边地区、岳阳原桃林铅锌矿及周边区域、湘潭竹埠港及周边区域等重点防治项目纳入 2012 年全国 20 个重点支持的土壤重金属污染重点示范区范围，集中中央、省市财政资金实施集中治理。围绕解决重点区域、重点项目污染治理的资金瓶颈，采取 "政府引导、财政支持、企业负责、市场运作" 的模式，仅 2010 ~ 2012 年三年就获得省级以上重金属污染治理 43.46 亿元资金支持。除财政支持外，还积极推进投融资模式创新，实现投融资渠道的多元化。株洲、湘潭、衡阳等市发行了重金属污染治理专项债券，为土壤的污染治理与修复筹集资金。在政府的引导下，一些国内知名的环保企业如永清环保、北京高能、广西博世科、凯天环保等通过合同能源管理、BOT、BT 等形式参与到湘江流域土壤污染综合防治项目中。

3. 围绕天更蓝，打赢蓝天保卫战

围绕湘江流域大气污染的重点领域，进行精准出拳，全面推动大气污染治理攻坚，努力打赢蓝天保卫战。一是加强对工业污染的综合防治。由省发改委牵头，通过重点项目审批与行业准入，逐步实现对流域内工业产

---

① 湖南两型社会建设研究中心：《湖南两型大典——生态文明建设》，湖南人民出版社，2014，第 599 ~ 601 页。

业结构和布局进行调整与优化，实现污染气体排放的减量化。由省环保厅牵头，通过推动流域内燃煤电厂的超低排放升级改造与脱硫脱硝除尘设施配置，实现烟尘的达标排放。由省环保厅牵头，加强对流域内钢铁、水泥、有色金属等行业的大气污染进行整治，实现清洁生产。由省商务厅牵头，完成了流域内油气等挥发性有机物的综合治理。二是强化机动车排气污染控制与扬尘污染控制。具体由省住房城乡建设厅、省经信委、省公安厅等部门牵头，推动流域各城市的交通工具智能化、绿色化替换或改造，严厉打击生产、销售与使用排放不达标的车辆，大力推广使用电动公交、小汽车，加快淘汰黄标车及老旧车。由省住房城乡建设厅、省环保厅等部门牵头，推进绿色建筑施工，强化渣土车的规划管理，对施工现场、土方堆存等实施密闭式防尘网遮盖等降尘措施。通过强化城区路面养护、保洁，逐步推广机械化低尘作业方式和环卫专业冲洗机制，减少道路二次扬尘，重污染天气适当增加道路冲洗保洁频次。对贮存煤炭、石灰等易产生扬尘的粉料堆场实行封闭储存或采取防风抑尘措施。三是加强对城乡面源污染的综合治理。具体由省环保厅、省公安厅、省住房城乡建设厅、省农委、省林业厅等部门牵头，加强对烟花爆竹燃放的管理；加强对餐饮行业油烟排放的管理和执法，坚决制止违反规定的营业性露天烧烤行为；对城乡垃圾实行及时清运，防止垃圾露天焚烧与恶臭气体排放；加强对农业固废处理的执法监管，严禁秸秆的露天焚烧；大力倡导植树造林，推动长株潭绿心保护以及城市公共绿地建设，提高大气自净能力。

（四）坚持制度创新，突破流域综合治理的"瓶颈口"

流域综合治理最大的瓶颈在于体制与机制。湘江流域综合治理在流域生态补偿机制、产业准入提升退出机制、区域性大气污染联防联控机制、治理责任机制、市场参与机制方面，进行了很多富有成效的探索与创新，取得了较好的实效与社会反响。

1. 建立流域生态补偿机制

省财政厅、环保厅、水利厅联合制定出台《湘江流域生态补偿（水质水量奖罚）暂行办法》和《重点生态功能区县域生态环境质量考核实施方案》，推动湘江流域相关县市区分别纳入国家和省级重点生态功能区统筹，落实差别化考核政策，取消部分县市区人均 GDP 等指标考核。长沙市在辖区内的浏阳河、勒江河等区域开展针对跨县河流的交接断面生态补偿试点，加快了湘江流域跨行政区生态补偿机制创新的步伐。

2. 落实产业准入、升级与退出机制

为切断主要污染源，政府通过促引结合，推动株洲清水塘、湘潭竹埠港等湘江两岸老工业基地重化工污染企业搬迁改造退出。出台长株潭三市湘江沿线项目准入制度，湘江干流两岸各 20 公里范围内不得新建高污染项目。关停小化工、小冶炼、小造纸、小电镀、小皮革等高污染、高能耗企业，鼓励成长性较好的企业技术升级改造，政府提供信贷支持异地重建，优先安排进入专业环保工业园。对严重污染、不按期淘汰退出的企业，有关部门不予颁发生产许可证、不予发放排污许可证、不予办理出口退税，金融机构不予信贷支持。

3. 构建区域性大气污染联防联控机制

2012 年湖南省政府印发《推进长株潭大气污染联防联控工作的意见》，提出建立和完善长株潭大气污染联防联控机制，在省政府的统一领导下，成立以省环保厅牵头，相关部门和长株潭三市政府组成的大气污染联防联控工作领导小组，按照各自职责落实工作任务。长株潭三市政府制定大气污染联防联控工作方案，强化考核监督。省政府按年度对大气污染联防联控工作情况进行考核，考核结果向社会公布。联防联控机制的建立，强化了区域性大气污染源头的管控，通过统一时间、统一行动、统一措施，推动形成区域大气污染联防联控的强大合力。

4. 全面推行流域治理责任制

根据不同的污染成因和治理重点，构建属地政府负责、省直一个对口部门牵头、多部门配合督导支持的多方协同机制，推动株洲清水塘、衡阳水口山、湘潭竹埠港、郴州三十六湾、娄底锡矿山五大重点区域整治。出

台实施《关于全面推行河长制的实施意见》和《实施河长制行动方案》，全面推行河长制，由省长担任"总河长"，建立省、市、县、乡、村五级河长体系。

5. 创新引入市场化治理机制

推进了阶梯水价、排污权有偿使用和交易、绿色金融、环境责任保险、政府绿色采购、企业环境信用评价等方面的改革，以市场的手段倒逼产业绿色转型。

6. 完善环境监管与执法机制

以实施新环保法为契机，按照"分级负责、属地为主"的原则，将流域内所有排污单位纳入网格化环境监管范围，实行"有计划、全覆盖、规范化"的执法检查。加大对环境违法案件的查处打击力度，省级和流域内大部分市县建立了环保、公安、法院、检察机关打击环境污染违法犯罪的联动机制，设立了公安驻省环保工作联络室，形成了严厉打击环境违法行为的高压态势。

（五）坚持立法先行，点亮流域综合治理的"红绿灯"

法律法规是流域综合治理的根本保障。湘江流域综合治理一直把立法摆在重要位置，始终坚持科学治理与依法治理两条腿走路。

1. 推动流域水污染综合治理立法

由于流域综合治理涉及多部门、多领域的行政执法问题，为了做到有法可依，早在1998年，湖南省人大就通过并发布了《湖南省湘江流域水污染防治条例》。该条例包括五章四十三条，提出了湘江流域水污染防治的原则、重点以及相应法律责任认定条款。2002年，湖南省人大又重新修订了《湖南省湘江流域水污染防治条例》。但是，该条例受当时经济发展水平和环境保护形势的制约，对于如何从立法上解决一江同防、同治、同管、同监测等问题，如何完善监督管理体制、强化政府环境责任、实行更加严格的产业政策、加大现有污染源的治理力度等内容都没有做出明确的规定。随着 2008 年 6 月 1 日《中华人民共和国水污染防治法》的颁布实施，整个水污染防治的法律体系发生了重大变化。因此，为了适应国家水污染防治法律体系的变化以及湘江流域保护与污染治理的形势，2009 年，湖南省人大再次修订《湖南省湘江流域水污染防治条例》，2012 年 9 月 27 日，湖南省人大再次颁布《湖南省湘江保护条例》。在此基础上，2016 年，长沙市为了推动湘江流域水污染防治，颁布了《长沙市湘江流域水污染防治条例》。至此，湘江流域水污染防治工作已经建立起较为完备的法律法规体系。

2. 推进大气污染综合防治立法

大气污染综合防治要实现有法可依，必须出台有关大气污染防治的法规条例。早在 2014 年的湖南省十二届人大三次会议上，就有 13 名人大代表提交了制定全省大气污染防治条例的建议，省人大对此高度重视，历经三年的调研、意见征询与修改，《湖南省大气污染防治条例》终于在 2017 年 3 月 31 日通过了省人大会议的表决，并于当年的 6 月 1 日起正式实施，这标志着全省大气污染综合防治工作正式迈入法治化轨道。同时，该条例也明确了大气污染治理的相关机制，明确了大气污染防治的政府约谈机制，对未完成国家和省下达的大气环境质量改善目标或者超过重点大气污染物排放总量控制指标的市县人民政府进行约谈，对约谈的主要内容、具体程序、整改措施进行了明确的规定。

（六）坚持社会参与，形成流域综合治理的"大合唱"

在推进湘江流域综合治理过程中，省市注重激发每个社会主体参与流域综合治理的主动性与积极性，形成了全民参与、共建共享的良好格局。

1. 引导公众参与

流域八市相继开展两型机关、两型学校、两型企业、两型小城镇、两型村庄、两型社区、两型农民合作社、两型门店、两型景区、两型家庭等专项示范创建，涵盖全社会生产、生活、消费的各个环节。引导两型公益组织活动，与环保社会组织合作，开展"保护湘江母亲河行动""绿色卫士""绿色湘军崛起""保护江豚"等主题活动。

2. 推广低碳技术

围绕湘江流域重金属污染治理、养殖污染治理、锅窑炉节能、餐厨废弃物资源化利用等重大技术问题，以重大工程为依托，整合分散在各个部门的力量，集中推广十大清洁低碳技术。通过推广清洁低碳技术和产品，企业、园区、城镇、农村、学校等的绿色化水平明显提升，有效解决了一批流域资源环境源头污染问题。

3. 加强社会监督

每年向社会公开招募 200 名湘江"绿色卫士"，实施"民间河长制"，对湘江沿岸排污企业和污染排放行为进行检举监督。同时注重发挥新闻媒体的舆论监督和宣传引导作用，曝光违法行为，加强正面引导，营造了保护湘江人人有责的浓厚氛围。

三 湘江流域综合治理的主要成效

"湘江治理工作前所未有，治理成效前所未有，老百姓关注度前所未有"①，一位省领导曾如实评价湘江流域综合治理取得的成效。

（一）走出了一条环境改善与经济发展的双赢之路

湘江流域综合治理走出了一条环境改善与经济发展的双赢之路，为湖南的高质量发展构筑了新优势。

1. 流域生态环境得到较大改善

一是水更清了。2008 年，湘江流域水质总体为良，40 个省监测断面中Ⅰ～Ⅲ类水质断面仅占 87.5%，劣Ⅴ类水质断面占比为 7.5%。到 2017

---

① 唐婷等：《为了一江碧水重现——湘江保护与治理省"一号重点工程"5 年回眸》，《新湘评论》2018 年第 7 期。

年，湘江流域水质总体为优，Ⅰ～Ⅲ类水质断面占到 97.2%[①]，湘江干流
18 个省控断面水质连续达到或优于Ⅲ类标准，整个湘江流域全部消灭Ⅴ类
水质河段。此外，湘江干流所有断面重金属浓度全面达标并持续好转，重
金属污染排放削减量比 2008 年下降 50%，汞、铅、砷、镉与六价铬下降
幅度分别为 39.3%、52.2%、45.1%、61.3% 和 46.8%。二是天更蓝了。
2015 年，湘江流域八市城市环境空气质量平均优良率为 76.83%。其中，
长株潭城市环境空气质量平均优良率为 73.83%，娄底、郴州、永州、衡
阳、岳阳市的城市环境空气质量平均优良率为 78.62%。到 2017 年，湘江
流域八市城市环境空气质量平均优良率提高至 80.30%。其中，长株潭城
市环境空气质量平均优良天数比例提高至 76.23%，娄底、郴州、永州、
衡阳、岳阳市的城市环境空气质量平均优良率提高至 82.74%。三是土更
净、山更绿了。截至 2017 年，湘江流域关闭淘汰涉重企业 1182 家，重点
推进解决了株洲清水塘、湘潭竹埠港、衡阳水口山、娄底锡矿山、郴州三
十六湾等地一批历史遗留的土壤污染治理与修复问题，成效十分明显。其
中，湘潭竹埠港地区共计完成污染修复土壤 20 多万立方米；株洲清水塘老
工业区治理重金属污染土壤达 12 万多立方米，治理的污染水塘底泥达
2.53 万立方米；娄底锡矿山地区已部分实现复绿，青山绿水开始重现锡矿
山地区；郴州三十六湾强力推进矿山土壤污染治理与生态修复，先后关闭
无证土窑 100 多家，拆除旧选矿厂 10 个，治理废石堆 11 座，对有证矿区
进行开发经营权整合，全面修复甘溪河河床等，三十六湾矿区已面貌
一新。

2. 流域经济实现了高质量发展

一是经济分量变"重"了。2008 年，湘江流域八市的 GDP 为 8526.3
亿元，占全省 GDP 的 76.4%；到 2017 年，流域八市的 GDP 达到 26029.3
亿元，占全省 GDP 的 76.8%。经过十年的流域综合治理，流域八市虽然
关停并转了一批高污染企业，限制了一批高耗能、高污染企业的准入，但

---

① 李平、刘建武、张友国、方向新等：《湘江流域绿色发展研究》，中国社会科学出版社，
2017，第 63～65 页。

是经济依然实现了快速增长，经济总量增长 2 倍（不考虑物价因素），在全省区域经济总量的占比变得更重了，占比较 2008 年提高了 0.4 个百分点。二是产业结构变"轻"了。湘江流域是湖南重化工业的集中区域，工业特别是重化工业在产业结构中的占比一直比较重，而这是造成流域污染的重要源头。为此，湘江流域的污染治理也在产业结构调整上下功夫，2008 年，流域第二产业增加值占比为 60.33%，到 2017 年，该占比下降至44.75%，十年下降了 15.58 个百分点，流域产业结构变得更"轻"了。三是发展模式变"绿"了。2013～2017 年，流域八市的高新技术产业增加值占 GDP 比重提高 8.3 个百分点，环保产业年收入增长 121.8%，规模以上工业企业有效发明专利数增长 144.9%，万元 GDP 能耗累计下降率达20.85%，规模以上工业企业用水效率下降 2.42 立方米/万元；化肥施用强度下降 0.02 吨/公顷，公共交通支持率提高 1.83 个百分点，发展方式更加绿色化、低碳化。

（二）走出了一条流域综合治理机制创新之路

针对湘江流域污染的长期性、艰巨性，湘江流域综合治理聚焦突出问题，以湘江治理为载体，以流域综合治理机制创新为突破口，走出了一条大江大河治理新路。

1. 推出了一批重大制度创新成果

一是制定出台了《湘江流域生态补偿（水质水量奖罚）暂行办法》和《重点生态功能区县域生态环境质量考核实施方案》，对探索建立流域生态补偿机制进行了有益探索。二是制定出台实施《关于全面推行河长制的实施意见》和《实施河长制行动方案》，全面推行河长制，由省长担任"总河长"，建立省、市、县、乡、村五级河长体系。推动湘江流域的 41 个县市区纳入国家级重点生态功能区和 19 个县市区纳入省级重点生态功能区统筹，落实差别化考核政策，取消部分县市区人均 GDP 等指标考核，对生态文明建设的考核与问责机制进行了有益探索。三是阶梯水价、排污权有偿使用和交易、绿色金融、环境责任保险、政府绿色采购、企业环境信用评价等方面的改革取得实质性进展，引起了较大的社会反响，取得了较好的生态效益。这些改革取得了很好的社会反响,"湘江流域综合治理机制改革"入选国家发改委向全国推广的八大改革试点经验,为全国生态文明体制改革以及大江大河治理探索了道路,积累了经验。

2. 涌现了一批污染综合治理新模式

一是构建了重点污染地区属地政府负责、省直一个对口部门牵头、多部门配合督导支持的多方协同机制,形成了"部门联动"的流域综合治理新模式。二是攸县、长沙县农村环境治理探索出"分户减量、分散处理"和"以县为主、市级补贴、镇村分担、农民自治"模式,被誉为"农村生活方式的一次深刻变革",经验在全国推广。其中,攸县经验获得了时任国务院总理温家宝的肯定,在全国产生了较大的反响。三是湘潭竹埠港采取"土壤修复+土地流转"模式,地方政府通过引进市场第三方主体,建立合理的收益分配机制,调动了企业在资金投入、技术研发等方面的积极性,有效解决了老化工片区污染治理主体缺失、政府治理资金短缺等现实难题,实现了土壤污染治理修复与城市开发建设的有机结合。四是永州市与湖南省环保志愿服务联合会合作开展"民间河长制"探索,把河湖保护工作从政府唱独角戏,转变为社会各界共搭台、共参与、共治理。五是湘江流域在全国率先建立排污权指标市县两级分别储备、共同使用机制,形成了排污权"点对点"交易新模式。

四 湘江流域综合治理的经验与启示

湘江流域综合治理取得了良好的成效,引起了较大的社会反响。同时,也给全国其他大江大河治理以及当前正在如火如荼开展的生态文明改革与建设提供了有益的经验与启示。

(一) 必须坚持顶层设计与强化执行相结合

流域综合治理是一项牵涉面极广、需要系统推进的庞大工程。湘江流域综合治理之所以取得目前的成效,坚持顶层设计与强化执行相结合是其成功的重要原因之一。一方面,省委、省政府始终坚持规划引领,围绕水污染治理、土壤污染治理、大气污染治理三大领域,制定了一系列的规划与行动方案，形成了一套完整的流域综合治理规划体系，为湘江流域综合治理描绘了清晰的"路线图"。另一方面，始终坚持高位推动、强化执行，省政府成立了高规格的湖南省重金属污染和湘江流域水污染综合防治委员会，建立了环保联席会议制度，形成了"上下联动、部门协同"的流域综合治理工作机制，确保了湘江流域综合治理的各项要求与任务能够在省直各部门以及流域各级政府中得到很好的贯彻与落实。特别是通过立法，从法律层面维护流域综合治理相关规划、行动方案具有严肃性、权威性和连续性，没有因为地方政府班子换届和领导人变更而影响流域综合治理的持续推进。

（二）必须坚持短期攻坚与久久为功相结合

流域综合治理在具体的推进策略上，必须坚持短期攻坚与久久为功相结合。一方面，流域污染持续时间久、程度深，导致污染治理与生态恢复的过程异常艰辛与漫长，这就需要长期坚持，久久为功。为此，湘江流域综合治理采取滚动实施"三年行动计划"，一个"三年"接着一个"三年"干，一个项目接着一个项目抓，一届政府一届政府接着干，避免了走"运动式治理"的老路，确保了治理工作的延续性与持久性。另一方面，围绕堵源头，标本兼治，湘江流域开展了一系列的"休克式"治理攻坚行动，在短期内最大限度压减新增污染与生态破坏。在第一个"三年行动计划"期间，湘潭竹埠港28家污染化工企业限期全部关停，湘江沿岸500米内畜禽养殖限期全部退出，湘江长株潭河段全面禁采，清水塘261家冶炼化工建材企业限期停产搬迁，三十六湾300多家采矿点全部关闭，这些短期攻坚行动取得的"看得见、摸得着"的治理成效，既坚定了各级各部门持续推进湘江流域治理的信心，同时也让社会特别是老百姓短期就能切实感受到流域综合治理带来的"福利"，有利于调动社会特别是普通民众参与治理与保护湘江的积极性，形成"社会共治"的良性格局。

（三）必须坚持政府主导与社会参与相结合

始终坚持政府主导与社会参与相结合，这是湘江流域综合治理取得当前成效的另一个重要经验。党的十九大报告提出，要让老百姓呼吸上新鲜的空气、喝上干净的水、吃上放心的食物、生活在宜居的环境中、切实感受到经济发展带来的实实在在的好处。很明显，良好的生态环境也是政府须向老百姓提供的公共产品。从这个意义上讲，在当前流域污染社会主体责任划分十分困难的前提下，流域综合治理只能由政府来主导，这样才有利于发挥中国"集中力量办大事"的制度优势，调动各种资源投入流域综合治理的浩大工程中。但同时，完全由政府唱"独角戏"也面临两个方面的挑战：一是治理资金需求庞大，单靠地方政府的财政支出将面临较大的压力。为此，湘江流域综合治理在全国率先发行重金属污染治理专项债券，同时通过设立投融资平台，采取 PPP、BOT、BT、合同能源管理等模式多渠道筹集污染治理资金，有效缓解了地方财政的支出压力。二是如果企业、公众的环保意识与思想认识没有提升，就必然会出现"边治理、边污染"的局面。为此，湘江流域综合治理一方面给企业戴"紧箍咒"，以法律法规和行政手段对企业实施强制减排与关停并转；另一方面向广大城乡居民发"动员令"，以两型示范创建为抓手，教育、引导广大城乡居民自觉加入湘江流域综合治理的行动中，形成了政府、企业、公众共同参与的流域综合治理"大合唱"。

第六章 湖区湿地保护的"岳阳模式"

洞庭湖是我国吞吐水量最大的淡水湖泊，是长江中游最重要的集水湖盆与调洪湖泊之一，也是宝贵的国际湿地资源与"长江之肾"，对长江中下游生态安全、物种保全、航运以及经济社会的可持续发展具有不可或缺、举足轻重的作用。岳阳市邻湖而建，拥有洞庭湖近 3/5 的水域面积，是洞庭湖生态经济区中地理位置最突出、湖泊功能最显著、经济体量最大的城市。作为洞庭湖生态经济区建设的主战场，近年来，岳阳市严格按照习近平总书记"共抓大保护、不搞大开发"的要求，以"守护一江碧水"为目标，坚持绿色发展，生态优先，着力推进洞庭湖湿地保护，形成了颇具特色的湖区湿地保护模式，其诸多经验做法为我国乃至世界同类地区湿地保护提供了示范样板与经验借鉴。

一 洞庭湖湿地保护的重要意义

岳阳市位于洞庭湖之滨，其辖区内的东洞庭湖国家级自然保护区是我国首批加入《国际湿地公约》的六块国际重要湿地之一，保护区内湿地生物资源丰富，是世界自然基金会确定的全球 200 个生物多样性热点地区之一，是东北亚大陆迁徙候鸟重要的越冬地和栖息地，也是湖南省"一湖三山四水"生态屏障的核心，对维护长江流域的生态安全具有举足轻重的作用。加强洞庭湖湿地保护对于我国长江经济带保护性开发、改善湖南水资源状况和实现湖区生物多样性发展都有着重要的现实意义。

（一）加强洞庭湖湿地保护是长江经济带保护性开发的战略需求

改革开放以来，长江流域的综合实力快速提升，流域覆盖的 11 个省市人口和经济总量占比均已超过全国40%，成为我国经济增长的新动力。然而过度地开发和资源的无限制利用导致长江流域污染严重、生态遭到严重破坏。党的十八大以来，以习近平同志为核心的党中央提出"当前和今后相当长一个时期，要把修复长江生态环境摆在压倒性位置，共抓大保护，不搞大开发"。我国已经把生态环境保护摆上优先地位，并上升到国家战略层面。2018年4月25日，习近平总书记来到湖南岳阳，考察位于长江沿岸的岳阳市君山华龙码头，了解东洞庭湖国家级自然保护区生态保护状况，勉励大家继续做好长江保护和修复工作，守护好一江碧水。可见，洞庭湖湿地保护受到党和国家的高度重视，加强洞庭湖湿地保护十分符合我国长江经济带保护性开发的战略需求。

（二）加强洞庭湖湿地保护是提高湖南水资源质量的必然要求

长江多年平均水资源量约占全国水资源总量的35%，满足了沿江4亿人生活和生产用水需求。湖南省的水资源则主要属于长江流域洞庭湖水系，洞庭湖总蓄水量167亿立方米，南汇湘、资、沅、澧四水，北纳松滋河、虎渡河、藕池河、华容河（1958年建闸控制）四口分泄的长江洪水，东接汨罗江和新墙河水，由城陵矶注入长江，洞庭湖四水延伸到湖南每一个地区，发挥着巨大的水资源调蓄作用。近年来，洞庭湖水资源质量变差，湖体Ⅱ~Ⅲ类水质断面基本消失，长期维持在中营养水平。加上水量锐减，淤塞严重，垸内原本四通八达的水系被切断，湖区内水体流动性差，部分河湖、沟渠、塘堰大部分时间一潭死水，暴发蓝藻水华生态灾害的概率增加，水生物多样性下降，黑臭水体现象严重。因湖区特有的季节性水文节律发生变化和水位下降，过去10年间，洞庭湖区湿地面积减少了24万亩，湿地功能呈现退化、萎缩趋势。因此，加强洞庭湖湿地保护不仅能直接改善湖区的水资源状况，还能通过湖区发达的水系，间接提高全省水资源质量，实现人们对青山绿水的美好愿望。

（三）加强洞庭湖湿地保护是湖区生物多样性发展的迫切需求

过去的一段时间里，由于频繁的人类活动，洞庭湖湿地面积不断萎缩，植物生存环境遭到严重破坏，动物栖息地逐步丧失，动植物种类呈线性逐年降低，洞庭湖仅鱼类就有 30 多种消失。以江豚为例，世界自然基金会（WWF）提供的资料显示，1993 年，长江至少还有 2700 头江豚，到 2008 年，这一种群的数量下降了近一半。如今，长江中江豚总数 1400～1800 头，其中 150～200 头分布在洞庭湖区。[①] 如何加强洞庭湖区生物多样性的保护，为野生动植物创造一个和谐的生态环境已经成为摆在各级政府、有关部门和科学界面前的重要问题。为此，2017 年底，湖南制定并启动实施《洞庭湖生态环境专项整治三年行动计划（2018－2020 年）》，全面推进洞庭湖生态环境十大重点领域和九大重点区域整治。其中在洞庭湖湿地保护上，湖南省制定的目标是到 2020 年完成湿地修复 65 万亩，湿地保护率稳定在 72% 以上，生物多样性进一步提升。可见，加强洞庭湖湿地保护、改善湖区多样性生态系统、实现湖区生物多样性发展迫在眉睫。

二 岳阳湖区湿地保护的主要做法

随着经济社会的快速发展，洞庭湖区的生态环境不同程度受到影响，湿地保护和综合整治刻不容缓。近年来，岳阳市大力践行生态优先、绿色发展理念，采取了强力推进洞庭湖湿地保护的一系列举措，取得明显成效。其主要做法如下。

（一）依法依规深入开展湿地生态环境整治

岳阳市在湿地生态环境保护中坚持法律底线，做到有法可依，违法必究，执法必严，有效推进了湿地生态环境整治工作。

1. 出台湿地保护的一系列管理办法

依据《中华人民共和国自然保护区条例》、《中华人民共和国野生动物保护法》和《湖南省湿地保护条例》等法律法规规定，2001 年岳阳市第四届常委会 23 次会议通过了《关于加强东洞庭湖自然资源保护管理的决议》，明确将大小西湖及壕沟"划为封闭区，实行封闭式管理"。2005 年市政府常务会上通过了"关于东洞庭湖国家级自然保护区核心区管理权属

---

① 彭平波：《洞庭湖生物多样性告急》，《潇湘晨报》2009 年 5 月 22 日。

调整问题",确定大小西湖及壕沟管理权属归保护区。2006 年市政府以《通告》(岳政告〔2006〕5 号)形式,确定大小西湖及壕沟实施封闭管理。[1] 2016 年底市政府相继出台了《关于进一步加强东洞庭湖国家级自然保护区综合整治的通告》等多个规范性文件。2019 年岳阳市全面开展自然保护区"一区一法"工作,《岳阳东洞庭湖国家级自然保护区条例》于 3 月 1 日全面施行,为保护区规范管理、整治违法违规开发建设活动和打击生态环境破坏行为提供了坚实的法律保障。

2. 强化对湿地破坏行为的铁腕整治

一是整改从严。借中央环保督察契机,严格制定环保问题整改方案,聚焦问题认真查、坚决改、改到位。2017 年全面停止了保护区范围内采砂,已关停清理砂石堆场 44 处,完成了因采砂而受损湿地的生态修复,恢复侵占的岸线 8 公里、侵占的湿地洲滩 1050 亩;解除了君山后湖、采桑湖承包合同,拆除了后湖矮围,提前一年完成了君山后湖、采桑湖的生态修复任务。二是整治从实。坚决落实"绿盾 2017""绿盾 2018"专项行动问题整改,拆除了保护区内的华龙混凝土搅拌场等工矿企业,共关停拆除违法违规企业 128 个,关停水上餐饮 20 余家,清除养殖网箱 1300 个,拆除烧烤设施和养禽棚舍 280 个。扎实推进洞庭湖环境整治专项行动,关闭或搬迁畜禽养殖场 300 多家,拆除非法矮围 121 处 7.2 万米。[2] 三是打击从重。从重从快打击保护区违法行为。依法办结"1·18 何建强及其团伙成员非法投毒杀害珍贵濒危野生动物案",3 名主犯均被判处有期徒刑十年以上,并率全省之先,提起刑事附带民事诉讼,法院依法判决何建强及其团伙成员赔偿国家损失 4.46 万元。近五年,先后查处毒杀保护动物案 31 起,收缴狩猎枪支 28 支,移送司法机关 22 起,刑事处罚 16 人,治安处罚 15 人,行政处罚 11 人,通过重拳出击、铁腕整治,保护区非法狩猎问题得到根治。

---

① 李婷、姜赛男:《岳阳东洞庭湖湿地迎来今冬首批越冬候鸟》,《岳阳日报》2017 年 11 月 11 日。

② 刘和生:《应加大东洞庭湖湿地及周边湿地保护与恢复资金投入》,人民论坛网,2018 年 3 月 20 日。

3. 大力推进长江沿线的生态修复工作

近些年，岳阳市林业局组织专家和工程技术人员对长江大堤外滩裸露滩头、大堤内垸 50 米范围内及沿长江可视范围内的宜林地、矿区和裸露山体进行全面摸底调查，研究确定绿化树种。选定临湘市黄盖湖镇双洲村长江大堤内垸开展防护林带建设试点，营造示范林 2 公里，栽植栾树、泓森槐等本土树种 5000 株。按照"生态保护、生态修复、生态惠民"这一宗旨，强化环保督察涉林问题整改。严格落实中央环保督察整改任务清单，集中力量开展了"洞庭湖生态环境突出问题集中整治月"行动。目前东洞庭湖保护区内 44 处砂石堆场已关停清理到位并复绿；提前完成保护区核心区欧美黑杨清除、黄盖湖环境整治、君山后湖和采桑湖生态修复等整改任务。[1]

（二）创新管理模式实施精准规范化管理

岳阳市林业局作为湿地保护区的主管部门，结合洞庭湖湿地的实际情况，不断创新管理模式，实施精准规范化管理，成为洞庭湖湿地保护的最大亮点。

1. 在重点湿地保护区域实施封闭化管理

近些年，岳阳市林业局不断创新湿地生态管理模式，在全省率先对东洞庭湖候鸟种群数量多和生物多样性丰富的保护区核心区、大小西湖及壕沟实施封闭管理。通过科学调控水位、禁止人员进入、禁止捕捞活动、打击非法偷捕偷捞和垂钓等手段强化有效保护。同时，为全面落实"洞庭湖生态问题大排查大整改暨矮围网围专项整治工作会议"精神，市林业局组织工作人员深入洞庭湖区开展排查工作，对东洞庭湖内的红旗湖、七星湖、幸福外滩、君山后湖、壕坝等区域的矮围网围开展现场排查。对核心区实施封闭管理，开展非法矮围集中整治，强制拆除非法矮围 63 处，拆毁

---

[1] 王颖奇：《岳阳这一管理模式被国家林业局列入十大经典案例》，《岳阳日报》2018 年 9 月 12 日。

矮堤 7.5 万米；严厉制止侵占湿地洲滩挖砂行为；全面清除影响候鸟安全栖息及鱼类资源的"迷魂阵"8000 多档、60 万米。2018 年 9 月，临湘市林业局对照中央环保督察反馈黄盖湖省级自然保护区内网箱养殖和非法捕捞突出问题，再次对存数寥寥的湖面网箱、矮围等进行了清除。在重点区域内实施封闭管理后，栖息地质量明显改善，鱼类资源不断回升，鸟类的种类和数量也明显增多，该区域已成为洞庭湖越冬候鸟最为集中、栖息最稳定的区域。

2. 对东洞庭湖自然保护区规划进行科学调整

为了进一步加强洞庭湖流域，特别是东洞庭湖国家级自然保护区的有效管理，岳阳市近些年开展了东洞庭湖国家级自然保护区范围与功能区的规划调整。2011 年，岳阳启动保护区范围与功能区调整工作，将岳阳市区、君山区和岳阳县列入中长期城区规划建设的区域、物种资源较少保护价值不高的区域和人员活动频繁的区域从保护区调整出来，保护区由原总面积 190000 公顷调整为 157627 公顷。2018 年 2 月，国务院办公厅发文批准了东洞庭湖国家级自然保护区范围与功能区的再次调整（国办函〔2018〕19 号）。① 将保护区范围内不具备保护价值的岳阳市中心城区、君山区主城区和岳阳县县城北部至鹿角等人为活动密集区域调整出去，将江豚保护区域等重点区域调整为核心区，扩大核心区范围。由此，东洞庭湖自然保护区分为核心区、缓冲区、实验区。东洞庭湖保护区生态保护规划的科学调整，对进一步统筹、协调好生态建设与经济建设、生态保护与社会发展的关系起到了重要作用。

3. 建立洞庭湖湿地保护的综合管理机制

近些年，岳阳洞庭湖湿地保护管理模式实现了四次转变，即由单一的物种保护转向多物种的生态系统保护，由单纯的强调生态保护转向兼顾经济社会发展，由单个的区域管理转向综合的流域管理，由单一部门管理转向多部门、跨区域合作的综合管理。如岳阳市成立洞庭湖综合治理办公

---

① 《东洞庭湖自然保护区范围和功能区调整》，新浪网，2018 年 4 月 14 日。

室，逐步搭建多部门合作平台，在市级政府层面成立跨区域多部门的综合治理协调机构，由政府主要领导牵头，保护区与农业、林业、水利、渔牧业、发改委、环保等十多个部门为成员单位，对洞庭湖流域的生态环境进行综合管理，不断探索建立科学的管理机制，创新生态实践管理模式。同时，针对物种保护、生态恢复、生态旅游、生态农业、生态补偿、封闭管理和基础建设等工作需要，保护区加强与周边社区的合作，选择四个典型的社区实施"和谐社区"管理模式，以缓解资源保护与社区发展的矛盾。此外，岳阳市高度重视志愿者平台建设，在湖区发展护鸟协管员 50 余名，联合公安、武警、非政府环保组织等共建候鸟保护点，成功构建联防共管、群防群控体系。生态保护不再是部门单唱"独角戏"，而是社会共奏"大合唱"。近些年成功救护受伤受困鸟类 500 多只，受伤受困麋鹿 30 多只。①

（三）增强科技支撑和资金保障能力

强有力的科技支持，雄厚的资金保障，是岳阳市洞庭湖湿地保护工作稳步而持续推进的基本条件和保障。

1. 积极搭建生态保护的科研平台

湿地生态保护需要以专业的物种保护、生态治理、物种监测技术等为支撑，岳阳市在这方面积极作为。首先，加强物种保护的基础性研究，先后与东北林业大学、湖南师范大学、中国科学院亚热带农业研究所等多个研究机构合作建立洞庭湖生态研究基地，依据自身资源和科研能力，承担了麋鹿救护与繁育项目、水鸟同步调查等国家有关部委的科研项目，吸引更多专家协同开展研究，极大地弥补了洞庭湖生态系统基础研究的不足，也为洞庭湖湿地保护的持续发展提供了人才支撑。其次，加强野生动物的科研监测，与中科院、北京林业大学等科研院所开展生物多样性监测科研，以鸟类、麋鹿、江豚等为重点，广泛收集东洞庭湖生物多样性资源本底数据，全面掌握洞庭湖物种多样性变化趋势。监测范围包括东洞庭湖，

---

① 《在这次召开的全国性会议上，岳阳这个单位作典型发言》，岳阳网，2018 年 6 月 1 日。

延伸至横岭湖。同时，与世界自然基金会、中国科技大学、中南林业科技大学等合作开展了"物种100"项目研究，在雁类、小天鹅等鸟类和麋鹿等物种身体上安装卫星跟踪器，了解并记录下它们的迁徙路线、生命足迹和野外栖息地，以便实施更具针对性的科学规划与保护。此外，岳阳市还大力打造湖区生态产业发展的国际合作交流平台，积极主动与湿地国际、联合国粮农组织、世界自然基金会、全球环境基金和美国大自然保护协会等国际组织开展合作，学习先进的国际经验，促进湿地保护与生态产业的协调发展。

2. 积极主动多方筹集湿地保护资金

除积极争取国家、省、市的政府财政支持外，洞庭湖湿地保护还积极主动多方面筹集社会资金。如以筹备中国绿化基金会洞庭湖生态保护专项基金为契机，利用每年一次洞庭湖观鸟节的国内外影响力，创新节日经济运作方式，先后从40余家国内外企业获得赞助和支持，累计筹措资金200余万元。在观鸟赛（节）的市场化运作和湿地保护资金的筹集上探索出了一条新路子，为热爱洞庭湖湿地生态保护事业的企业参与和投资建设保护区提供了筹资平台。此外，岳阳市还积极争取到中国环科院的科研项目支持，该项目每年向保护区投入40多万元，用于江豚、麋鹿、鱼类、鸟类、植被和东方田鼠的生物多样性监测，极大地弥补了洞庭湖保护区在多项物种监测方面的缺失。洞庭湖自然保护区管理局也多方出动，积极主动地从联合国全球环境基金会、世界自然基金会、国家林业局等单位争取到各类项目资金5000余万元，重点开展四大项目建设。在这些项目资金的支持下，近年来，保护区湿地保护基础设施不断完善，有效恢复湿地面积1733公顷，新建2800平方米宣传教育中心、400平方米野生动物繁殖和救护中心，安装了远程监控电子系统和宣教等设备。[①]

三 岳阳湖区湿地保护的主要成效

2018年，洞庭湖大小西湖封闭管理模式被国家林业局列入十大经典案

---

① 李婷、姜赛男：《岳阳东洞庭湖湿地迎来今冬首批越冬候鸟》，《岳阳日报》2017年11月11日。

例之一，大小西湖封闭管理的成功经验被世界自然基金会列入长江流域湿地保护的经典十大案例之一，在我国的湿地保护行业广泛推广。2018 年 4 月 25 日，习近平总书记视察东洞庭湖自然保护区时，对洞庭湖的生态整治和保护管理工作给予了充分肯定。

（一）洞庭湖湿地的水环境获得明显改善

近些年，岳阳市通过突出抓面源污染、船舶污染、工业污染以及血吸虫病防控等十大领域，以及大通湖、华容河等九大片区的治理，洞庭湖湿地面积不断扩大。目前，岳阳市湿地面积达到 367 万亩，占全省湿地面积的 24%，湿地保护率 77.28%，高于全省平均水平。同时，洞庭湖湿地的水环境质量也获得提升，2017 年洞庭湖 7 个水质监测断面达标率由 76.5% 提升到 85.7%。[①] 2018 年，全市水环境质量整体状况稳定，其中Ⅱ类或优于Ⅱ类水质占 36.2%，Ⅲ类水质占 27.7%，Ⅳ类水质占 31.9%，劣Ⅴ类水质水体占 4.3%。长江干流岳阳段共布设 5 个监测断面，其中荆江口断面为Ⅲ类，其余 4 个断面均达Ⅱ类；湘江干流岳阳段共有 4 个监测断面，其中樟树港、乌龙嘴、屈原自来水厂水质为Ⅱ类，磊石断面水质为Ⅲ类。洞庭湖岳阳境内湖体及环湖河流入湖水质共布设 13 个断面，其中Ⅱ～Ⅲ类水质断面比例占 30.8%，Ⅳ类水质断面比例占 69.2%。[②]

（二）洞庭湖湿地生物种类和数量不断增加

经过近年来的生态保护及治理，东洞庭湖保护区内水草茂盛，鱼类资源增加，鸟类数量企稳回升，生态环境正在稳步好转，栖息地质量明显改善。在封闭管理的带动下，保护区通过实施一系列湿地及其生物多样性保护措施，麋鹿、鸟类等珍稀物种的数量提升十分明显。监测结果表明，重归故里的自然野化麋鹿成为稳定的东洞庭湖亚群，洞庭湖自然野生麋鹿种群已从十余年前的不足 10 头，增加到现在的近 180 头，鸟类也从 200 多种增加到 346 种，数量从 10 余万只增加到 23 万多只。如 2017 年栖息候鸟比

---

① 《东洞庭湖自然保护区范围和功能区调整》，新浪网，2018 年 4 月 14 日。
② 《市生态环境局发布 2018 年度环境质量公报》，《岳阳日报》2019 年 6 月 5 日。

上年度增加了 18.9%，新记录鸟类 3 种。[①] 同时，水质的不断改善，生态环境的改善也大大促进了珍稀鱼类、鸟类和植物的生长。根据科学考察，东洞庭湖自然保护区记录到鱼类 12 目 23 科 114 种，其中：国家一级保护的有中华鲟、白鲟 2 种；二级保护的有鳗鲡、胭脂鱼 2 种。长江江豚种群数量持续增加，基本在 120 头左右，还有国家一级保护的白鳍豚。鸟类 13 目 50 科 306 种，其中：国家一级保护的有白鹤、白头鹤、白鹳、黑鹳、大鸨、中华秋沙鸭、白尾海雕 7 种；二级保护的有小天鹅、鸳鸯、白枕鹤、灰鹤、小白额雁等 37 种；国际协约指定保护的有 59 种；两栖类、腹足类、软体类、瓣鳃类等动物 68 种。区内有植物 115 科 159 属 1186 种，其中：国家一级保护的有 3 种，二级保护的有 31 种。[②]

（三）洞庭湖湿地保护网络体系基本形成

在湖南省委、省政府的高度重视和支持下，岳阳市在洞庭湖湿地保护的政策法规、保护网络、综合治理、国际合作等方面全方位展开具体工作举措，取得许多成绩，基本形成涵盖不同层次及多种类型的湿地保护网络。目前，洞庭湖湿地已经形成了 3 层圈层保护体系，核心圈主要包括湖南东洞庭湖国家级自然保护区、湖南西洞庭湖国家级自然保护区、湖南南洞庭湖省级自然保护区和湖南横岭湖省级自然保护区等国际重要湿地、国家重要湿地、国家级自然保护区和省级自然保护区等保护实体。环洞庭湖圈主要包括以国家湿地公园为主的自然保护区等保护实体。洞庭湖流域圈目前已经形成了包括自然保护区、湿地公园、自然保护小区在内的保护体系。[③]

（四）洞庭湖湿地保护的理念不断增强

在岳阳市政府的大力宣传下，通过积极搭建野生动物保护的公众参与平台，越来越多的人认识到湿地保护的重要性，湿地保护工作日益深入人心，保护理念日益增强，保护氛围也日益浓厚。多年以前，洞庭湖湿地保

① 李婷、姜赛男：《岳阳东洞庭湖湿地迎来今冬首批越冬候鸟》，《岳阳日报》，2017 年 11 月 11 日。

② 《湖南省东洞庭湖国家级自然保护区》，岳阳市君山区政府门户网，2019 年 5 月 14 日。

③ 李爱军、彭本利：《湖南构建洞庭湖湿地生态屏障》，《中国环境报》，2017 年 2 月 16 日。

护工作没有真正启动时，湖区人们对湿地、候鸟的认识是片面模糊的，甚至错误地认为候鸟是野生资源，打鸟捕鸟无关紧要，逢年过节猎鸟吃鸟成为习惯。如今，打鸟吃鸟的现象基本消失。同时，越来越多的渔民自发加入湿地保护的志愿者队伍里，如以何大明为首的几个老渔民，他们发现江豚正在遭受航运、水污染、非法捕捞、挖沙、水利工程建设等人类活动的威胁，于是自发组织队伍，并倾尽全力保护洞庭湖水源和江豚湖区。总之，人们对湿地的功能和生态价值的认识水平在不断提升，他们不仅关注水禽栖息地保护，更关注湖区整体生态系统的保护和生态服务功能的发挥，更多地站在生态文明建设的高度去理解湿地保护的重要意义。

四 未来岳阳湖区湿地保护的方向和路径

近些年，洞庭湖湿地保护工作取得了显著成绩，湿地保护的岳阳模式也获得社会各界的高度肯定。面向未来，洞庭湖湿地保护需切实贯彻落实长江流域"共抓大保护，不搞大开发"的绿色发展理念，处理好现实存在的矛盾关系，不断完善湖区湿地保护的体制机制，真正实现湖区生态经济社会协调发展。

（一）处理好三大矛盾关系

尽管岳阳市在洞庭湖湿地保护中卓有成效，但随着实践的不断深入，诸多矛盾关系日益凸显，未来需要处理好这些矛盾关系。

1. 人鸟争食、人兽争利的矛盾

随着洞庭湖湿地保护区生态环境的逐步改善，东洞庭湖丰富的鸟类资源让岳阳名扬四海的同时，也给当地农民的农作物种植带来了不小的麻烦，候鸟与麋鹿等野生动物损害农作物的情况经常发生。而环洞庭湖区的县市区都没有纳入国家重点生态功能县，没有安排相对稳定的生态效益补偿资金投入，国家层面的湿地补偿机制没有建立起来，光靠地方政府每年多方筹资弥补农作物损失，远不能从根本上解决这些问题，致使人鸟争食、人兽争利的矛盾比较突出，种养业主权益与鸟类保护之间的冲突一直难以平衡。未来需加快建立湿地保护生态补偿机制，创新农作物保险方

式，真正实现湖区湿地人与动物和谐共处。

2. 财力不足与任务繁重之间的矛盾

近年来，随着国家高度重视长江流域生态环境治理，不断加强生态环保督察，洞庭湖湿地保护管理工作任务日益加重，日常巡护、生态修复、禁渔行动、生物保护、环保设施建设等都需要资金投入。但是目前国家没有建立稳定的资金投入机制，湿地保护的相关资金支出靠争取国家项目资金支持，财政基本没有安排相应的预算资金，湿地保护地管理机构普遍缺乏必要的工作经费，全国大多数自然保护区都是这样的。未来，需进一步加大对湖区湿地保护的国家级和省级财政投入，科学安排湿地保护的专项工作经费，提高湿地保护资金的使用效率，为湖区湿地保护提供有力的经费保障，缓解财力不足和任务繁重之间的矛盾。

3. 渔民生活生产与湿地保护之间的矛盾

2009 年湖南开始实施"洞庭湖渔民上岸"工程，实施禁渔政策后，洞庭湖的渔民只能在每年的 7～10 月捕鱼，收入并不可观，漫长的禁渔期里也仅有每户 1000 元的春禁低保。上岸后的渔民比较尴尬，不像普通农民一样可以靠经营自己拥有的"一亩三分地"为生，他们没有可供生产的土地，只有居住地。尤其在湿地保护的核心区，因为实施全面禁渔，渔民生活收入锐减，虽然有一定的国家补偿金，但毕竟不是稳定的收入来源，渔民仍偷偷捕捞或于洲滩放牧。此外，由于历史原因，洞庭湖湿地保护区在设立之初规划面积过大，保护区的实验区内仍有一些人口密集区，群众生活生产与生态保护的矛盾突出，难以协调。未来需深入湖区居民区，科学评估湿地保护各功能区的生态价值，合理调整湖区湿地保护的规划面积，为上岸渔民提供适当的生产区域，同时，适当提高禁渔区渔民的补偿金，协调好渔民生活生产与湿地保护之间的关系。

（二）完善洞庭湖湿地保护的法律法规体系

增强对湿地保护的法律法规支撑，是当前全球湿地保护的发展重点，未来，需进一步完善洞庭湖湿地保护的法律法规建设，使湿地保护工作真正实现有法可依。

1. 进一步修订《湖南省湿地保护条例》

2005 年，湖南省制定的《湖南省湿地保护条例》曾是洞庭湖湿地保护的主要法制化管理依据。但该条例由于制定时间较早，立法理念明显落后于当前环保形势要求，且法律制度设计很粗疏，管理部门条块分割。因此，应当通过统一保护与特殊保护相结合的立法路径，进一步修订《湖南省湿地保护条例》，并在该条例中专门设立一章，针对洞庭湖湿地保护的特色，进一步完善洞庭湖湿地保护立法。要创新湿地保护理念，坚持保护优先、一体化保护、社会多元共治的生态保护原则；细化湿地保护的具体制度，如湿地污染防治制度、湿地红线制度、生态补偿制度、监测与信息共享制度等。

2. 尽快出台"湖南省洞庭湖保护条例"

2018 年 9 月，湖南省人大常委会开展洞庭湖生态环境综合治理专题调研，听取和审议省人民政府关于洞庭湖生态治理的专题报告，并针对报告中反映的过往工作中的沉疴宿疾，一致决定出台湖南省洞庭湖保护条例，加大对洞庭湖湿地保护、资源利用、综合治理的法律支持力度。2019 年初在省委书记杜家毫，省委副书记、省长许达哲的高度重视和大力支持下，湖南省人大正积极推动出台"湖南省洞庭湖保护条例"，多次主持召开洞庭湖治理专题会议，加快推进洞庭湖保护立法。在当前省人大紧锣密鼓的立法调研基础上，建议该条例能尽快出台并颁布执行，为有效解决洞庭湖保护规划制定、开展联合执法和综合执法、建立生态补偿长效机制等提供法律支持。同时，充分考虑湿地不同类型保护区的保护管理实际，将相关保护管理内容纳入"湖南省洞庭湖保护条例"中。

3. 加强洞庭湖湿地生态保护的司法保障

洞庭湖湿地保护在不断完善相关法律法规体系的前提下，司法保障也需加强。首先，要加强对洞庭湖湿地保护相关法律法规的宣传，让更多的社会团体参与湿地保护的法制宣传，并纳入相关地方官员、公务员培训计划，使更多的人明白破坏洞庭湖湿地是违法行为，从而增强民众对洞庭湖湿地保护法的法律敬畏意识。其次，建议设立专门的环洞庭湖湿地环保法庭，专门审理相关的破坏湿地生态环境、非法捕猎野生动物等案件，并统一明确立案标准，严格量刑尺度。加大湿地保护的环保执法队伍建设力度，提高执法效率和质量。此外，要大力支持民间环保组织提起洞庭湖湿地保护的公益诉讼，并在行政诉讼费用上予以适当减免，鼓励民间力量参与监督洞庭湖湿地保护。

（三）完善洞庭湖湿地保护的相关体制机制

体制机制的科学畅通与否，将决定湿地保护的工作效率和实际效果，未来需进一步完善洞庭湖湿地保护的相关体制机制，为各项具体湿地保护举措真正落地生效提供保障。

1. 完善湿地保护区的行政管理体制

洞庭湖湿地是一个完整的湿地生态系统，在气候变化、空间地理、湿地资源、物种分布等方面都具有同一性。洞庭湖湿地保护应当遵循系统性和整体性原则，打破当前的行政区域壁垒和职能部门壁垒，实行相对集中的环保监管和开发许可权，构建与洞庭湖湿地保护和治理相适应的行政管理体制。首先，要建立统一的洞庭湖湿地保护区。在合理调规的基础上，建议将现有四个保护区合并为一个洞庭湖湿地保护区，保护区范围可适当延伸至周边湿地。其次，建立相对独立的洞庭湖湿地保护区管委会，直属于省政府管理，集中行使林业、农业、水利、环保等部门相关涉湖管理职能。管委会承担起对洞庭湖湿地保护和治理的责任，对各项资源的开发利用进行审批，对破坏洞庭湖湿地的各类违法行为进行处罚。此外，赋予洞庭湖湿地保护区管委会一定的管理执法权，将巡护监测和管理执法合并进行，明确湿地保护区内土地权属单位与管理单位的权责，实行统一管理。

2. 建立稳定的湿地保护财政资金投入机制

湿地作为与森林、海洋并称的全球三大生态系统之一，理应在财政资金投入上获得同等重要的支持。但目前，湿地保护在中央财政和省级财政上都没有建立稳定的财政投入机制，财政预算没有列支专项资金。为了加大对洞庭湖湿地保护的政策资金支持，建议建立财政预算内湿地保护专项资金，各级地方政府将湿地保护的财政投入纳入财政核算体系，将湿地自然保护区的建设与管理经费纳入本级财政预算，为洞庭湖湿地保护提供稳定而可持续的工作经费保障。同时，加快完善湿地保护的生态利益补偿机制。争取将环洞庭湖周边县市区纳入国家重点生态功能县，出台野生动物致害农作物补偿办法，落实省级生态效益补偿资金，市级予以相应配套。坚持"谁保护谁受益，谁破坏谁赔偿"的原则，对湿地保护者给予多种形式的补偿，对湿地破坏者则给予严厉惩罚，并支付高额的湿地占用和使用成本。此外，可逐步建立多元化融资渠道。如建立专项基金、接受社会公益捐赠、市场化运作等方式，有效筹集湿地保护经费。

3. 建立湿地保护的合理退出与调优机制

习近平总书记曾强调在湿地保护上要做到"应保尽保"，有些地方政府则在理解上有偏差，认为湿地保护面积不能缩小，只能扩大，甚至有些已经完全不具备湿地特征和保护价值的区域仍然在保护区内。为此，建议建立洞庭湖湿地保护的合理退出和调优机制，以推进湿地保护的精准监管和重点管理，提高管理经费的效率。首先，要成立专门的统计调查小组，对洞庭湖湿地保护区总面积进行精准核实，加快推进湿地保护区各功能区的优化整合重组，合理调整保护地边界范围和功能分区，将不具有保护价值的居民点、乡镇、工业企业等人类活动频繁区域调整出保护区范围。其次，聘请专业机构对各类湿地保护价值进行评估。洞庭湖流域圈目前包括自然保护区、湿地公园、自然保护小区，自然保护区内又分为核心区、缓冲、实验区。保护区需要对这些不同区域进行湿地价值评估，根据不同的价值等级，分类确定具体的生态补偿标准，采取封闭管理和季节性分区、分期管理等不同模式。

（四）依托湿地资源发展湿地生态产业

充分利用湿地资源发展湿地生态产业，是湖区湿地保护实现生态经济发展的有效途径，未来，需充分挖掘湿地资源的经济价值，实现其生态价值和经济价值的有机结合。

1. 适度发展生态渔业

虽然目前洞庭湖湿地保护区的核心区实行的是全面禁渔政策，在非核心区分季节分期管理模式下，非核心区仍然可以大力发展生态渔业，如河蟹生态养殖。未来，可以引进规模较大的生态渔业公司，构建起"公司＋合作社＋库区渔民"的利益联结机制，严格遵循湿地生态环境保护要求，根据不同湿地类型，建立良种繁育基地、流水养殖基地，大力推行大水面养殖、生态养殖，发展"零网箱·生态鱼"渔业。同时，可在积极开展湿地生态保护的基础上，结合观光旅游、休闲垂钓等，合理开发建设观光休闲渔业带，将湖区渔业资源开发与湿地生态保护有机统一起来，建立观光休闲生态渔业基地。适当鼓励湖区农户建设生态休闲农庄，打造以湿地产品为主的生态农产品品牌，形成集生态渔业生产、观光休闲、餐饮娱乐为一体的产业发展模式。

2. 大力发展湿地生态旅游业

发展湿地生态旅游业，不仅能充分利用好湿地生态资源的经济价值，还能通过生态旅游与环境教育相结合，发挥湿地的科普教育功能，推动湖区居民主动参与湿地生态保护，主动遏制在湿地中竭泽而渔、扩种杨树等行为。为此，可以依托湿地资源优势，合理开发湿地生态旅游产业。如：在保护区允许区域设立鸟语林、野生动物驯养繁殖基地，让游客能近距离观察、欣赏到完全不受人为约束的各种野生动物。在湿地保护区周边建设鱼类等水产养殖场，开展游客可以参与其中的各种体验活动，如钓鱼、抓泥鳅等。开展野生植物旅游资源综合开发，如柽柳林景观、湿地芦苇景观等。还可以利用湿地周边闲滩空地，建设主题鲜明的湿地植物园，让游客们欣赏到各种本地稀缺的奇花异草和景观树木。

3. 创新发展湿地芦苇产业

芦苇是湿地生态系统中重要的植物资源，属于湿地生态高大禾草，其芦叶、芦花、芦茎、芦根、芦笋均可入药，也被科学家誉为"第二森林"。

芦苇需要适当收割管理，如果完全不收割，冬季容易引发大火，雨季时大量生物质沉入水中腐烂，会污染水体。过高过厚的芦苇秸秆会挡住阳光，对来年嫩苗生长不利。洞庭湖湖区芦苇以前主要依托造纸企业，进行一年一收割。但随着环洞庭湖区域的污染防治不断推进，越来越多的造纸企业整体退出，芦苇找不到新的利用途径。我们需要对洞庭湖湿地的芦苇资源进行综合利用开发，将湖区芦苇产业发展与农业经济、脱贫攻坚、乡村振兴等紧密结合起来，统筹利用各方资源，创新发展芦苇产业。如制定湖区芦苇产业发展规划，优化芦苇产业化布局，重点探索研究芦苇规模化制燃料乙醇、芦苇生物质发电、新兴绿色环保建材、芦笋精深加工产业和原生态旅游等产业链的延伸。加大芦苇产品的技术研发投入，围绕洞庭湖水资源综合治理凝练重大科研项目，多渠道推广芦苇应用新技术。充分利用湿地植物资源优势，收集冬季干枯芦苇、香蒲等高秆纤维植物，开发造纸、苇编等循环经济产业，变废为宝，带动地方经济发展。

第七章　水资源可持续利用与绿色发展的"郴州模式"

郴州市素称湖南的南大门，地处南岭山脉与罗霄山脉交错、长江水系与珠江水系分流的地带，辖两区、一市、八县，总面积1.94万平方公里，总人口约506万人，是湘江、珠江、赣江的重要源头之一，国家重点生态功能区、长株潭城市群战略水源地。作为"一带一部"桥头堡城市、湖南"一核三极"中的南向增长极，郴州始终坚持生态优先绿色发展，树牢绿水青山就是金山银山的理念，加快产业结构调整，创新发展体制机制，以建设"水资源可持续利用与绿色发展"国家可持续发展议程创新示范区为契机，走出了一条水需求有力保障、水环境综合治理、水生态系统修复、水资源高效利用的路子，为长江经济带实现生态优先、绿色发展和世界水资源可持续利用提供了现实样板和典型经验。

一　郴州推动水资源可持续利用与绿色发展的背景及意义

党的十八大以来，习近平总书记多次指出，绿水青山就是金山银山，改善生态环境就是发展生产力。良好的生态本身蕴含着无穷的经济价值，能够源源不断地创造综合效益，实现经济社会可持续发展。郴州作为国家资源枯竭型城市、国家重点生态功能区、国家循环经济试点县市、国家罗霄山脉扶贫开发的主阵地、承接沿海地区产业转移示范区，在新形势、新阶段、新目标下，既有绿色可持续发展的需要与期盼，又有转型示范的使命和责任。

（一）郴州推动水资源可持续利用与绿色发展顺应新时代发展要求

郴州推动水资源可持续利用与绿色发展，是着眼于新时代、新阶段发展的新要求，是认清大势、抢抓国内外机遇的新抓手，是坚持"五位一体"总体布局和五大发展理念的新举措。

1. 积极履行《2030 年可持续发展议程》国际承诺的具体行动

可持续发展的理念及内涵在 20 世纪末期就已取得了全球性共识，并成为世界各国努力的方向。《2030 年可持续发展议程》呼吁世界各国为今后 15 年实现 17 项可持续发展目标而努力，其中水的可持续利用是《2030 年可持续发展议程》17 项目标之一。2016 年 12 月，联合国大会通过了 2018~2028 年"水的可持续利用"（Water for Sustainable Development）国际行动十年决议，明确提出要更加注重水资源可持续发展和统筹管理，在每个层面提高水资源利用效率，以帮助实现包括《2030 年可持续发展议程》与水有关的国际商定目标和具体目标，促进实现社会、经济和环境目标。

中国高度重视《2030 年可持续发展议程》，先后发布了《中国落实 2030 年可持续发展议程国别方案》《中国落实 2030 年可持续发展议程创新示范区建设方案》。国务院出台了《全国水资源综合规划（2010－2030 年）》《水污染防治行动计划》等规划和计划，中共中央办公厅、国务院办公厅印发了《关于全面实行河长制的意见》。同时，中国还积极推动同世界各国开展水资源可持续发展合作，如在加强同亚欧各国的水资源管理和科技合作方面，通过了《亚欧水资源管理科技合作长沙宣言》，以及建立亚欧水资源可持续利用长效合作机制的《长沙倡议》。郴州作为湘江、珠江、赣江的重要源头之一，既具备水资源的独特优势，同时也面临着水生态环境保护的巨大压力。因此多年来郴州始终围绕"用水、治水、护水"，着力推动水资源可持续利用和绿色发展。如早在 1996 年资兴市就已成为国家可持续发展实验区，2008 年成为全国 13 个国家可持续发展先进示范区之一。此外郴州还拥有永兴国家可持续发展实验区和苏仙、宜章两个省级可持续发展实验区。2019 年 5 月 14 日，郴州以"水资源可持续利用与绿色发展"为主题申报国家可持续发展议程创新示范区并获得批复，这充分表明郴州一直以来高度重视可持续发展，始终为水资源保护与可持续利用进行不懈努力，体现了以郴州为代表的中国始终积极履行着《2030 年可持续发展议程》的庄严承诺。

2. 贯彻落实习近平总书记"守护好一江碧水"指示的生动实践

水是生命之源、生产之要、生态之基。人类由水而生、依水而居、因水而兴，治水兴水历来是民生大事、发展要事。2015 年，习近平总书记就提出"节水优先、空间均衡、系统治理、两手发力"的十六字治水方针。在湖南考察时，习近平总书记对湖南提出了"一带一部"① "三个着力"② 发展新定位。并对湖南生态文明建设寄予殷切期望，提出"真正把生态系统的一山一水、一草一木保护好"③ "守护好一江碧水"④ 等新要求。

根据习近平总书记对湖南走绿色发展之路的指示精神，湖南省委、省政府成立了湘江保护协调委员会和湘江重金属污染治理委员会，分阶段推进湘江流域重金属污染治理，颁布了我国第一部关于江河流域保护的综合性地方法规《湖南省湘江保护条例》。出台了《统筹推进"一湖四水"生态环境综合整治总体方案》，强调以"一湖四水"为主战场，持续推进湘江保护和治理以及洞庭湖生态环境专项整治，系统推进水污染防治、水生态修复、水资源管理和防洪能力提升，建设水清、河畅、岸绿的生态水网，切实"守护好一江碧水"，着力做活水文章。郴州属于《全国生态功能区划（修编版）》63 个重要生态功能区中的罗霄山脉水源涵养与生物多样性保护重要区和南岭山地水源涵养与生物多样性保护重要区，也是长江

---

① 《习近平总书记系列讲话精神学习读本》课题组：《习近平总书记系列讲话精神学习读本》，中共中央党校出版社，2013。

② 中共中央文献研究室：《习近平关于全面建成小康社会论述摘编》，中央文献出版社，2016。

③ "真正把生态系统的一山一水、一草一木保护好"：2013 年，习近平总书记在湖南考察工作结束时的重要讲话中特别强调了生态环境保护问题，强调要求我们牢固树立尊重自然、顺应自然、保护自然的生态文明理念，推进绿色发展、循环发展、低碳发展，真正把生态系统的一山一水、一草一木保护好。

④ "守护好一江碧水"：2018 年 4 月，习近平总书记察看长江沿岸生态环境和发展建设情况，在湖南勉励大家继续做好长江保护和修复工作，守护好一江碧水。

中下游重要的水源涵养、土壤保持区，对水源涵养、水土保持、洪水调蓄、水环境保护、流域生态建设等水生态方面的要求较高，因此在郴州贯彻落实"守护好一江碧水"尤为重要。在新使命、新要求下，郴州紧紧围绕《2030 年可持续发展议程》，把创新作为引领发展的第一动力，以"水资源可持续利用与绿色发展"为主题，以生态优先、绿色发展为导向，以满足人民日益增长的美好生活需要为目标，以"护水、治水、用水"为主要内容，着力破解水环境保护压力大、水污染源头治理欠账多、水资源高效利用和绿色转型难度大等制约郴州可持续发展的主要矛盾，探索"水环境有效保护、水生态原位修复、水资源高效利用、绿色产业高质量发展、生态文化特色鲜明"的水资源可持续利用与绿色发展新路径和新模式，真正将习近平总书记"守护好一江碧水"的殷殷嘱托在湖南落到实处。

3. 努力推动长江经济带生态优先、绿色发展的先行探索

长江经济带集聚的人口和创造的地区生产总值均占全国 40% 以上，进出口总额约占全国 40%，是我国经济中心所在、活力所在。但同时也看到，长期以来长江沿岸重化工业高密度布局，是我国重化工产业的集聚区。媒体多次报道，长江经济带"化工围江"问题突出，特别是磷化工污染问题，从磷矿开采到磷化工企业加工直至化工废弃物生成，整个产业链条都成为长江污染隐忧，加之地方政府担心整治力度过大影响财政收入，进而影响民生投入等，一直对化工企业监管有畏难情绪，造成长江支流及干流总磷污染日益严重①。除了工业污染外，还由于长江沿线城市人口密集，规模以上的排污口就有 6000 多个。早在 2012 年，水利部水资源公告称，全国非污水排放总量 785 亿吨，其中近 400 亿吨排入长江。解决长江经济带生态环境欠账，最大的问题在水，水的问题根子在岸上。因此亟待探索出整体推进和重点突破、生态环境保护和经济发展、总体谋划和久久为功、破除旧动能和培育新动能、自我发展和协同发展的新路子。

郴州境内湖、泉、瀑众多，河流密布，水资源丰富，是长江流域湘江、赣江和珠江流域北江三大水系的重要源头，年均贡献超过 160 亿立方

---

① 习近平：《在深入推动长江经济带发展座谈会上的讲话》，人民出版社，2018。

米的水量，其中东江湖被列为湖南省最大的饮用水水源地和长株潭城市群战略水源地。与此同时，郴州位处南岭多金属成矿带上，是全球有名的有色金属之乡。因此长期以来采掘业一直是郴州的主导产业，开发利用的矿产地达数百处，鼎盛时期全市有大小规模不等的有色金属矿采选业企业1000余家，因矿山开采造成地表沉陷面积达210平方公里，至今全市仍有尾砂库200余座。曾经过多依赖自然资源特别是矿产资源，导致郴州创新引领的动力不足和开放崛起的活力缺失，资源、绿色和生态优势没有转化成经济优势，以有色金属无序开发和水资源粗放式利用为主的工业化造成了局部流域水环境污染和生态破坏。资源约束紧张、生态功能退化、环境承载力降低等发展不协调、不可持续的问题日益突出。可以说，与长江经济带发展中存在的问题类似，郴州在发展中也亟待处理好绿水青山和金山银山之间的关系。因此郴州围绕"水资源可持续利用与绿色发展"，做好水生态高位保护、水资源高值利用、水经济高端发展、水文化高度繁荣的文章，将为长江经济带推动生态优先、绿色发展先行探路，为世界水资源可持续利用提供现实样板和典型经验。

（二）推动"水资源可持续利用与绿色发展"也是郴州自身发展的需要

作为资源型城市，采掘业过去一直是郴州市经济发展的主导产业和支柱产业，经济主体单一导致郴州资源约束趋紧、生态功能退化、环境承载力降低等发展不协调、不可持续的问题日益突出。水既是郴州的优势资源，同时不当的生产生活方式以及复杂的地表结构又对水生态环境形成了巨大的破坏。加之国家生态功能区、长株潭战略水源地双重保护的压力，保护好水生态环境、修复历史遗留的环境问题以及提高水资源利用效率，成为郴州高质量发展必须突破的瓶颈。

1. 生态环境保护与修复的任务艰巨

过去，郴州走的是传统资源消耗型经济发展路径，有色资源产业粗放发展对环境造成了较大破坏，生态保护积欠较多，对绿色发展形成明显约束。一是局部水体污染问题突出。东江湖水体局部曾遭受轻度污染，在中营养级的水域开始出现富营养化的隐患，支流水体存在超标现象，全市地表水氨氮、氟化物超标断面时有出现；部分农村生活污水和垃圾污染、畜禽养殖排放、化肥农药污染等农业面源污染现象严重。二是节能减排压力较大。郴州能源利用率高于全国平均水平，工业固体废物数量较大，尚未形成废物的循环利用和能量的多级利用；部分含砷、镉等危险工业固体废物综合利用和安全处置能力不强，工业固体废物污染成为主要环境污染风险之一。存在较大面积的历史遗留或废弃场地，土壤重金属污染治理任务较重。三是矿山地质环境恢复治理压力大。长期的矿产资源开发带来了重金属污染、采煤沉陷区、石漠化、尾矿尾砂等环境问题，国家资金投入主要针对大中型矿山和破坏严重地区，对数量众多、分布更广的小矿尚未全面覆盖，矿山地质环境恢复治理面临较大压力。四是水土流失问题严重。东江湖流域水土流失面积曾达 575 平方公里，其中资兴市的水土流失面积曾达 228.84 平方公里，流域内年土壤侵蚀量约 200 万吨，每平方公里年土壤侵蚀量约为 3500 吨，在桂东、宜章、汝城等县的花岗岩崩岗、沟蚀区高达 1 万吨。

2. 发展方式转型升级的压力犹存

郴州市经济增长主要依靠增加要素投入和资源投入的粗放式增长模式尚未根本改变。一是主导产业结构不优。农业方面以经营初级农产品为主，农产品加工转化率低，没有形成较大规模的特色农业。工业方面，以资金密集型和劳动密集型企业为主，支柱产业是有色金属产业。大部分有色金属企业以矿石开采和粗冶炼为主，产品附加值低，处于价值链低端，受安全生产和环保政策影响较大。服务业方面，以商务服务业为主，现代物流、科技研发、创意设计等十分紧缺，金融服务、信息服务等领域发展相对滞后。二是新兴产业规模不大。新兴产业目前处于起步阶段，还未成为经济推动力，2018 年，郴州高技术制造业增加值增长 12.3%，低于全省平均水平 6 个百分点；服务业增加值占 GDP 比重低于全国平均水平 1.6 个百分点。三是大型龙头企业不多。截至 2018 年，全市仅有上市公司 3 家，缺少影响力大、有产业带动能力的大型企业和高科技信息企业，大部分企业的核心竞争力不足。四是区域发展不平衡。县域经济发展水平差距较大，有 3 个全省县域经济十强县，但也有 2 个国家级贫困县和 2 个省级贫困县。民生领域还有不少短板，城乡区域发展和收入分配差距依然较大，群众在就业、教育、医疗、居住、养老等方面面临不少难题，社会矛盾和问题交织叠加。

3. 创新驱动发展的内生动力较弱

郴州长期积累的结构性、资源型矛盾未能解决，核心在于创新引领的发展动力尚未形成，资源、绿色和生态优势没有转化成经济优势。一是科技创新资源缺乏。2018 年，郴州市研发投入占 GDP 比重仅在 1.5% 左右，研发经费支出占 GDP 比重低于全国、全省平均水平；规模工业企业科研人数仅占规模工业从业人数的 2.3%，每万人专业技术人才数量、每万人发明专利拥有量均低于全省平均水平，高层次的科技人才匮乏，国家级和省研发平台数量和质量均低于长株潭。二是科技支撑经济发展和提质增效需进一步增强。2018 年，郴州高新技术产业总产值为 1647.1 亿元，全省排名第五；增加值为 576.2 亿元，全省排名第八，与全省其他实力较强的地市相比，差距仍然较大。并且郴州高新技术产业大多集中在有色金属传统产业，该产业的高新技术产值占总产值的 70% 以上，全市高新技术产业产值前 10 的企业中，有 6 家属于有色金属产业。同时这些高新技术企业主要分布在产业链的中低端，大部分还是处于卖原料、卖半成品阶段。没有充分体现出高新产业"高技术、高投入、高收益"的特征，整体处于低端的加工组装层次，附加值较低，配套能力也较弱，盈利水平低。三是科技体制机制改革有待进一步深化。科技计划管理改革需要进一步突破，科技管理职能有待强化，科技评价激励制度改革需加快推进，政产学研金科技成果转化机制需进一步完善。

4. 开放发展的基础优势尚未充分释放

开放型经济发展水平是衡量一个地区经济发展水平的重要标志。郴州作为湖南开放的南大门、桥头堡，经过近 30 年的实践探索，开放型经济取得长足发展。但与发达地区相比，高质、高效、高端的开放平台和机制尚未形成，开放型经济发展水平不高。一是经济外向度不高。郴州经济外向度仅为全国平均水平的 1/4 左右，"走出去"的大型企业较少，出口对经济增长的贡献率仅为 0.5%，尚未深度融入全球产业链、价值链和物流链。二是外向型产业结构不优。郴州外贸关联产业主要涉及有色金属、机械制造、电子信息、服务业、纺织等领域，其中加工贸易占外贸比重达 70%，有色金属加工又占全市加工贸易额的 92.8%，自有品牌的销售比例不到 10%，外贸结构十分单一。三是平台建设仍然相对滞后。郴州口岸只是二类口岸，口岸平台层次低、收费高、功能单一、通关能力不足、公共服务和公共信息平台（电子口岸）缺失。产业园区产业结构趋同，相互竞争大于相互合作。对外交流合作平台搭建缺乏国际思维、整体规划和顶层设计，规模和层次都比较低。

二 郴州推动水资源可持续利用与绿色发展的做法与成效

在内有压力、外有机遇的形势和背景下，郴州紧紧围绕"水资源可持续利用与绿色发展"这个主题，全力做好"水"这篇文章，以护水惠民生、以治水谋发展、以用水促和谐，在新时代谱写了郴州高质量发展的新篇章。

（一）郴州化压力为动力推动水资源可持续利用与绿色发展

多年来，郴州围绕水环境治理与保护优化国土空间布局，实施了水源地保护、东江湖保护、城乡绿化、森林生态提质等工程，加强了对东江湖、饮用水水源地、生态湿地、自然保护区等水生态功能区保护，完成了 12 个县级以上饮用水水源保护区划分，森林覆盖率由 2008 年的 62.5% 提升到 2018 年的 67.9%，县级以上集中式饮用水水源地水质一直保持 100% 达标，境内湘江流域 3 个出境断面连续多年保持 Ⅱ 类水质。

1. 率先对水生态环境进行立法保护

大中型深水湖泊一旦受污染就很难治理。一直以来，郴州把保护好东江湖当成最大的政绩，实行最严格的保护措施，避免了"先污染后治理"的老路。早在 2001 年就积极争取湖南省人大颁布实施了《湖南省东江湖水环境保护条例》，使东江湖成为全国首个受专门立法保护的大型水库。

同时郴州市还专门组建了东江湖水环境保护局，成立了以市长为主任的东江湖流域水环境保护委员会，先后编制实施了《东江湖风景名胜区保护规划》《东江湖湿地公园保护规划》《东江湖渔业发展规划》《东江湖周边乡镇畜禽养殖规划》《东江湖流域水环境保护规划（2018－2028年）》等规划，制定出台了《东江湖流域农村生活垃圾集中收集处理管理办法》《东江湖流域农村生活污水处理设施运行维护管理办法》等管理制度，构建了从源头防治的长效机制。东江湖被列为五个国家重点流域和水资源生态补偿试点之一，被纳为国家良好湖泊生态环境保护试点和国家重点支持保护湖泊。

2. 加强对水生态环境的修复与治理

一是加强水生态修复。实施三十六湾区域治理、"一湖两河三江"治理、矿山复绿、农村环境整治等重大工程，完成重金属污染治理项目118个，苏仙金属矿区矿山、三十六湾大部分矿区重现绿水青山。二是加强农业与生活面源污染治理。将11个县（市、区）全部列入农村环境综合整治整县（市、区）推进项目，农村生活污水处理、农村生活垃圾收运及处置、畜禽养殖粪污治理和饮用水水源保护等工作取得积极进展，农村生态环境得到明显的改善。2018年，38个省控及以上地表水监测断面达标率97.4%，其中国控断面100%达标。郴州由此先后获得"国家节水型城市""全国首批水生态文明城市"等称号。三是健全完善可持续考核评价体系。实施了"生态红线"制度，健全完善了以生态文明为取向的差异化绿色考核评价体系，取消辖区乡镇GDP考核，降低财税考核比重，大幅提高生态环境保护考核权重，全市上下增进了生态文明、可持续发展紧迫感和责任感。同时为进一步建立东江湖流域生态补偿机制，推动东江湖水环境质量持续改善，郴州市政府探索出台了《郴州市东江湖流域水环境保护考核暂行办法》。

3. 着力推动水生态产业高质量发展

郴州靠水吃水，积极探索绿水青山转化为金山银山的路径。一是利用水资源发展大数据、新能源等产业。郴州充分利用小东江特有的冷水资源，引进加拿大枫叶能源公司实施东江湖冷水集中制冷与电厂余热集中供热项目；利用冷水资源优势，规划建立东江湖大数据中心，其 PUE 值可达 1.2 以下，达到世界先进水平，具备容纳 20 万个机架、500 万台服务器的能力。已先后吸引湖南尚锐科技、湖南电信、浪潮集团等知名企业入驻，着力打造全国乃至亚洲最节能环保的大数据产业园。二是利用水资源发展生态旅游产业。围绕"唱山歌走山水路"，郴州适度开发东江湖水生态旅游，东江湖已成为国家风景名胜区、国家生态旅游示范区、国家森林公园、国家湿地公园、国家 5A 级旅游景区、国家级水利风景区"六位一体"旅游景区，"玩山张家界、游水东江湖"成为全国知名的旅游品牌。苏仙区、桂东县、资兴市还被列为国家全域旅游示范区创建县市，北湖区、桂阳县成功创建了全国休闲农业与乡村旅游示范县（区）。三是利用水资源发展"水产品"。郴州培育做大了以水为主题的青岛啤酒、希品水业等食品饮料企业。利用东江湖独特的气候禀赋，在东江湖周边大力发展无公害、绿色、有机农业与观光休闲农业，东江湖蜜橘、东江鱼、临武鸭、永兴冰糖橙、宜章脐橙、桂东玲珑茶、苏仙无公害葡萄、桂东甜玉米、临武香芋、安仁食用菌等品（名）牌农产品受到广大消费者的青睐，远销全国各地。"东江湖蜜橘""东江鱼"还分别被农业部、国家质检总局认定为地理标志保护产品，"狗脑贡茶"获评为中国驰名商标，临武鸭获得国家"地理标志保护"。

4. 建立水资源高效利用的科技体系

一是积极引进高端人才。郴州通过"百家企业与百名专家""有色金属产业转型升级""产学研协同创新""科技创新、绿色环保"等产学研合作，推进科技领军人才、急需紧缺人才等高端人才引进，全市 140 多家企业与 80 多家国内外高校院所建立了产学研合作关系，已有孟伟院士、桂建芳院士来郴州建立院士工作站。二是积极建立高端科研平台。郴州建立了省级研发中心 15 家、市级研发中心 65 家、省级科技公共服务平台 1 家、院士工作站 5 个，其中与东江湖保护有关的就有东江湖水环境保护院士工作站、东江湖渔业资源可持续发展院士工作站等两家。引进了香港科技大学李泽湘团队在资兴建立水域机器人及智能技术研发应用中心。引进了国家重金属治理工程技术研究中心到郴州设立研发分中心，开展东江湖水环境监测、分析和评估，开展湖泊富营养化、农业面源污染及重金属污染防治等深水湖泊重大关键技术研发，投资4000余万元在东江湖建设深水湖泊研究中心。三是实施了一批重大科技项目。郴州实施了国家科技支撑计划项目"大型矿产基地生态恢复技术与示范"和"有色金属资源基地重金属减排与废物循环利用技术及示范"、首批国家科技惠民计划"重金属加工区居民健康保障技术应用示范"、省科技重大专项"稀贵金属高效提取及深加工技术开发与示范"等项目，有力地推动了郴州矿山地质环境治理及湘江保护与治理。东江湖成功入选国家湖泊生态环境保护重点支持湖泊。

5. 积极培育水文化繁荣的人文环境

郴州的资兴市坚持把水文化作为城市发展的灵魂，城市建设定位为"最美中国水城"。一是高层次打造了东江湖水文化品牌，定期举办东江湖水文化论坛，宏扬水精神、倡导水文明、探讨水经济。二是大力开发了特色水景观，建设了以水为主题的东江湾城市公园、东江湖水街等水文化场馆项目，雾漫小东江成为世界著名的水主题摄影创作胜地。三是积极发展了水乡饮食文化，青岛啤酒因东江湖优良水质而落户资兴，东江湖畔的啤酒文化内涵丰富多彩；同时开发了三文鱼美食城等以水为主题的美食项目。四是积极发展了水康养文化，东江湾水上运动中心是湖南省皮划艇、赛艇训练基地，定期举办的东江湾国际龙舟赛传承着逆水行舟、团结拼搏的精神。同时，资兴还深入挖掘寿佛文化、移民文化、农耕文化等特色文化，连续多年被评为全国文化先进县（市）。

（二）郴州走出了一条金山银山与绿水青山齐头并进的新路子

郴州始终坚持可持续发展理念，突出绿色发展主题，突出水资源、水生态和水环境保护与利用的问题导向，加快产业结构调整，创新发展体制机制，初步探索出"水生态高位保护、水资源高值利用、水经济高端发展、水文化高度繁荣"四水并举的水生态文明的可持续发展之路。实现了经济、社会、环境保护三者之间的协同发展，形成了可持续发展创新示范区郴州样板，为国际国内同类地区的经济社会发展提供了示范借鉴。

1. 形成了"地下"向"地上"、"黑色"向"绿色"的产业转型发展路径

为应对资源枯竭、环境危机等带来的系列问题，郴州提出了"从地下向地上转移，从黑色到绿色转型"的发展思路。一是矿产资源从"地下"开采转向矿产资源"地上"开发。郴州大力推进有色金属"五个一"战略体系建设，即培育一批品牌企业、组建一个国家质检中心、发布一个价格指数、建立一个交易平台、建设一个展示平台（世界有色金属博物馆）。通过引导矿业资源循环利用，资兴入围国家循环经济示范城市，永兴县成为国家级稀贵金属再生利用产业化基地、全国循环经济试点单位、全国"城市矿产"试点县，桂阳工业园获批"国家级循环化改造示范试点园区"。二是经济发展从"黑色"矿业转向绿色产业和战略性新兴产业。2018年郴州市采矿业下降2.2%，其中规模以上煤炭和有色采选业工业增加值同比下降7.6%和1.8%，原煤、十种有色金属同比分别减产11.5%和5.6%；六大高耗能行业增长7.0%，低于规模以上工业增速0.3个百分点。嘉禾县淘汰落后产能经验被列入全国典型案例；全市高加工度产业、高技术产业增加值分别同比增长11.7%、12.3%，分别高于规模以上工业4.4个、5.0个百分点。

2. 形成了山水林田湖全流域、全方位、全过程的生态文明建设体系

作为长江中下游重要的水源涵养生态功能区，郴州积极探索以东江湖流域为核心的系统化保护与修复的发展模式，生态质量明显改善，成功创建全国生态文明示范工程试点市。一是切实加强东江湖水体保护。郴州关闭了湖区周边所有工矿企业，否决了可能影响东江湖水环境的建设项目46个，近年来投资东江湖生态环境保护建设项目资金近20亿元以上。全国首艘液化天然气动力客船在东江湖下水，资兴成为全国首个船舶应用液化天然气清洁能源的县市，东江湖成功入选国家湖泊生态环境保护重点支持湖泊，全国水生态文明城市建设试点任务全面完成，全市12个县级以上饮用水水源地水质达标率为100%。二是加强生态功能区植被保护与恢复。郴州建有自然环境保护区8个，其中国家级2个，保护区总面积5.4万公顷。森林生态"红线"被严格控制，林地全封区和限伐区占到90%以上。深入

开展了"城乡绿化攻坚""城区绿城攻坚""城市绿荫"等行动，森林覆盖率达 67.9%，比 2010 年提高 4.22 个百分点，市城区绿化覆盖率达 46.3%，城市人均公园绿地面积达 12.55 平方米，成功创建为国家园林城市和国家森林城市。三是加强以矿山为重点的土壤修复治理。郴州建成了 2 个国家级矿山公园，建立了世界上第一个砷污染土壤植物修复工程示范基地，苏仙区、高新区分别发行了 25.5 亿元、18 亿元重金属污染治理债券进行历史遗留废渣治理、土壤修复，先后实施了"西河沙滩公园生态修复工程""苏仙区体育公园周边重金属污染土壤治理修复工程"等 20 多个生态修复项目和重金属污染治理项目，郴资桂一体化区域获批湖南省唯一省级两型社会建设示范点。

3. 形成了政府引导和社会参与的可持续发展推进机制

郴州积极探索生态文明、转型发展、城乡统筹和民生保障协调发展的可持续发展体制机制。一是推动生态文明制度建设。郴州颁布实施了《湖南省东江湖水环境保护条例》，编制了《东江湖流域水环境保护规划》和《东江湖生态环境保护总体方案》，在湖南率先探索生态红线制度改革试点。2017 年郴州全面实施"河长制"，建立以党委、政府主要领导负责的市、县、乡、村四级河长组织构架，作为各级政府的"一号工程"。资兴市建立以生态文明为取向的差异化绿色考核评价体系，对二类乡镇不再考核 GDP，降低财税考核比重，大幅提高生态环境保护考核权重。二是大力实施创新驱动发展战略。郴州建立了省级研发中心 15 家、院士工作站 5 个。组建了国家重金属治理工程技术研究中心郴州分中心、东江湖深水湖泊研究中心等高端创新平台。实施了"有色金属资源基地重金属减排与废物循环利用技术及示范""大型矿产基地生态恢复技术与示范""重金属加工区居民健康保障技术应用示范"等一批国家科技项目，金银回收、银精炼等技术国内领先，钨、钼、铋、铅、锌、锡、铜、白银、稀土等有色金属深加工及综合利用水平不断提升。三是努力营造可持续发展社会文化氛围。郴州开展了东江湖水文化论坛、科普活动周、科普日等活动，全民可持续发展理念日益深入，党政机关、企业和公民参考可持续发展的格局正在形成。

三 以郴州模式为鉴走好绿色发展之路

进入新时代，解决人民日益增长的美好生活需要和不平衡不充分的发展之间的矛盾对生态环境保护提出许多新要求。当前，生态文明建设正处于压力叠加、负重前行的关键期，也到了有条件有能力解决突出生态环境问题的窗口期。可以借鉴郴州以水兴城、以水旺城、以水名城的经验，全面推动绿色发展、可持续发展。

（一）要强化顶层设计

一是要争取国家部委支持。如郴州争取了科技部会同国家可持续发展实验区部际联席会议各成员单位，在重大项目安排、政策先行先试、体制机制创新等方面给予支持。二是要强化省级统筹。如湖南成立由省长任组长、分管副省长和郴州市委书记任副组长的国家可持续发展议程创新示范区建设工作协调领导小组，建立"党委领导、政府主导、部门协同、全民参与"的工作机制，研究制定重大政策，协调解决重大问题。三是要强化市县推进实施。如郴州市成立了国家可持续发展议程创新示范区建设工作推进领导小组，以市委书记为组长，市长为常务副组长，其他相关市领导为副组长，全市各有关部门和各县（市、区）主要负责人为成员，落实中央和省协调领导小组的重大部署，统筹领导郴州市创新示范区建设发展工作。领导小组办公室负责日常工作，分解下达工作任务、协调解决具体问题、督促检查工作落实。四是要强化专家决策咨询。如郴州聘请了国际、国内可持续发展领域的高层次专家组成可持续发展议程创新示范区建设决策咨询专家库，提供高水平的决策咨询服务，建立健全了可持续发展决策咨询制度。

（二）要加大政策保障力度

一是要健全法律法规保障体系。如湖南省出台《郴州市可持续发展促进条例》及系列配套政策，修订《湖南省东江湖水环境保护条例》。郴州根据可持续发展规划调整了市其他现行规划，实现可持续发展规划与国民经济和社会发展规划、国土空间规划、城市总体规划、土地利用总体规划协调统一。二是要深化体制机制改革。如郴州充分发挥市场在资源配置中的决定性作用和更好地发挥政府的作用，健全生态保护补偿、人才服务、投融资、公众参与等体制机制，实现经济发展与民生改善、生态环境保护相协调，当前发展与长期持续发展相统一。三是要健全完善生态环境保护管理制度。如郴州制定了自然资源总量管理、生态价值评估、生态环境损害评估和赔偿、多元化生态补偿、自然资源权属管理、有偿使用和使用权流转等各项制度，构建了郴州市水资源和生态环境保护制度体系。四是要加强绿色发展产业制度体系建设。要制定可持续发展的产业政策和技术政策，定期发布可持续发展产业和技术项目目录，开辟可持续发展项目审批"绿色通道"，加快构建绿色产业体系。要依法制定更加严格的水耗、能耗、地耗、污染物排放、环境质量等方面的地方标准，杜绝新上污染型、高消耗的项目。

（三）要突出市场主导机制

一是要构建生态环境保护的多方参与模式。如郴州在水资源保护、水体重金属污染治理等领域，探索政府引导、市场调节、社会各界参与的新模式，充分利用已经成熟的市场机制，引导各类社会力量参与示范区重点项目和工程的建设与运营，积极营造社会各方参与可持续发展的市场机制。二是要完善水资源价格形成机制。要通过深化水资源价格市场化改革，实行水资源超计划累进加价制度，在全社会形成珍惜水资源、节约用水的良好氛围。三是要积极推进新型要素市场建设。要加快建设碳排放权、排污权等新型交易市场，全面推进矿业权市场建设，完善促进节能减排的价格体系。四是要营造良好的市场环境和营商环境。要充分发挥市场在资源配置中的决定性作用和更好地发挥政府的作用，加快营造更加公平公正的市场环境，改革政府的管理和服务，为企业提供更加规范、更加精准、更加优质的服务，营造良好的营商环境，提升吸引外部资源的能力。

（四）要增强资金投入能力

一是要加大财政投入和引导力度。如郴州财政加大对可持续发展的投入力度，积极发挥财政资金的引导作用，在郴州市产业引导基金下设立可持续发展子基金、科技创新子基金和绿色发展子基金，按照市场化方式进行运营管理，撬动更多的社会资本投资生态环境保护和绿色产业发展。二是要加大资金争取力度。要争取国际金融机构（世行、亚行、金砖行、亚投行等）的资金支持，重点投向水环境保护、节能减排、绿色矿山、资源回收利用等领域。争取财政加大对符合条件的绿色信贷项目进行贴息和专项转移支付支持。积极争取国际援助资金和外国政府优惠中长期贷款资金。三是要加大金融创新力度。如积极推进可持续发展融资政策的先行先试，创新水和有色金属高效利用等方面的投融资机制，支持企业探索试点发行绿色债券、市场化法治化债转股、投贷联动等多种可持续发展融资手段，多渠道全方位筹集资金推动示范区建设。四是要支持绿色企业融资发展。要积极推动符合条件的绿色企业在境内外上市（挂牌）融资。鼓励优质企业利用资本市场融资，开展并购重组，推动传统产业实现绿色改造升级。

（五）要提升可持续发展意识

一是要搭建全民参与平台。要建立健全可持续发展公众参与平台和机制，畅通信息沟通、意见表达、决策参与、监督评价等渠道，提高公众参与的积极性。完善信息公开制度，及时公开水生态水环境质量、污染整治、企业环境行为等信息，曝光典型环境违法行为[①]。二是要加强全民可持续发展教育。要把可持续发展理念和生态文明建设作为素质教育的重要内容，纳入国民教育体系和干部教育培训体系，建立一批可持续发展教育培训基地，开设可持续发展系列讲座，使可持续发展理念和生态文明理念融入经济社会发展全过程、各方面。三是要加大新闻媒体的可持续发展宣传力度。要组织好世界水日等主题宣传活动，推进可持续发展进机关、进社区、进乡村、进园区等专项行动，提高民众的素质，自觉践行绿色低碳的生产方式和生活方式，引导全民树立人与自然和谐共存的生态文明观。四是要建立全社会参与的激励机制。如郴州建立健全水资源可持续利用与绿色发展奖励制度，加大对先进单位和个人的宣传表彰力度。五是要出台

---

① 《中共浙江省委关于推进生态文明建设的决定》，《政策瞭望》2010 年第 7 期。

鼓励社会组织参与的激励政策，积极发挥社会组织和生态文明志愿者队伍的作用，营造全社会支持、参与可持续发展建设的浓厚氛围。

（六）要完善监督评估考核

一是要建立健全多主体参与的监督考核体系。要围绕可持续发展规划提出的重要指标、重点工程项目、重大改革和政策等，形成目标分解体系和责任落实体系，探索建立多主体参与的可持续发展监测监控、社会监督和舆论监督机制，形成覆盖省、市、县三级和社会公众参与的考核体系。二是要探索绿色 GDP 核算制度。如郴州建立的水生态文明和绿色经济评价指标体系，被纳入各级各部门经济社会发展综合评价和绩效考核重要内容，实行差异化绩效考核，考核结果作为各级领导班子和领导干部选拔任用、奖励惩戒的重要依据。三是要完善监测评估制度。要加强可持续发展重点领域、重点区域的动态监测和跟踪分析，适时开展年度评估和中期评估，及时总结凝练示范区建设的成效、经验和模式，发挥示范带动作用。编制自然资源资产负债表，核算主要自然资源实物量账户并公布核算结果，定期评估自然资源资产变化状况。四是要严格明责追责问责。要实行地方党委和政府领导成员可持续发展和生态文明建设一岗双责制，明确地方党委和政府领导班子主要负责人、有关领导人员、部门负责人的责任、追责情形和认定程序。对领导干部实行自然资源资产和环境责任离任审计，对违背科学发展要求、造成资源环境生态严重破坏的要记录在案，以自然资源资产离任审计结果和生态环境损害情况为依据，实行终身追责，不得转任重要职务或提拔使用，对已经调离的责任主体实行事后问责。①

---

① 《中共中央国务院关于加快推进生态文明建设的意见》，人民出版社，2015。

第八章 海绵城市建设的"常德模式"

常德市地处长江中游洞庭湖水系沅江下游，是长江经济带的重要节点城市和洞庭湖生态经济区的重要组成部分。作为河湖冲积平原，常德水系发达，属于典型的南方丰水地区城市。20 世纪 80 年代以来，随着城市化进程的加快，城市建成区快速扩张，雨水调蓄渗滞能力减弱，水体黑臭和内涝问题突出[①]。为解决困境，常德从 2004 年起就积极寻求开展国际合作，高起点治理城市水系，2009 年在《水城常德——江北城区水敏性城市发展和可持续性水资源利用框架》中明确提出，"践行建设海绵城市，积极探索城市适应气候变化，减免城市内涝风险，改善城市水环境，缓释城市热岛效应"，2015 年常德成功入选全国首批海绵城市建设试点，全国海绵城市建设试点启动部署会在常德召开。从此，常德步入快速高效优质建设海绵城市新征程。如今，常德已基本实现"小雨不积水、大雨不内涝、黑臭水体在消除、热岛效应在缓解"等目标，探索出了一条山、水、城相融可持续发展的南方丰水地区城市建设新路径[②]。

一 常德海绵城市建设的初心、做法与成效

常德开展国家海绵城市建设，坚持把打造优良的人居环境作为出发点，把增强群众的幸福感作为落脚点，将解决城市困境、打造"水城常

[①] 李远国：《中国海绵城市建设可推广的常德模式》，http://www.360doc.com/content/18/0424/19/42189632_748425997.shtml，2018 年 4 月 24 日。

[②] 许文：《常德四大成功"法宝"有效减免城市内涝》，http://www.china.com.cn/legal/2017-07/27/content_41304074.htm，2017 年 7 月 27 日。

德"、积极探索海绵城市的南方模式作为初心和使命,努力建设既要"面子"又要"里子"的海绵城市。

(一) 常德海绵城市建设的初心

初心是初衷,是本意,是目标。常德建设海绵城市的初心和目标主要从以下三个方面考虑。

1. 解决城市困境提升民众幸福感的根本路径

党的十九大报告指出,我国社会的主要矛盾是人民日益增长的美好生活需要和不平衡不充分的发展之间的矛盾。良好生态环境是最公平的公共产品,是最普惠的民生福祉,加强生态环保,建设美丽家园,是全体人民的共同心声。然而长期以来,随着常德城市化进程的加快,城市建成区快速扩张,雨水调蓄渗滞能力减弱,内涝灾害时有发生。加之排水设施不完善,造成部分工业废水和生活污水直排进入河道,有些自然河道被人工隔断填埋,变成死水塘,水体浑浊发臭,水面蓝藻和水葫芦泛滥,内涝问题已成为市民的"心头之患",黑臭水体成为常德的"城市之殇"。因此,建设海绵城市,以问题为导向,以民众满意度为评价标准,通过治理黑臭水体、消除城市内涝点,增加绿色空间,拓展公共活动空间,达到城市、人、自然生态空间和谐共生,这既是对习近平总书记"坚定不移走生态优先、绿色发展之路,统筹山水林田湖草系统保护修复,坚决打赢污染防治攻坚战"生态文明思想的积极响应,也是解决常德城市困境、满足人民对优美生态环境的美好追求、提升民众幸福感和满意度的根本路径。

2. 打造"水城常德"的客观需要

常德与水相生相伴,中心城区山水环绕,北有太阳山、白鹤山,西有河洑山,南有德山、沅江穿城而过。江北有渐河、新河、穿紫河、马家吉河、柳叶湖,江南有枉水、东风河以及众多的城市内河湿地,构成了"依山环水、南北湿地、东西田园"山水格局。因此,常德水面率高达16.7%,高于南京、杭州、连云港等同类型城市,年均降雨量达1360毫米左右,属典型的南方丰水地区城市，具备打造"水城"的优良条件。而建设海绵城市，统筹推进水工程、水景观、水经济、水文化融合，实现山水林田湖草生命共同体，正是打造"水城常德"的客观需要。

3. 海绵城市南方模式的有益探索

虽然常德建设海绵城市起步较早，但是由于前期治理缺乏前瞻性和系统性，还是走了不少弯路。早在 2005 年前后，常德市就与欧盟相关机构合作，对穿紫河进行了疏浚清淤、雨污分流等工程设施，2014 年又开展大规模"三改四化"，局部治理内涝和黑臭水体虽已初见成效，但是黑臭与内涝问题并没有得到根本性改变。2015 年常德入选全国首批海绵城市建设试点，但由于站在全流域全系统的高度思考城市治理方略、统筹解决黑臭水体和内涝问题在我国南方丰水地区还没有先例，对常德来说是一次全新的尝试。为探索海绵城市的南方模式，为其他同类型城市提供可靠经验，常德在多方面做了精准谋划和慎重安排。一方面，在试点范围选择上，常德既安排了难以改造的老城区，也安排了建设时间不久的新城区，还包括了部分拟建区域，旨在详细了解建设与改造的差异性，探索在不同条件下建设海绵城市的路径选择；另一方面，从汇水分区看，试点中涵盖了一个完整的分流制汇水分区——穿紫河汇水分区和一个完整的合流制排水分区——护城河流域。通过对合流制、分流制区域水环境、内涝治理的深入探索，以期为其他城市系统治水提供具有推广应用价值的宝贵经验。

（二）常德海绵城市建设的主要做法

常德立足实际，在海绵城市建设上做出了自己的特色和亮点，主要做法有以下几方面。

1. 海绵城市建设的重要抓手：大中小海绵体融合构建

常德在海绵城市建设过程中始终将融合理念贯彻其中，立足丰水地区实际，选取了大中小海绵体融合构建方案作为南方丰水地区城市内涝防御的有效措施。其中，"小海绵体"是指低影响开发雨水系统，用于建筑与小区雨水的控制和利用，主要建设微排水系统；"中海绵体"是指城市雨水管渠系统，用于规划区海绵城市的建设与改造，主要建设小排水系统；而"大海绵体"是指超标雨水径流排放系统，用于区域水生态系统保护与修复，主要建设大排水系统①。针对不同类型的城市区域，结合其下垫面的硬化率和类型，以及整个城市雨水管网能力系统和末端处理能力与设施，如雨水调蓄池、雨水溢流池和生态滤池等，常德将大中小海绵体分解成建筑小区源头→管网过程→末端入河处三层控制指标，对新城区、老城区、拟建区的小海绵城市设计，分别给出不同的指标要求。在净化功能方面，对已建成的老城区，以污染控制目标为主，排水管网的改造以保证解决内涝问题为前提；而在拟建区，则对污染控制和流量控制均提出了更加全面的高要求。在调蓄功能方面，从老城区到新城区，再到拟建区，逐步增加调蓄容积要求。为适应常德的暴雨气候条件，在国家要求的 21 毫米降雨量外，常德还额外增加城市水体调蓄空间 20 毫米，以保证城市内有足够的雨水调蓄能力，实现大海绵体系统的充分循环。通过采取适合于南方丰水地区城市的大中小海绵体并重构建方案，常德合理规划了源头、过程及末端的处理和调蓄设施的能力分配，既有效控制了雨水径流总量，又控制了雨水径流污染，还缓解了城市热岛效应，切实改变了城市排水快排方式，实现了雨水就地消纳和利用，保证了海绵城市的正常运转。

2. 海绵城市建设的技术支撑：精准监测智慧管控

自国家新型智慧城市试点创建以来，常德利用大数据、互联网、物联网和云计算等技术手段，着力建设"一个中心"，即常德大数据中心，打造"三大平台"，即常德政府数据资源共享平台、"我的常德"城市公共服务平台和网上政务服务大厅，将涉及海绵城市的规划、建设、运营、管理和环境绩效的全过程数据进行综合管理，为海绵城市日常管理、前期规划、中期设计和后期验收方面提供可视化展示，为海绵城市建设提供精准监测和智慧管控服务。与此同时，常德还通过建立管网数字化平台、排水

---

① 刘厚发：《关于常德市海绵城市建设试点的调查与思考》，《城市化》2017 年第 8 期。

数字化平台、污水排放监控平台等数字化排水系统，采用计算机仿真模拟技术，构建常德市海绵城市雨洪模型，评估城市排涝和调蓄能力，实施非开挖修复。并且广泛借鉴美国、新加坡的先进治水理念，通过模拟评估不同 LID 工程措施对径流控制目标的作用，结合监测信息对模型参数进行动态调整，优化控制指标和规划方案，协助海绵城市的建、管、监。例如之前江北城区有一段面积共计 57 平方公里管网的不明来水水量很大，不仅影响了污水处理厂的净化效果，而且增加了污水处理厂的运行成本。在查明不明来水的来源主要是管网破损和管道错接以及沉沙井、检查井渗漏后，借助精准监测管网破损和错接位置，实施精准检测，根据检测结果，建立管网模型和管网数据库，确定修复方案，及时开展了非开挖修复工程，大大提高了污水处理工作的效率，有效降低了时间和金钱成本。

3. 海绵城市建设的制度安排：全面推进高效系统保障

常德坚持把治理理念作为海绵城市建设的行动先导，对上积极对接国家有关海绵城市建设的政策，掌握动态走向，结合本地规定，做到有的放矢，扩大上级政策在常德的作用效应。对下始终秉持"为人服务、让人方便"的民本思想，将海绵城市建设与群众的实际需求紧密结合。同时坚持"兼顾左右"，将智慧城市、园林城市、生态城市、宜居城市、文化城市等众多城市发展模式与海绵城市建设有机结合，防止各自为战、互相竞争，共同营造自然生态、文明发达的可持续发展城市。在"上下左右"全面推进之后，常德海绵城市建设还采取了"十抓""六规范""四大保障机制"的高效系统保障措施[①]。"十抓"即"抓组织领导，抓规划编制，抓制度建设，抓专业培训，抓资金筹措，抓舆论宣传，抓行政许可，抓项目落地，抓施工质量，抓绩效考核"；"六规范"即"规范组织程序，规范技术标准，规范筹资投资，规范施工工艺，规范项目评审，规范运营模式"；"四大保障机制"即"协调督查机制，投融资合作机制，项目设计联审机制，绩效考核机制"，大大保证了海绵城市建设的有效推进。

---

① 李远国：《把"政绩"埋在地下让城市远离涝灾——常德市强力持续务实建设海绵城市凸显成效》，《中国水工业互联网》2016 年 8 月 2 日。

（三）常德海绵城市建设的主要成效

建设海绵城市，常德较好地解决了在水安全、水资源、水环境、水生态、水文化中存在的突出问题，基本消除了城市黑臭水体，提升了城市防洪排涝能力，有效管控了给水、排水、污水处理和水系的水质，改善了城市人居环境，走出一条富有特色的绿色发展之路。

1. 提升了河湖水环境质量

常德通过实施控源截污、内源治理、生态修复等技术措施，系统开展黑臭水体专项治理行动，共完成了 355 公里污水输送管网的新建与改造；完成了桃花源、岩桥寺、唐家溶等 7 座污水提升泵站和皇木关污水处理厂的新建，启动了市污水净化中心的改造；完成了护城河、穿紫河、新河渠、沾天湖、柳叶湖、滨湖公园等水系水体综合治理。如今，常德市城区主要黑臭水体已基本消除，城内各水体水质达到地表水标准Ⅳ类以上。特别是常德市与德国汉诺威水协合作的穿紫河综合治理工程，在利用生态湿地理念，对初期雨水、合流制的溢流污水进行调蓄和处理的同时，还通过开展清淤治污，恢复自然生态，建成了生态公园模式的船码头、夏家垱机埠等一批亮点工程，使过去市民避而远之的臭水沟，变成了如今市民休闲娱乐的风光带。正是由于穿紫河综合治理工程的成功，该项目还被评选为全国黑臭水体治理优秀案例。

2. 改良了城市水生态

常德通过拓宽原有河湖水面、清理水系淤积底泥等措施，扩展城市水系空间，有效提高城市水系的纳水能力；启动花山生态湿地和内河水系驳岸景观绿地建设，完成了穿紫河、杨桥河、新河渠两岸、滨湖、朝阳湖、沾天湖、柳叶湖周边、生态驳岸的重建与修复；完成了百果园植物走廊、柳叶湖环湖道风光带的新建；完成了白马湖公园、丁玲公园、滨湖公园、屈原公园的新建与改造，重塑了自然生态岸线，动植物多样性生存环境得到有效保护，形成更加良性的水文生态。城市内河湖驳岸植物生长茂盛，鲜花四季盛开，成为城区一道道亮丽的自然风景线和全域旅游的优势目的地。

3. 保障了城市水安全

按照海绵城市建设的要求，常德在试点建设过程中通过源头控制、中途转输、末端调蓄，提高对径流雨水的渗透、调蓄、利用和排放能力，恢复和拓展城市水系空间，消除城市内涝隐患。通过完善市政排水系统和加强内涝点排查整治等措施，对城区内 17 个汇水区源头实施大量新建和改造 LID 雨水设施与排水设施，退田还湖扩大雨水调蓄空间。其中，完成了防洪大堤——常德诗墙花堤综合治理、江南风光带项目建设；完成了花山闸、柳叶闸的新建；完成了 419 公里雨水排放管网的新建与改造；完成了船码头、夏家垱、柏子园、余家垱、粟家垱、杨武垱、尼古桥、楠竹山等 20 座雨水泵站的改造与新建，实现了精准控制城区水体水位。如今，常德市城区"城市看海"现象已经成为过去，最强可保障 30 年一遇的暴雨强度下城市不会发生内涝。同时，通过源头涵养水资源、充分利用雨水资源、严格实施水源地保护、积极完善供水设施，有效保障了城市居民生产生活的用水安全。

4. 传承了城市水文化

通过修复重建老常德时期的麻阳街、大小河街、老西门、窨子屋、白鹤山古镇等历史记忆，挖掘整合了常德丝弦、花鼓戏两项非物质文化遗产，修复了护城河杨家牌坊、火神庙、郎江书院等历史文化遗迹，新建了德国风情街、婚庆产业园、金银街等特色商业街，使老常德的内河码头文化、商业文化得到传承和发扬光大。特别值得一提的是对古常德典型的民居建筑结构窨子屋的修复重建。窨子屋距今有 1000 多年历史，汇聚了我国传统意义的海绵城市建设智慧，重建的窨子屋融入了更多传统和现代的海绵元素，在海绵城市建设过程中俨然成为展现传统与现代文明对话交流的"窗口"，真正意义上传承了常德的水文化。

二 常德海绵城市建设的主要模式和创新点

常德自开展国家海绵城市建设以来，突破思维、体制、机制、财力对海绵城市建设的束缚，立足实际，将治理理念、技术与系统融合贯穿建设始终，探索形成了可复制、可推广、可借鉴的常德模式。

（一）主要模式

常德海绵城市建设的主要模式可分为以下七种。

1. 穿紫河的"城市内河系统治理模式"

穿紫河作为中心城区重要水系，长约 17.3 公里，流域面积约 28 平方公里。由于过去穿紫河流域内城市排水管网错接严重，雨水泵站成为河道最大污染源，再加上污水处理厂的尾水排入，穿紫河水质只有地表水 V ~ 劣 V 类水的标准。改造前，汇水区域范围内城区有 16 处内涝积水点，内涝频发。高耸的堤坝把河道和城市完全隔离，水生态破坏严重，水系几乎无自净能力。河岸两侧为垃圾堆砌地和临时菜地，河体黑臭，水环境恶劣。

常德海绵城市建设启动后，运用源头减排、过程控制、系统治理理念，对穿紫河流域进行系统化综合布局，在空间上构建以穿紫河为核心，向外依次为水系绿带、滨水建筑区和其他区域的海绵城市建设体系。在建设时序上，首先对船码头等八个泵站、调蓄池、生态滤池及泵站周边的水系、绿地进行改造，消除城市河道点源污染，削减周边面源污染，然后对滨水建筑区进行海绵化改造，在条件允许的情况下，将初期雨水导入水系沿线的海绵设施或泵站调蓄池进行处理，净化后补充河道水量，同时完成河道清淤、水生态修复。最后通过降低城市河道堤顶高程，把原来防洪堤后的绿地设计为临水一侧可淹没的滨水空间，实现河道拓宽，同时建设花山闸，连通竹根潭水系，实现与新河水系的连通，提升河道调蓄能力和协调区域防洪能力。通过穿紫河流域的海绵化综合治理，穿紫河雨水排放能力显著提升，水质明显改善，水系连通，水生态得到系统修复，同时拉动了周边区域土地变现和升值空间，大大促进了经济的良性循环。

2. 老西门的"棚户区黑臭水体综合改造模式"

20 世纪 80 年代护城河改造后，规划严重滞后，周边无序开发，人居环境质量越来越差。河道沿线区域内为合流制排水系统，生活污水直排护城河，河道水体黑臭，属劣 V 类水质。由于护城河被覆盖、城市滨水文化遗迹逐渐消亡。河道"三面光"现象严重，自然生态本底和水文特征遭到严重破坏。

常德海绵城市建设启动后，将护城河老西门棚户区改造与黑臭水体治理相结合，采取项目投资企业出大头、政府出小头的投资模式，结合各类海绵要素，实施源头减排、过程控制、系统治理的综合治理手段。首先，结合棚户区改造，进行雨污分流制改造；其次，对合流制管网排入护城河的污水，利用截污干管截流；再次，修建调蓄池和生态滤池，净化溢流水后排入河道；又次，打开护城河盖板，尽可能采取生态方式处理驳岸；最后，连通新河护城河，恢复历史水系结构，开发滨水休闲空间。如今，作为老城区改造建设"十里画廊护城河"核心项目之一的老西门已成为常德最具地方文化特色的城市文化旅游商业街，拉动常德多项实体经济，为社会提供数千个就业岗位。

3. 滨湖公园的"湖泊水生态治理模式"

滨湖公园为常德市中心唯一大型水景综合性市政公园，由于常年自我封闭，园内公厕和西南侧老居民楼，每天约 100 立方米污水直接排入公园水体；园区内无雨水收集管渠，湖水水面低于周边路面，初期雨水大部分汇流进入湖内，面源污染严重，沉积物中 TOC、TN、TP 含量非常高；湖体缺乏大型水生植物，鱼群种类以人工养殖的草食性鱼类为主，硬质护坡等造成水生态系统不健全，水体自净能力差；滨湖水面景观单一，缺少水下景观。

海绵城市试点启动后，滨湖公园结合海绵元素主要采取以下措施：通过完善污水管网，收集居民楼污水和公厕污水；通过建设生态驳岸和下沉式绿地，利用水陆交错带水—土（沉积物）—植物系统的过滤、渗透、滞留、吸收等功能，削减地表径流中污染物，控制面源污染；通过种植水生植物，优化鱼类种群，放养底栖动物，构建完整的水生态系统。为保证不因降雨或交换不畅等原因恶化湖水水质，结合景观性需求，滨湖公园重点水域强化净化措施，湖水较深区域布设柔性生物膜载体，子湖设置 8 台浮水喷泉式曝气机和 3 台耕水机，同时构建景观型浮岛，提升滨湖湖面景观。运用河湖治理海绵模式改造后的滨湖公园消除了黑臭水体，水质由地表水劣 V 类提升到 IV 类，水体清澈见底，全湖透明度达到 1.5 米。雨水排放能力得到显著提升，生态岸线修复率达 100%，生物多样性显著增加，自净能力明显增强，湖滨带、湖面及水下景观显著提升，水生态系统得到有效恢复。

4. 芷兰小区的"老旧小区积水治理模式"

芷兰小区建于 1988 年，由于建设年代久远，道路破损严重，路面多积水点。小区设施陈旧，硬质地面不具备透水功能，且停车位严重不足，部分车辆停进绿化带，导致植被破坏，土壤板结。由于现存水池与周边雨水未连接，水池内为黑臭水体。

芷兰小区虽为老旧小区，但小区绿化率高达 55.3%，场地内最上层杂填土有较好的下渗能力，有利于海绵设施的布置。通过设计布局，芷兰小区主要实施以下海绵方案：建立生态停车位，有效解决雨水下渗和小区停车位困难问题；利用雨水花园的植物、土壤和微生物系统蓄渗、净化径流雨水；利用植草沟设计强化了雨水的转输、过滤、渗透和持久能力；通过透水铺装收集雨水，实现雨天无路面积水；建设雨水湿地和渗透塘收集与储存部分地表径流，丰富小区内的园林景观；利用雨水桶对主入口两侧商铺屋顶雨水进行蓄滞和二次回用；对小区进行绿化改造，配置适合的植物种类。经过海绵改造后，芷兰小区雨水径流得到有效控制，道路已不存在积水现象；水体水质得到显著改善，绿化景观品质明显提升；重新梳理车位后，院落内车辆无乱停乱放、占道占绿等不文明现象，停车问题也得到有效解决。

5. 紫菱路的"道路雨水调控模式"

紫菱路为常德市中心主干道，由武陵大道至桃花源路，全长 4318 米，汇水区域面积约为 4.5 公顷。改造前道路雨水直排进入周边水系，由于污染排放量大于水体的保护需求量，对河流有一定的污染。同时，道路周边缺乏可利用的雨水管理空间。

结合海绵设施布局，紫菱路采用源头减排末端治理方案，将人行道的两个树池之间硬化区域改成植草沟，用来贮存和调蓄雨水，防止人行道的内涝；在树池之间设置了路灯或者消防栓等公共设施的区域，将原有铺装换成弹石铺装，保证人行道雨水能下渗及净化；对于武陵大道至皂果路段损坏严重的人行道铺装，更换为透水铺装；机动车道上的雨水利用雨水管道收集，排入水系之前，通过周边绿地的生态滤池进行调蓄和净化。通过道路设施改造，紫菱路的地表径流雨水得到有效控制，基本消除了人行道积水现象，不再对水系造成污染。同时，人行道植物多样性大大增加，生态环境更加亲近自然。

6. "两校"的"新建院落排水系统建设模式"

两校是指由常德工业学校和常德高级技工学校新组成的常德技师学院，2015年10月，常德技师学院主体工程基本完成。作为新建院落的代表，两校在原设计中采用传统快排模式，排放进入周边市政雨水管，计划通过自来水对新建水体进行补水，严重浪费水资源。

作为源头处理的小区海绵城市项目，通过导入新的海绵城市排水理念，对两校现有雨水排水系统进行设计调整。将雨水管网排水由外排市政管网改为汇入中心内湖，再由内湖溢流进入城市水系；将环形水渠和下沉式绿地相结合，将建筑屋顶雨水收集作为景观水使用；将大型广场和建筑物周围设置雨水花园，通过沿路植草沟系统对雨水径流完成净化；体育设施区域周边，由于没有足够可使用绿地，利用地下池来调蓄雨水；在停车场和消防通道使用植草砖，在广场空间使用透水铺装，屋顶雨水不进入中心内湖或者中式中庭花园的建筑，设置为绿色屋顶。通过对雨水排水系统的重新规划调整，为城市河道的生态补水和水位稳定做出贡献。学生在校园生活中不仅体验了洁净的水和优美的生态环境，而且更加了解了深层次的海绵城市理念和生态建设。

7. 柳叶闸和花山闸的"水系联通和水系安全模式"

根据《水城常德框架规划》和《常德市江北区内环水系规划》，在穿紫河与柳叶湖之间建立柳叶闸，在新河和沾天湖之间建立花山闸，主要出于以下方面的考虑：一是出于防洪保安的需要；二是出于有效控制新河、柳叶湖、穿紫河水系的水位，维持良好景观水面，体现常德滨水新城风貌的需要；三是出于连通新河水系、沾天湖、柳叶湖和穿紫河形成环城水系，提升城市旅游品牌价值的需要；四是出于增强周边地区亲水性的需要；五是出于满足水系水量需求，强化商业和旅游开发，提升周边土地价值的需要。

柳叶闸和花山闸的建立，不仅实现了新河、沾天湖、柳叶湖、穿紫河的水系连通，还提高了整个江北城区的防洪蓄洪能力。通过闸门控制，在稳定水系水位的前提下，实现了新河和穿紫河的降堤退堤，拓宽了河道；通过建设滨水园林景观，为市民提供了高品质的滨水亲水空间；通过水系连通，山水城开发建设融为一体，旅游资源得到充分开发和利用。

（二）主要创新点

常德在建设海绵城市的过程中，积极践行先行先试的创新理念，坚持建设成果不吃老本，主要在以下方面实现了海绵城市建设的创新发展。

1. 依靠体制机制创新解决工作协调难、项目落地难问题

为解决好海绵城市建设工作推进协调难、建设责任落实难、项目落地建成难等问题，常德市委、市政府积极创新体制机制，实行统筹推进一体化和规划指导科学化管理。一是成立海绵城市建设领导小组，由市委书记任顾问、市长任组长、相关分管领导任副组长，设立领导小组办公室和规划设计组、重点工程推进组、海绵型院落改建推进组、屋顶绿化推进组、黑臭水体治理推进组等9个工作组，从相关职能部门抽调有实践经验、有专业特长的干部，统筹抓好建设，统一履行策划、组织和督导等职能，并建立完善了"办公室一周一调度、分管副市长一月一调度、市长一季一调度"的运行机制①。为加强海绵城市建设和管理的长效保障，同时成立了以市长为组长的推进海绵城市建设 PPP 合作协调小组，分别在城投集团公

---

① 李远国：《把"政绩"埋在地下让城市远离涝灾——常德市强力持续务实建设海绵城市凸显成效》，《中国水工业互联网》2016 年 8 月 2 日。

司、经投集团公司内组建了中瀚水务有限公司和海绵城市建设有限公司，努力实现政事分开、政企分开。二是专门成立由分管城建的副市长直接领导的海绵办，作为海绵城市建设的项目推进机构，全面负责项目的前期工作、施工过程，以及运行维护工作，统领建设局、规划局、市政公用局、园林局、水利局、环保局等一系列相关部门。2018 年试点结束后，为继续推进海绵城市建设，海绵办转入原市政公用事业局，该局现更名为常德市市政海绵局。三是对试点工作实行科学规划、科学定标、科学建设。重新划定"红线""绿线""蓝线"，制定实施了海绵城市建设试点 3 年行动计划实施方案和实施意见，先后编制了《常德市海绵城市建设专项规划》《常德市海绵城市建设试点城市实施计划》等 10 余个专业规划和 40 余项建管控维制度规范。对市城区规划区内新建、改扩建项目，雨水径流管控指标一律按新的规划要求，海绵型院落、海绵型公园、海绵型道路改造项目一律按新的管控标准，统一建设推进。

2. 依靠投融资方式创新解决项目建设资金难问题

自 2015 年常德海绵城市试点以来，除国家专项资金 12 亿元外，还需大量资金投入海绵城市建设。为解决试点项目建设资金难题，常德先后建立了政府投资、市场融资、社会筹资等多元化资金筹措模式，3 年共完成投资近 80 亿元，主要用于水系治理改造、污水雨水处理设施建设改造、公园建设改造、海绵道路建设改造、海绵院落建设改造、绿色屋顶建设等。同时，常德积极探索推进政府与社会资本合作模式（PPP 模式），对接社会资本，积极吸引金融机构参与海绵城市试点项目建设。先后与国家开发银行湖南省分行和农发行湖南分行达成初步协议，采取"小基金、大信贷"模式，设立 50 亿元的"海绵城市"融资支持基金，分别向常德市"海绵城市"项目提供 200 亿元的信贷综合授信，启动污水净化中心提质改造及利用设施新建项目，开启了常德海绵城市建设 PPP 模式合作项目落地的先河。改变海绵院落改造的政府包办模式，出台政策鼓励和支持社会资本参与，实行财政给予定额补助、其余资金由业主单位自筹方式。如老西门及护城河综合治理项目总投资 16.72 亿元，其中政府直接投入仅 0.36亿元，项目吸引了北控水务、首创水务等社会资本参与海绵项目建设。通过调动各方积极性，放大资金集成使用效益，保障了常德海绵城市建设的深入推进。

在资金的运用模式上，常德也进行了创新探索。一是在资金优先投资方向上，重点选择能够较快产生回报效益的项目，如投资到能够迅速提升环境质量，优化投资环境的穿紫河、新河治理项目。通过政府投入公益性项目，带动社会资本积极投向海绵产业。二是在保障项目实施效果上，实行对优质项目的额外奖励和对院落海绵改造、绿色屋顶的定额补助等多种模式。三是在资金管理上，实行专款专用，提前制订资金使用计划，保障收支平衡。强化资金审批程序，保证程序到位、手续合规。四是在控制投资额度上，按照"低影响开发"的理念，以"既要保障功能需要，又要减少建设维护成本"为原则，严格制定设计费、施工费用、材料和设备采购标准，确保执行到位。对于源头治理项目，按照每平方公里投资不超过 1亿元的总标准进行控制。对于过程和末端治理项目，按照"满足海绵功能需求，不搞大拆大建，选用成熟工艺，优先选用本地产品，减少维护成本"的原则，严格做好投资设计管控。

3. 依靠科技创新与业态创新推进治水营城有机融合

将治水与营城有机结合是常德海绵城市建设的关键要素。随着海绵城市建设的不断推进，城市更安全、更清洁、更美丽，同时也给城市经济发展带来新的机遇与活力。常德市在海绵城市建设过程中，紧紧围绕科技创新来解决水生态、水环境问题，同时进行相关业态创新，推进治水与营城有机融合、产业发展与生态建设相互促进、相得益彰。一是常德成立了专业海绵公司，积极联合国内高等院校组建海绵城市工程技术研究中心、生物与湿地研究院，催生了湖南道诚、鑫盛建材等一批新型技术和材料企业，带动了七星泰塑、湘北水管等一批传统企业的转型升级。二是将穿紫河水系、护城河水系、新河水系、沙港水系等的恢复和治理，融入城市建设之中，并注入大量旅游元素，打造了常德诗墙、华侨城欢乐水世界、柳叶湖环湖景观带、穿紫河水上风光带、沙滩公园、常德河街、老西门历史文化街等一批城市名片，开辟了柳叶湖、穿紫河、白马湖公园、丁玲公园水上巴士旅游线路，利用柳叶湖环湖赛道发展马拉松、自行车等体育产业，部分建设项目已经产生运营效益，一大批战略投资者相继入驻落户常德，实现了海绵城市建设的良性循环①。如今，海绵城市建设建材生产业、新型人才教育培训业、全域旅游业等新型城市支柱产业正在形成，海绵城市建设已成为常德拉动社会经济发展的新引擎。

三 常德海绵城市建设的经验与展望

常德在海绵城市建设过程中，先行先试取得了良好成效，积累了宝贵经验，但也面临一些难题与困惑，有待在今后的实践过程中不断探索。

（一）主要经验

1. 全面规划，统筹推进

第一，全面规划，逐步实施。海绵城市建设是一个复杂的系统工程，是由绿色屋顶、小区植草沟、生态停车场、城市排水管网、超标雨水排放通道、末端雨水调蓄池、生态滤池、河道调蓄、水系联通、河流防洪等一系列系统建设的综合体。由于区域不同、项目繁杂，所以建设目标也不一样，因此需要同时满足防洪、排涝、水污染控制、水质保障、生态修护、经济平衡、城市交通、城市开放等方面的诉求。为满足不同的建设目标，成功实现海绵城市试点工程，常德特别注重顶层设计，站在小区、集水区和整个城市大、中、小海绵体融合发展的高度，高位策动，统一规划，做到全市一盘棋，在利益和需要之间实现了相对平衡。

第二，建立项目统筹管理和推进机制。常德专门设立海绵办，统领建设局、规划局、市政公用局、园林局、水利局、环保局等一系列相关部门，直面项目难题，跟踪项目进度，实施项目责任到人、进度落实到日、直面问责和与业绩挂钩的统筹管理机制。在项目推进层面，常德在全球范围内甄选以德国汉诺威水协、美国新地环境科技（深圳）有限公司、中国城市规划设计研究院为代表的著名设计、施工团队，加大力度动员老城区

---

① 何竹青：《发展"美丽经济"书写旅游新篇章——常德推进旅游产业发展的战略理念》，《神州杂志》2017 年 8 月 31 日。

棚户区改造，对建成区所有在建项目及时变更设计，使在建项目完全符合海绵城市建设理念要求，新建项目一律依靠用地许可、建筑规划许可、施工许可强制性落实海绵城市建设理念要求。为解决好建设技术难题，积极聘请国际国内资深技术团队承担专项规划和项目设计，举办国际研讨会，选派专业人员外出学习考察，组织高等院校和企业开发新工艺、新设备、新材料，大大提升了海绵城市建设的品质和品位。

第三，全面制定技术规范，推广样板工程经验。由于海绵建设是新事物，常德重点编制不同的技术规范，覆盖海绵城市包括设计、施工、材料、维护导则等建设的全过程。自 2015 年起，常德启动 11 个样板工程设计，涵盖大学、酒店、新老小区、新老道路、公园、工业区、屋顶花园等，重点研究常德的水文特征和每个项目的特殊边界条件，并举行了多次现场考察会议，推广应用项目技术。

2. 学以致用，勇于创新

第一，融合吸收国内外先进经验技术。常德和德国汉诺威水协合作 10 余年，经历了从怀疑、理解、接受，到遇到各种问题时再怀疑、再修改的过程，最终基本实现了德国技术与常德海绵城市建设的有机融合。在海绵城市建设以前，常德不重视数据采集，缺乏电子数据、缺乏降雨信息、缺乏计算软件、设计单位习惯制作标准图等弊端的存在，导致新观念新技术执行起来阻力很大。而排水管网破损、雨污混接、不明水体、排水系统垃圾杂物、夜市冲洗水、没有定期进行排水系统冲洗和检修等一系列当前国内海绵城市建设面临的典型技术问题，以及国内重建设轻管理、不关注设备养护、不注重人员培训等老大难问题也为德国技术在中国落地提出了巨大挑战。可喜的是，常德的决策层和专业技术人员凭借对新技术的敏感和热忱，致力于改变传统排水观念。通过学以致用，举一反三，最终实现了先进技术和常德实际的改造对接，充分展现了敢于实践的勇气和勇于推广的决心。

第二，探索并构建合适的技术模式。常德是典型的南方丰水平原城市，具有地势平坦、水网密布、水位差别小、流动性差、近似湖水、自净能力差等特点。在编制海绵城市设计方案时，常德契合项目实际需要，详细分析了地形地貌特征和降雨信息，并在模型构建的基础上，最终确立了以生态自然为终极目标，注重水网系统与排水管网系统的相容，大中小海绵体的结合，生态滤池和调蓄池的运用，最终实现人与自然和谐发展的生态城市建设的技术模式。

第三，构建并实施科学的技术规范体系。常德在标准规范编制时注重科学性、程序性、实用性和实效性。根据不同类别的标准规范，明确不同的专业起草机构，并严格按照要求进行检测试验，做到标准规范全覆盖、符合实际需要、操作性强，并实时跟踪检测、监测的数据，对标准规范及时做出修订。与此同时，常德还严格把控标准规范，重点把住规范宣传关、管控关、设计审查关、工程质量关、竣工验收关，力求做到客观公正、科学合理、公平透明、实事求是。

3. 市场化运作，多元化投入

第一，探索一套适合城市财政承受能力的建设方式。如何节省造价，建设高质量、低成本的海绵城市，是每一个海绵城市研究的重点课题。常德在试点建设之初，重点抓设计，尽可能优化设计方案，切合实际，避免重复返工，节省了大量投资和运行费用。常德还大胆探索投资融资模式，将河道治理与城区开发、棚户区改造有机结合，同时解决了生态修复、绿地公园、休闲空间、旅游景点、历史文化城市慢行交通和航道系统恢复等，充分实现了资金的良性循环和滚动发展。海绵技术的发展也带动了常德海绵相关产业的蓬勃壮大，许多海绵企业业务打入外地市场，实现了产品的升级换代，推进了企业的转型升级。

第二，探索城市小流域综合治理的资金平衡模式。海绵城市建设需要投入，如果没有资金的平衡，难以维系长期的滚动发展。常德虽是地级市，但通过转变观念，化累赘为机遇，下大决心拆除了大量的河岸违章建筑，修复了过去野蛮开发留下的问题，恢复了自然的水生态空间，并在有经营的项目中，采用PPP模式，保障项目运行效果，真正实现了城市双赢目标。比如，在整治黑臭河项目上，政府管理者看到黑臭河通常在城市中央，周围的土地当前价值较低，多为低值产业区域或者破烂的棚户区，经改造为生态水环境空间后，土地升值空间远高于其他相邻地区，这样不仅通过开发回收了建设投资，还成为城市新的经济增长点。

4. 以新带老，建管并重

常德在海绵城市建设过程中，探索了一套适宜中国城市阶段发展特征的建设与运行机制。由于海绵城市建设不是一次性工作，而是对传统排水系统的升级换代，需要不断完善更新，因此常德海绵城市建设注重全生命服务周期。首先，在建设步骤和目标设计上，秉持先培训宣传，再逐步扩大实施；先改善水质，再逐步提升水质；先设计在建项目，再考虑老城区改造项目，并与小区其他工程相结合的建设顺序，循序渐进地解决了海绵城市建设的重点和难点。其次，在设计施工上，为能高质量完成海绵项目的设计施工，常德对海绵项目从设计审查、设计标准制定、施工队伍培训，到海绵产品质量标准制定、采购要求，再到施工工艺的全过程质量控制，严格执行质量负责制度。最后，在施工完成后，常德坚持建设与运行管理并重，继续对管理人员进行培训，对运行模式进行研究和优化，对初期没有达到预想效果的项目进行专题研究，以实现海绵城市可持续发展的运行机制。

5. 以人为本，生态惠民

常德市委、市政府在建设海绵城市过程中始终以改善民生为初心和目标，秉持"不为海绵而建海绵"的原则，把城市黑臭水体整治和内涝点整治作为重点项目和民生工程优先安排，在导入海绵元素的同时，最大限度满足民生需求①。在建设海绵小区提质工程时同时实现多个目标，同步解决了停车场、绿地休闲、体育健身、慢行系统、市民交往的需求，尽可能让更多的人感受到城市水环境的改善。比如，为解决有些小区停车难问题，常德积极推进生态停车场建设；在改造小区管网、花园绿地等海绵设施建设的同时，将居民反应强烈且亟待解决的楼道照明、道路黑化、墙面美化等问题也一并解决；在老西门棚改建设中，解决就业岗位近 2000 个，建设了便利的公共配套设施和养老服务设施，打造了光明巷和新村两个现

---

① 曹凌云、陈客然：《常德破解内涝之殇——让城市像海绵一样"呼吸"》，《中国信息报》2017 年 9 月 28 日。

代社区，切实提高了当地居民的生活水平。

（二）未来展望

常德在积累了大量海绵城市建设经验的同时，在德国模式本土化、本土专业技术人才队伍扩充、体制机制优化，以及投融资模式创新等方面还需在今后的实践过程中不断探索和完善。

1. 逐步解决德国模式的本土化困惑

德国的雨水综合利用技术发源于20世纪80年代初，现已成为给排水设计师遵循的基本标准。常德海绵城市建设在选择解决方案时，受德国水资源综合利用影响深远，有许多独特的先进经验和做法值得其他城市吸收借鉴。然而，德国设计方案在常德本土化过程中也存在矛盾和冲突。首先，由于常德基础较差，设计时间较少，缺乏水质、水量、水位的监测数据，导致部分参数只能采用德国标准，部分计算和模拟只能进行不同方案之间的比较，模型结果准确度不高。其次，由于国内一定程度上存在重建设、轻维护，重施工、轻设计，重建筑、轻设备等问题，也给设计过程带来了一定困难。一个好的项目，不光需要好的思路理念，同样也需要好的设计、好的施工、好的设备以及好的维护。海绵城市包括地下管网、调蓄池、植草沟、岸边水草等在内的每一项设施，都必须每年定期检查、维护、清洗、加油、剪草等，否则整个海绵系统很快就会失去其功能。最后，德国市民对海绵城市建设的参与度非常高，但在国内因为牵涉市民利益，一般需要较长时间的协调论证。未来，常德需更加重视设备质量，加快建立海绵城市设施维护管理机制，明确维护管理主体、责权范围等，加大后期运营管理与养护的财政投入，确保海绵城市建设常态化、可持续化运行。此外，常德还需借力多种媒体宣传渠道，广泛宣传海绵城市理念，不断提升海绵城市在全社会的知名度、认可度和影响力，真正形成全民共建的良好氛围。

2. 不断强化本土专业技术人才队伍建设

人才是第一资源。在常德海绵城市建设过程中，从设计规划到施工监理，均存在本土技术力量薄弱的短板。首先，本土设计规划人才数量满足不了日益增长的海绵城市建设需求。近年来，由于常德海绵城市建设项目比较集中，设计需求量大，要求较高，更加凸显了本土具有相关设计经验的单位和人才的巨大缺口。其次，施工和监理人才匮乏问题突出。由于海绵城市是个新概念，常德现有施工监理队伍大多是首次接触海绵城市建设项目，在对海绵项目的理解和认识上或多或少存在偏差，导致一些项目的海绵设计理念无法全面落地，留下遗憾。因此，未来常德需加大对海绵城市建设专业技术人才的培养力度，牢牢把握海绵城市建设的核心竞争力，降低对外部人才的依存度，为海绵城市的可持续发展提供重要的人才保障和可靠支撑。

3. 持续优化海绵城市建设的体制机制

海绵城市建设从规划、设计、建设到项目投融资和运营管理，都需要建立强有力的领导、协调和监督机制[①]。如今，常德海绵城市建设虽然已取得了阶段性成果，但作为专门管理机构的海绵办在实际管理体制机制运行过程中，因涉及建设局、规划局、市政公用局、园林局、水利局、环保局等多个部门，存在着多头管理、部门分割、协同困难等问题。因此，未来常德需理顺工作机制，切实发挥常德海绵城市领导小组的统领作用，对海绵办充分授权，使其能具备整合行政力量和部门职能的协调管理能力，统筹安排海绵城市建设工作，避免部门工作之间的矛盾和冲突，真正做到心往一处想、劲往一处使。

4. 创新完善投融资模式与回报机制

由于常德海绵城市建设资金需求量大，且大多数项目为道路交通、绿色公共建筑设施、排水给水管网设施、绿化景观带等非经营性项目，一般通过项目公司的融资进行项目建设，待项目建成后，依靠运营期间的年度政府付费和运营维护费用实现项目投资的回报。在政府付费的前提下，会

---

① 李远国：《中国海绵城市建设可推广的常德模式》，http://www.360doc.com/content/18/0424/19/42189632_748425997.shtml，2018年4月24日。

出现难以调动社会资本积极参与项目建成后的项目经营管理，项目边界条件不清、责任主体不明确，无法根据项目的具体特征要求设置与之匹配的投融资模式以及回报机制等弊端，这些都成为常德海绵城市建设项目吸引社会资本参与的难题。因此，在常德海绵城市后期运行维护时，应积极拓宽项目融资渠道，采取公司债券、产业基金、资产证券化等多种方式吸引更多投资者的参与，降低项目的融资成本。在海绵城市 PPP 项目中，应合理设计 PPP 模式的回报方式，可采取"海绵城市项目包"形式，通过识别不同项目的边界条件、产出要求、收益来源筛选项目组合，将若干项目进行打包招标采购。在建设工程联系相对密切、运营维护条件相似的项目中，将有一定收益来源的项目，例如污水处理、垃圾处理等项目与没有收益来源的公益项目打包在一起，综合设计管理。这样做既可以减轻政府付费压力，也可以提高项目产出之间的配合协调，综合提升项目的总体经济效益①。

---

① 晏阳：《PPP 模式下海绵城市建设融资与回报机制的思考》，《江苏现代咨询》，2017 年 5 月。

第九章 生态旅游扶贫的"平江模式"

党的十九大报告提出，要加快生态文明体制改革，建设美丽中国。[①]
为贯彻中央精神，推进生态文明建设，加快脱贫攻坚步伐，平江县确立了
"大生态、大旅游、大扶贫"发展理念，推进全方位、全时段、全覆盖环
境整治，创新旅游发展思维、制定旅游发展战略、构建旅游发展格局，依
托生态产业与旅游经济带动脱贫致富，取得良好成效，先后获得联合国工
业发展组织授予的"联合国绿色产业示范区"称号、环保部授予的"全国
生态示范区"称号，是国家旅游业创新改革先行区、全国十佳生态文化旅
游县、湖南省脱贫攻坚工作先进县和全面小康推进工作优秀县。

一 平江县开展生态旅游扶贫的背景与初衷

平江县位于湘、鄂、赣三省交界处，全县面积4125平方公里，2018
年总人口112万。平江是国家园林县城，也是著名的革命老区和将军县，
生态旅游资源和红色资源丰富，旅游景点众多，发展基础较好。但同时，
平江的产业发展基础比较薄弱，政府财力不足，贫困人口众多，是全国扶
贫开发工作重点县，扶贫脱贫工作繁重艰巨。因此，充分利用良好的生态
旅游资源，因地制宜发展生态旅游产业，是平江县脱贫攻坚的现实选择。

（一）具有生态旅游扶贫的良好基础

平江县生态资源禀赋较好，森林覆盖率较高，旅游资源丰富，良好的

---

① 《党的十九大报告全文》，央广网，2017年10月27日，http://news.cnr.cn/native/gd/2017
1027/t20171027_ 524003098. shtml。

生态条件和旅游资源夯实了平江发展生态旅游产业、实现精准扶贫脱贫的基础。

1. 生态资源

平江地处长江中游城市群的绿心区域，区位优势明显，生态资源丰富。一是森林资源丰富。平江是湖南省重点林业县，山林面积占全县国土总面积的70%，2018年森林覆盖率达63.3%，共有树木96科886种，是联合国认定的绿色产业示范区。[①] 二是水资源丰富。平江境内河网密布，其中汨罗江流域面积占96.1%，径流总量达32.56亿立方米，水能蕴藏量19.7万千瓦。三是农产品资源丰富。平江是全国粮食、木材、楠竹等农产品生产大县，茶叶、五香酱干、火焙鱼等特色农产品广受欢迎。

2. 旅游资源

平江县有福寿山—汨罗江国家级重点风景名胜区、石牛寨国家地质公园等"国字号"品牌，有不可移动文物点300多处，是中国民间艺术之乡、中华诗词之乡。平江是革命老区，曾发生了秋收起义、平江起义等重大革命历史事件，先后走出了64位共和国将军，是全国三大将军县之一，红色文化旅游资源在全国首屈一指。

（二）脱贫攻坚的现实需要和必然选择

平江县是湖南省的欠发达地区，贫困人口众多，贫困程度较深，贫困户发展能力较弱，因病因学返贫率高。全县产业发展基础薄弱，产业规模不大，结构不优，企业盈利能力较差。政府财力持续紧张，使得扶贫脱贫的效率和效益较差。因此，充分利用丰富的旅游资源，加大旅游公共服务体系建设，提高生态旅游产业的辐射带动能力，是贫困人口如期脱贫、贫困村如期"摘帽"的现实选择和重要保证。

---

① 平江县林业局：《平江县林业局2019年简介》，平江县人民政府网，http：//www. yueyang. gov. cn/pjx/35048/35049/34997/35743/35820/35821/content_ 1313200. html。

1. 发展基础比较薄弱

平江县产业发展基础较差，新型工业方面，龙头企业支撑乏力，产业链条不长，产业规模不大、结构不优。现代农业方面，农业基础设施落后，特色产业规模不大，龙头企业带动辐射能力较弱，缺少知名度较高的农产品品牌。旅游产业方面，旅游产品单一、融资渠道狭窄，旅游公共服务体系还比较落后，旅游集散中心、交通网络、停车场等服务设施数量不足，这些都制约了扶贫产业的规模和效益。

2. 贫困程度依然较深

平江是国家级贫困县，先后于 1986 年、1994 年、2002 年和 2012 年四次被国务院定为国家扶贫开发工作重点县。2014 年，全县有建档立卡贫困村 191 个（合并后为 137 个），有建档立卡贫困户 48401 户、人口 167229 人，排名全省第 5 位。通过 2014～2016 年国家、省、市、县的合力攻坚，共有 24073 户、85173 人实现稳定脱贫，2016 年获评湖南省脱贫攻坚工作先进县。截至 2018 年 11 月，全县共有 80 个贫困村达到退出标准，11292 户、35711 人稳定脱贫。但由于平江县的贫困村、贫困户大多集中在三大山区、七大库区以及湘鄂赣三省交界的边远地区，村集体经济实力薄弱，交通等基础设施建设滞后，贫困户发展能力普遍较弱，因病因学返贫率高，贫困程度依然较深。

二 平江县推进生态旅游扶贫的基本做法

平江县树立"大生态、大旅游、大扶贫"发展理念，首先在全县范围内实施全方位、全时段和全覆盖环境整治，努力守护好"一片蓝天、一方净土、一江碧水"。在此基础上，以汨罗江为纽带，以"三山一寨"（幕阜山、福寿山、连云山和石牛寨）为重点[1]，全方位优化旅游发展的空间布局，推进全域旅游共建、共融、共享，尽最大可能让贫困人口纳入旅游产

---

① 岳阳市发改委两型办：《岳阳市平江县生态脱贫攻坚制度创新项目总结评估报告》，岳阳市发展和改革委员会网站，http://www.yueyang.gov.cn/fgw/8787/10034/content_ 1342 414.html。

业开发规划版图，探索贫困地区的"绿富双赢"之路。

（一）实施生态环境治理

成立生态环境治理领导小组，出台相关政策措施，制定环境整治的"十无""十禁"目标，开展"十大生态专项行动"和"三大工程"，健全责任落实和考核奖惩等机制，激发生态环境治理的推进合力。

1. 加强组织领导

一是精心安排部署。平江县连续五届县委、县政府都将"生态立县"作为基本战略，成立了县长任组长的领导小组，下设县生态文明办公室，将县农村环境综合整治办、县城乡环境整洁办、县畜禽养殖污染整治办全部并入统一管理，共同推进生态文明建设。二是健全落实机制。按照生态建设组织管理体系，县生态文明办公室做好生态建设推进行动方案的实施工作，各乡镇党委、政府确定专门的工作班子和管理队伍，出台工作举措，按照各自工作责任分工抓好工作落实。三是完善考核机制。推行环保"一票否决"制度，坚持"先评价、后建设"和"总量控制"原则，坚决杜绝高污染、高能耗项目上马。建立了奖惩分明的考核机制，实现了生态文明创建工作的全面推进。

2. 推进全域环境整治

实施了《平江县全域环境综合整治整县推进实施方案》《平江县全域环境综合整治整县推进资金整合办法》《平江县全域环境综合整治督查考核办法》等政策文件。推进重点整治与全面整治同步，农村整治和集镇整治同步，部门行动与镇村行动同步，环保设施建设和长效机制建设同步，全域环境整治与生态示范创建同步。树立了无违章棚亭棚屋，无白色塑料垃圾等"十无"目标，开展了禁采、禁渔等"十禁"行动。要求全县乡镇及相关县直单位有运作机制，有筹资办法，有奖惩机制等，做实"十有"规定动作。

3. 开展"十大生态专项行动"和"三大工程"建设

全面开展了节能减排、生态经济、绿色县城、洁净乡村、清洁水源、清洁空气、清洁土壤、森林平江、绿色殡葬、绿色创建"十大专项行动"。实施"三大工程",一是实施碧水工程,保护水域生态。对全县畜禽养殖进行排查摸底,划分了"禁养区、限养区、适养区"。按照"受保护地区占全县国土总面积比例达到30%"的目标,对全县集中式饮用水水源地等保护区圈定保护区红线,全县饮用水水源保护区有3个已实施生态移民,完成了36个饮用水水源标志牌的设立和截污沟的建设,全县城镇生活污水集中处理率达到70%以上。二是启动秀美工程,保护林业生态。全面推行城乡公墓山制度,主干公路沿线、主要河道沿线和集镇规划区、旅游景区等"三沿六区"全面禁葬。开展了长石、黄金和铅锌等矿业专项整治。三是突出绿色工程,保护农业生态。以绿色生态为依托,绿色产业不断壮大,有机茶叶、有机蔬菜、有机水果、优质矿泉水等绿色产业成为县域发展的支柱产业。

4. 健全责任落实机制

制定推行重奖重罚制度,每月对县考核排前三名的乡镇,奖励6000~10000元;排后三名的,处罚6000~10000元。每年对考核前三名的乡镇,奖励20万~30万元;排后三名的,处罚2万~5万元。乡镇考核村,给予500~3000元的考核奖罚。全县配备保洁员2119人,村村都成立环保理事会、制定村规民约,构建了"政府主导、部门主责、乡镇主抓、群众主体"的环境整治责任网络。

5. 建立多方筹资机制

除上级安排的4800万元专项资金外,平江县财政每年预算专项经费1200万元,整合"一事一议"、污水处理、养殖大户奖补等资金6000余万元,各乡镇根据实际配套3000万元,村组每年自筹2000余万元,投入生态环境整治中。18个乡镇垃圾转运站建设从县城建投借支3000万元,天岳污水处理厂建设通过PPP方式融资6000余万元。

6. 完善宣传推进机制

结合全域环境综合整治进乡村、进农户、进学校"三进"活动,利用电视台、标牌等方式加大宣传力度，曝光不文明现象，向全县发出《关于节俭操办婚丧喜庆事宜的倡议书》，倡导大众爱护环境、关心生态。积极推动国家级、省级生态县、乡镇、村创建，将位于主要景区、边界集镇的乡镇优先列为样板乡镇管理，由相关乡镇自愿申报，县领导小组审核批准、逐项验收。对经批准的样板乡镇实行项目优先支持、生态文明村指标加倍安排，充分宣传推介样板乡镇、样板村的先进经验与典型事迹。

（二）推动生态产业与就业扶贫

实施生态产业、生态就业、生态搬迁扶贫相结合，出台相关政策方案，以扶贫村为重点，加快发展特色优势农产品，依托大型企业、农业合作社，带动贫困人口脱贫致富。创建生态护林员和生态环境保护员制度，并在人员选聘、上岗、待遇、考核、奖惩等方面提出了明确规定。建立"三定一帮"制度，依据贫困户情况分别予以安置，在工业园区预留工作岗位，解决贫困户的后顾之忧。

1. 实施生态产业扶贫

出台了《关于加快林下经济发展的意见》等政策文件，编制了楠竹、油茶、菌类等5个《产业项目扶贫规划》，在资金、人才、设施设备等方面予以扶持。发动机关干部职工与联系村的贫困户实现一对一精准帮扶，大力发展林下养殖、种植；引导国有（森工）林场充分发挥自身优势，通过租赁、流转等多种形式与贫困山区农民开展合作造林，实现互利共赢，带动当地农民脱贫致富。充分依据山区的自然资源条件，强化龙头企业、专业合作组织的示范带头作用，引导贫困户重点发展林下种植养殖、乡村旅游等产业。驻村单位以扶贫专业合作社牵头连片种植的形式，种植黄桃、柑橘等优质水果，发展优质稻米、红薯、优质油菜、高山有机茶等项目，扶持贫困村实施稻田综合种养项目，扶持组建贫困村扶贫专业合作社。

2. 实施生态就业扶贫

一是出台了《平江县建档立卡贫困人口生态护林员实施方案》《平江

县生态环境保护员补贴项目实施方案》等规章制度。二是实施了贫困人口的精准选聘。重点安排生态林面积大、生态区位重要、贫困程度深的地区的贫困人口，并按公告、申报、考察、公示正规流程选聘，切实增加贫困户的经济收入。三是实行"上岗证"准入制度。对选聘人员集中培训时间不少于4课时，经考试合格，颁发"护林员上岗证"等合格证书，持证上岗。四是实施动态考核管理。按照"县建、乡聘、站管、村用"的管理制度，一年一聘，由乡镇负责考核和管理，按照履职情况，对生态环境保护员实行动态调整，对表现优秀的优先予以聘用。

3. 实施生态搬迁扶贫

出台了《平江县"十三五"期间易地扶贫搬迁工作总体方案》和《平江县易地扶贫搬迁实施细则》，合理定村子、公正定户子、科学定盘子、帮助建房子找位子，并在确定对象、安置模式、搬迁后就业等方面做出了明确规定。一是确定易地搬迁扶贫对象。易地扶贫搬迁对象要具备五个条件：是建档立卡贫困对象，贫困户完全自愿，安置后原有房屋由政府予以处置等。二是实施县城安置、乡镇安置和就近安置多种形式相结合。其中，县城集中安置点定在县城规划建设用地范围之内；乡镇集中安置点依据产业发展情况、基础建设情况等因素统筹考虑；行政村就近安置按照"统一规划、统一配套"的原则进行安置，实现乡村规划和生态搬迁安置相结合。三是实施搬迁人口精准就业帮扶。依托县城及集镇工业区较为成熟的产业基础，给安置区贫困劳动力提供更多的就业创业机会，进一步完善园区设施配套和劳动力配套，为易地搬迁人口创造更好的就业环境。

（三）推进生态旅游扶贫

强化规划的引领作用，创新旅游管理体制机制，引导社会资本参与旅游项目，积极发展乡村旅游，拓宽贫困群众增收渠道。

1. 规划引领，强化顶层设计

按照"三山一寨一江一城"的旅游发展总体布局，高规格组织编制了《平江县全域旅游发展规划》。以全域旅游规划为指导，编制了《大石牛寨景区规划》以及其他景区、乡村旅游等专项规划共计 27 个，均由甲级资质单位负责编制，并实行县旅游发展委员会前置审批制度。最终形成了涵盖概念性规划、控制性和修建性详规，上位规划指导下位规划的"全域—专项—分类"的旅游规划体系，充分实现了多规合一。

2. 创新驱动，破解管理障碍

一是成立了县旅游产业发展领导小组，县委书记、县长任"双组长"；创建旅游项目服务制度，重大重点项目由县级领导牵头，实施从项目洽谈、建设到运营管理的"一条龙"服务。二是在全省率先成立统筹协调机构——旅游发展委员会，并成立旅游市场质量监督所、旅游执法监察大队等 10 个部门，在 24 个乡镇设立旅游发展办公室。三是出台了《平江县旅游景区管理办法》等文件，有效解决了行业违法行为整治、矛盾调处、环境营造等工作中的实际问题。

3. 景区带动，引领群众参与

一是提高群众参与能力。结合全县脱贫攻坚行动，积极开展红色革命精神宣讲和烈士公祭及旅游服务知识讲座活动；依托县职业技术学校，每年开设两期成人旅游管理、服务人才培训班，提高了参与旅游、服务旅游的本领技能。二是加快景区项目建设。按照"三山一寨一江一城"的总体布局，坚持规划引领，全力推进项目建设，不断优化景区服务，提升旅游质量。在精诚服务上，开通了残疾人通道、游客休息长廊，做到统一着装，规范服务；在经营发展上，成立红色文化交流中心，开发了木质雕像、诗书字画现场表演和系列旅游纪念品；在规范管理上，实行划片分区、定人定岗、错时值班，消除管理空档。三是建立结对帮扶制度。组建了全国首个县级旅游扶贫联盟，由 16 家景区每区结对帮扶 1 个贫困村，带动贫困群众参与到旅游发展和景区建设中。

4. 金融撬动，盘活资金投入

成立了县旅游发展投资有限公司，设立旅游产业发展专项引导基金，鼓励引导企业资本、金融资本、社会资本等通过参股、租赁、分红等形式参与旅游开发项目。2016~2018 年，实施了 S308 旅游主干道和城区 59 公里道路油化改造等工程，实现了平江起义旧址等红色旅游景点与石牛寨等生态休闲体验游景点线路的畅通，同时，强化旅游景区公共服务设施建设，极大提升了旅游公共服务能力。

5. 市场推动，增强发展后劲

一是创新红色旅游方式。坚持以红色文化传承红色精神，以红色旅游传播红色文化，受到旅行社和游客的广泛欢迎。二是宣传旅游节会活动。建立旅游品牌网络营销机制，形成了"旅游网站 + 社交媒体 + App + 在线旅游服务"一体化网络营销体系，组建了涵盖 33 个县级电视台的电视联盟体，充分利用多种形式宣传推广平江旅游品牌。三是促进区域联系合作。加强与江西、湖北等地联系，召开湘鄂赣三省五市二十县市联席会议，建立了"井冈山革命根据地—南昌起义旧址—大别山"红色旅游精品线路，开展了大湘东红色旅游线路推广活动，促进了平江红色旅游业的发展。

三 平江县生态旅游扶贫的主要成效

通过实施全域环境治理、全域旅游开发和全域扶贫脱贫行动，平江县的生态创建成就辉煌，生态旅游产业有力地带动了全县经济的快速发展，生态就业和生态搬迁扶贫有效解决了贫困人口的从业和住房问题，"大生态、大旅游、大扶贫"的平江模式在全社会引起强烈反响，平江经验在全省、全国得到广泛推广。

（一）生态建设成绩突出

生态环境基础设施建设进一步完善，农村污水和垃圾治理成效明显。企业"关停并转"和节能减排、植树造林和矿区复绿、废气废水废渣治理等效果显著。生态品牌创建成绩辉煌，多次获得国家级、省级荣誉，为旅游业的大发展打下了坚实的生态基础。

1. 环境基础明显改善

大力开展垃圾处理设施建设，截至 2018 年底，全县建成日处理 220 吨无害化垃圾处理场 1 个，建成县城、工业园、长寿、南江、安定 5 座污水处理厂，建立垃圾转运站 24 个，共购买垃圾清运车 300 多辆，垃圾桶 16 万多只，基本实现生产生活垃圾的收集、运输和集中处置。建设农村集中式污水处理人工湿地 2 个，建设散户生活污水处理设施 15000 多套，农村饮用水质量明显改善。改水改厕全县总数增加到 16 万多户，全县配备卫生保洁员 2119 人。

2. 环境治理成效显著

截至 2018 年底，淘汰关闭涉重金属企业 30 家，关停并转"十五小"企业 16 家，积极开展企业的节能减排和清洁化改造工作。关停长石洗台 93 个，封堵矿洞 36 个，取消非法砂场 200 多家，查处破坏生态环境违法案件 85 起。营造林地面积 26.5 万亩，恢复矿区植被 1.5 万亩，矿区治理和复绿工作成效明显。全县城镇生活污水集中处理率达到 70% 以上，城区空气质量优良率在 95% 以上，汨罗江水质达到国家二类水质标准。

3. 生态创建成绩辉煌

成功创建国家卫生县城、国家园林县城、全省文明县城，积极争取创建全国文明县城。截至 2018 年底，平江共拥有国家级生态乡镇 1 个、湖南省生态乡镇 20 个，国家级生态村 1 个，省市生态示范村 31 个。成功创建国家 4A 级景区 2 家、3A 级景区 4 家，积极推动石牛寨景区创建国家 5A 级景区。同时，创建国家森林公园 2 处，国家风景名胜区、国家地质公园、国家湿地公园、全国红色旅游经典景区各 1 处。

（二）旅游发展成效显著

理顺了旅游管理机制，整合了各类资源，形成了旅游发展的强大合力，旅游经济实现快速发展，旅游品牌全面打响，对县域经济的支撑作用进一步增强。

1. 旅游经济快速发展

2018 年全年共实现旅游总收入 136.5 亿元，同比增长 26.3%（连续四年收入增速都在 20% 以上），高于同期 GDP 增速 10 个百分点以上；共接待游客 1923 万人次，同比增长 23.5%，旅游产业成为引领平江经济高质量发展的中流砥柱。

2. 旅游品牌逐步打响

2018 年，天岳幕阜山"天岳飞龙"、沱龙峡高空玻璃滑道等设施建成运营，平江起义纪念馆、中共平江县委旧址修缮工作全面完成，原本山水白鹭湖国际旅游度假区等项目推进顺利，旅游公共服务能力进一步提升。在湖南省委省政府、岳阳市委市政府的大力支持下，成功举办了"平江起义"90 周年暨中国（湖南）红色旅游文化节等重要活动。积极推进景区"创 A"行动，对旅行社和游客的吸引力进一步增强。2018 年县域旅游经济综合指数排名全省第四位。

3. 体制机制不断健全

建立了由县委书记、县长任组长的旅游产业发展"双组长"制度，切实加强了旅游工作的领导和统筹。2017 年 5 月，召开了全县旅游综合改革工作会议，实行了"1 + 6 + N"旅游综合体制改革（"1"即成立县旅游发展委员会；"6"为县交通警察旅游服务办公室等 6 个部门；"N"即在发改、交通等 16 个部门和 24 个乡镇设立旅游发展办公室），进一步整合旅游发展的行政资源，理顺旅游管理的体制机制，形成旅游发展的强大合力。2017 ~ 2019 年，"1 + 6 + N"旅游综合体制改革成效和经验在全省、全国得到有效推介和广泛借鉴。

（三）扶贫脱贫效果明显

通过创建就业岗位、开发乡村民宿等措施发展旅游产业，通过实施项目拉动、产业带动、科技扶持等措施发展生态产业，通过建立生态护林员和保洁员制度，创建易地搬迁扶贫模式，有效带动了贫困人口稳定脱贫。

1. 产业扶贫脱贫

2018 年，平江县共实现旅游总收入 136.5 亿元，同比增长 26.3%，旅游产业已经成为县域经济的支柱产业。石牛寨、天岳幕阜山等旅游品牌在全省、全国的知名度进一步提升，特色旅游、乡村民宿等产业蓬勃发展，全县参与旅游经营、服务人数达 4.63 万，共帮助 3.1 万贫困人口稳定脱贫。同时，把产业发展作为扶贫脱贫的着力点，通过项目引领、资金扶持、科技培训，带动全县 7 万余户贫困农民脱贫致富，其发展成效和经验被省林业厅和国家林业局广泛推介。2018 年，全县共发展林下经济 40 多万亩，产值达 8 亿元，有精准扶贫户 2.8 万户参与其中，户均年增收 3500 多元。

2. 就业和搬迁脱贫

出台了《平江县建档立卡贫困人口生态护林员实施方案》《平江县生态环境保护员补贴项目实施方案》等制度，稳定提供了数千个生态护林员和生态保洁员岗位。建立"三定一帮"的易地搬迁扶贫模式，在县城建成可容纳 7000 余人的大型集中安置区，在工业园为每个贫困家庭至少提供一个就业岗位，切实解决搬迁贫困户的后顾之忧。

（四）形成典型发展模式

平江大力推进"大生态、大旅游、大扶贫"发展战略，实现了生态、旅游、扶贫三要素的紧密结合，形成了三类典型发展模式，分别是以黄金洞林场为代表的自然资源型，以湘野生态农业发展有限公司和长寿镇国富村为代表的城郊休闲型，以湖南秋湖黄金茶业有限公司和淡江村茶叶白酒生产基地为代表的精深加工型。

1. 自然资源型

依托丰富的林地、农业资源，以贫困户为主要合作对象，通过林地耕地入股、特色种植养殖、农旅综合开发等形式，将贫困户手中的资源变资产、资产变资本，最大限度发挥资源的使用价值，助力贫困户脱贫致富。主要有黄金洞林场模式、秀美茅田旅游发展模式等。

黄金洞林场，位于长寿镇黄金洞库区 5 个村，带领 5 个村的群众积极发展以杉木经济林为主的种植业。一是优先与贫困群众开展联营造林。由贫困户提供山林，林场负责荒山造林、抚育管理，树木成熟后，由林场帮助办理手续，进行采伐和销售，最终收益按照贫困户占60%、林场占40%进行分配，按年均出材7000立方米算，每年为贫困群众创收220万元以上。二是优先为贫困群众提供就业。林场每年开展造林、抚育、采伐、运输都需要大量劳动力，在用工过程中，林场优先招用精准扶贫户，近三年来，每年向贫困户发放的劳务工资都在150万元以上。三是优先为贫困群众做好林业规划和申报工作。每年年初，林场根据贫困户山林的实际情况，指导他们有规划地进行申报、采伐。采伐结束后，林场再提供技术帮助，督促农户及时还林，有效保障了山林的持续利用。

秀美茅田旅游服务有限公司，位于安定镇茅田村，注册资金1000万元，以农旅综合开发为主，计划建设总面积15平方公里的"平江县茅田国家农业公园"项目，共联系建档立卡贫困户36户112人。茅田无花果基地是本项目的第一个子项目，种植无花果300亩，紫薇70亩，三叶木通30亩。已与湖南农科院土肥所合作，技术指导、肥料、农药都由其承包，2018年无花果产量达35万公斤，实现收入700万元。公司已成功注册"穿岩寨"商标，用于农产品开发销售，注册成功"下乡宝"商标，用于开发乡村旅游App项目，为解决无花果销售问题，计划投资200万元建立无花果加工厂。

2. 城郊休闲型

充分利用距离城区较近、交通便捷、特色文化丰富的优势，通过专业化的团队运营管理，打造线上线下销售平台，发展乡村民宿和农家乐，构建集"吃住行游购娱康"于一体的城郊综合型度假区和文化体验示范基地。主要有湘野生态农业模式、长寿镇国富村模式等。

湘野生态农业发展有限公司，位于安定镇横冲村，由青年创业团队负责管理运营，18名创业青年占股60%，村集体占股40%，村集体占股中特设"创成扶贫公益协会"占股10%，股权收益专门用于横冲村精准扶贫。公司赢利后按股份分成，带动加盟农户月均增收1600余元。四大主营板块：一是湘村客栈。包括农家客栈和农家餐厅，客栈采用"公司＋合作社＋农户"模式，以旅游专业合作社为经营主体，组织农户对现有空置民房进行适当改造，统一标识、统一管理、统一结算，通过互联网平台、户外广告、景区联动、团体对接等方式承接客源。现有 22 家农户和 3 个农家餐厅加盟，公司与加盟户按照 3∶7 的比例分成。二是休闲旅游。依托土地股份合作社，开发 300 亩向日葵花海、200 亩湘莲、100 亩无花果等自然景观，以及知青酒吧、大队食堂、跑马场等配套项目。三是湘野电商平台。致力于打造面向全国的农村电商平台，带动平江及周边优质农特产品实现网上销售。通过淘宝、苏宁易购、挑食猫、步步高等平台，销售土鸡蛋、土鸡、笋干等农特产品，销售额达 30 余万元。四是惠民综合服务中心。惠民综合服务中心（公司实体门店）是省供销社控股的惠民供销公司在岳阳市开设的首家惠民综合服务网点，是集精品导购、便民自提、配送售后于一身的生活 e 站。

长寿镇国富村：以"长寿"为主题，突出打造以民俗、美食、传统文化等为特色的响亮品牌。形成了以"十大碗"为特色的美食文化，以特色小院、田园风光为主的乡村民宿，以酱干、麻糖等为主的特色小吃。着力构建集"吃住行游购娱康"为一体的新型综合度假区，打造了 10 个长寿农家乡村客栈，4 个民俗书画工作室以及稻田捕鱼、田间捉虾等独具特色的"长寿"体验方式。

3. 精深加工型

生态旅游产业应摒弃单一的种植养殖、休闲观光等形式，进一步延伸和完善产业链条，吸引专业合作社和贫困户参与，创新运营模式，打造农旅品牌，形成集种植养殖、精深加工、观光旅游等于一体的发展业态，提升产品附加值。主要有秋湖黄金茶业模式、淡江村茶叶白酒生产模式等。

湖南秋湖黄金茶业有限公司，位于安定镇秋湖村，秋湖村成立秋湖硕果种植养殖扶贫专业合作社，与湖南秋湖黄金茶业有限公司合作开发茶叶产业。运营模式：按照"公司 + 合作社 + 致富能手 + 贫困户"模式，依托自身特产高山云雾茶，打造"黄金 2 号"特色品牌，大力发展茶叶产业。产业规模：目前种植面积 250 亩，计划后期扩大种植规模达 450 亩。利益联结：通过入股分红方式联系贫困户 45 户，年底每户可分红 800 元；通过土地流转方式联系贫困户 15 户，每年户均可增收 1200 元；通过劳务用工联系贫困户25户，预计年底每户可增收5200元。

淡江村茶叶白酒生产基地，位于三市镇淡江村，基地占地400亩，酒厂占地400平方米，基地以"工作队指导、党员带头领办、贫困户共同参与"模式运行，共90户农户参与，其中精准扶贫户19户，生产"源民茶""谷雨烟茶"等有机茶和"淡江醇""溪里佛图"等原种稻原浆酒。湖南理工大学驻村工作队为扩大销售渠道，在大学教职工中广泛宣传淡江有机茶、原浆酒，与湖南省茶业集团达成合作协议，以保护价收购淡江有机茶，确保销路畅通。该基地为19户贫困户提供采茶、制酒等工作岗位，并以每年300~400元/亩的价格流转100多亩土地，19户精准扶贫户每户每年可稳定增收1800元。

四 平江县生态旅游扶贫的经验启示

近年来，平江县通过实施"全域生态整治、全域旅游开发、全域扶贫脱贫"行动，经济发展、环境治理和扶贫脱贫实现了紧密结合，取得了很好的发展成效。其主要经验有以下几方面。

（一）要实现生态旅游扶贫三元融合发展

要推进生态、旅游、扶贫三元的紧密结合、融合发展，助力脱贫攻坚。一是要实现生态开发与县域发展战略相结合。要紧盯贫困村和贫困户"脱贫摘帽"大目标，以资源为依托，以龙头企业为引领，以项目为抓手，以贫困户为扶持对象，加快林业、农业、旅游业等生态产业开发，发挥经营大户与专业合作社的示范带头作用，带动贫困地区群众脱贫。针对生态脆弱区实施生态搬迁扶贫，按照完全自愿和因地制宜的原则，对搬迁群众进行安置。在工业园区为贫困户预留工作岗位，化解贫困户搬迁后的就业问题。二是要实现全域环境整治和全域旅游开发相结合。要以全域环境整治优化旅游发展环境、打造旅游项目，依托良好的生态环境，大力发展乡村民宿、乡村旅游，提升对旅行社和游客的吸引力。整合生态、旅游等部门资源，推进生态与旅游协同发展，创新旅游管理体制，实现生态治理与旅游发展的紧密结合。三是要实现生态旅游发展和脱贫攻坚相结合。要建立"政府主导、企业支持、群众获益"的生态旅游扶贫利益联结制度，充分发挥龙头企业、经营大户和专业合作社的引领带动作用，强化科技教育培训，因地制宜引导扶贫户发展特色农业、林下经济与旅游业。组建县级旅游扶贫联盟，充分发挥旅游资源丰富的优势，带动贫困人口脱贫奔小康。

（二）要推进生态旅游扶贫管理体制机制创新

一是要实施生态旅游扶贫规划先行，强化顶层设计和多规合一。要高规格编制旅游发展总体和专项规划以及控制性详细规划、修建性详细规划，形成"全域—专项—分类"的规划体系。实现下位规划有上位规划明确指导，上位规划有下位规划的实质性推进路径，旅游产业发展思路、基础设施建设、项目重点和布局、资金扶持等有明确规定，切实推进多规合一。二是要整合部门资源，创新生态旅游扶贫综合管理体制机制。平江在全省率先成立旅游发展委员会，创新"1＋6＋N"旅游管理体制改革，通过"1＋6＋N"模式进一步整合旅游发展的部门行政资源，实现了"三重工作"的制定、推进、督查的常态化，形成了生态旅游的良性发展机制，具有重要的借鉴和参照意义。三是要成立旅游扶贫联盟，推动乡村旅游快速发展。要以深度贫困村和贫困户为主要扶持对象，推动涉旅企业联合成立"县域旅游扶贫联盟"。按照完全自愿、就地就近、共同发展的原则，以帮助就业、入股分红、土地流转等多种形式让贫困群体分享景区发展带来的效益。四是要建立区域生态旅游的合作共赢机制，实现抱团发展、融合发展。要加强与周边区域的旅游发展合作，建立联席会议制度，发布旅游发展共识，通过联席会议机制优化区域旅游产业布局，避免旅游产品和模式的同质化竞争，实现强强联手、抱团发展。

（三）要创新发展生态旅游扶贫模式

生态扶贫方面要打造"四动"模式。一是就业拉动。要在生态旅游开发中帮助有劳动能力的贫困户就业，向所有贫困劳动力送达《用工通知单》，发动参与生态护林、环境治理等用工。实现易地搬迁的县城集中安置、乡镇集中安置和行政村集中安置相结合，以发展成熟的产业园区为重点，通过政府搭台的方式为搬迁户预留工作岗位，为每个贫困家庭至少提供一个就业岗位，实现搬迁家庭"零就业"动态清零。二是让利推动。要在生态旅游扶贫开发进程中，鼓励大型企业、盈利能力较好的企业主动让渡部分利益给贫困户，以增加其收入。如誉湘农业有限公司为贫困户提供优质红薯苗，在红薯收购中让利 0.1 元/斤给贫困户，并执行保护价对红薯进行收购。三是分成驱动。要鼓励贫困户以土地、林地等资源入股企业，参与生态旅游扶贫项目的收益分配。如黄金洞林场与贫困群众开展联营造林，由贫困户提供山林，林场负责荒山造林、抚育管理、采伐和销售，最终收益按照贫困户占 60%、林场占 40% 进行分配，每年为贫困群众创收 220 万元以上。四是帮扶带动。要动员涉旅机构、干部职工与贫困户"一对一结对帮扶"，明确帮扶职责，通过捐款、入户慰问、派遣干部职工担任驻村干部、开展科技培训等多种形式促进贫困户脱贫，确保每个在岗职工帮扶 2~5 户贫困户，实现结对帮扶全覆盖。旅游扶贫方面要打造"四带"模式。一是线路带区。要积极融入区域精品文化旅游线路，努力争取政策、资金和项目扶持，带动贫困地区发展。建立联席会议机制，优化旅游产业布局，共同打造精品旅游项目，引导形成区域生态旅游扶贫开发合作新格局。二是景区带村。要按照就地就近原则，以盈利能力较强的景区为主体，以贫困程度较深的农村为对象，每家景区分别结对帮扶 1 个贫困村，在就业岗位、提供摊位、乡村旅游等方面给予扶持。如天岳幕阜山景区结对帮扶南江镇凤凰山村建设的樱花世界景区、石牛寨景区开发的农村旅游商品一条街等都取得了明显成效。三是老板带组。要鼓励企业家参与扶贫，通过"公司＋合作社＋精准扶贫户"等模式引导全社会参与生态旅游扶贫工作。截至 2018 年底，平江共发展创客 e 族 12 家、乡村旅游合作社 51 家、农家乐 800 余家。四是干职带户。要发挥党员干部先锋模范作用，林业、旅游业等部门党员干部带头参与结对帮扶工作，鼓励重点企业干部职工参与结对帮扶，创新形式、细化责任、强化考核，确保帮扶工作全面到位。

（四）要建立健全生态旅游扶贫风险应对机制

一是要组建高规格组织领导机构化解各种困难矛盾。要实行生态旅游管理的"双组长"制度，由党委书记、政府部门一把手担任生态旅游发展领导小组组长，成立旅游工委，组建旅游扶贫联盟，成立旅发委并采取

"1 + 6 + N"模式进行管理，形成生态旅游扶贫由多个部门齐抓共管的发展格局，在市场发展、困难化解、矛盾调处等方面发挥更大作用。二是要开展规模化经营应对风险。要构建"公司 + 基地 + 农户"产业发展机制，按照完全自愿、利益为主的原则，引导农村土地流转和规模化经营，化解单个农户、小规模经营可能遭遇的风险。建立合作社管理机制，加大专业合作社的扶持力度，支持贫困村依托扶贫专业合作社实实在在发展产业，对没有发展产业的"空壳合作社"，对主要负责人予以惩处。三是要实施契约风险管理机制。要大力推行合同化管理模式，所有企业都与贫困户签订土地流转合同、劳务用工合同、股份委托帮扶合同，通过合同明确生态旅游扶贫开发中各主体的权益和法定责任，减小贫困户参与产业开发的不确定性风险。在合同条款中要明确前期兜底、收购价格和利润分红比例。产业发展初期贫困户无收益时，公司需每年支付固定收益给贫困户；产品价格波动时公司实施保底价收购；项目达产获利后，采用无偿转让资产和入股分成等方式实现利润共享，多渠道降低贫困户参与产业扶贫的风险。

附

录

本书各类评价模型计算部分程序示例

应《长江经济带绿色发展报告（2017）》读者要求，这里以全经济带各类指标核算为例，介绍本书及《长江经济带绿色发展报告（2017）》中长江指数计算程序，该程序需在 MATLAB 平台下运算。

1. 长江经济带 36 个指标归一化程序（归一化上下限值选取 2011～2015 年表现最优和最差值）：

	TOPDOWN = [16413	103796	%1. 人均 GDP
	32.52123	67.75594	%2. 第三产业增加值占 GDP 比重
	0.394297	1.279431	%3. 万元 GDP 能耗
	8.001329	17.85337	%4. 工业劳动生产率
	0.59	3.73	%5. R&D 经费投入强度
	12.05595	93.25052	%6. 万人拥有科研人员数
	0.906716	42.42336	%7. 万人发明专利授权量
	14.01069435	31.69772061	%8. 技术市场成交额年增速
	2.235746	10.3635	%9. 信息产业占 GDP 比重
	−59.735	53.26088	%10. 规模工业企业新产品销售收入年增速
	34.96685	89.60663	%11. 城镇化率
	2.069324	3.979109	%12. 城乡居民收入比
	0.011064	0.444058	%13. 出口交货值相对规模
	8.978183373	17.11566612	%14. 直接利用外资
	1.5107	8.15739	%15. 地方财政住房保障支出比重
	0	0.4	%16. 泰尔熵

41.31598	224.6125	%17. 万元 GDP 水耗
223.7449	1365.415	%18. 农业用水效率
29.96956	178.9307	%19. 工业用水效率
37.71527	106.5839	%20. 人均生活用水量
0	100	%21. 长江流域国控断面三类（水质）以上占比
0.45	73.27	%22. 湿地面积占比
971.0047	3709.83	%23. 人均城市污水处理能力
0.791293	6.635634	%24. 化学需氧量排放强度
0.169165	0.83886	%25. 氨氮排放强度
0.209752	0.760897	%26. 化肥施用强度
0.002988	0.035513	%27. 农药施用强度
1.246078	4.224386	%28. 财政节能环保支出占比
6.149989	22.18253	%29. 水利环境固定资产投资占比
11.04065	35.32564	%30. 万人拥有环保人员数
10.7	60	%31. 森林覆盖率
32.3	46.8	%32. 建成区绿化覆盖率
38.08219	100	%33. 城市空气质量优良率
8.56	15.99	%34. 公共交通覆盖率
61	100	%35. 生活垃圾无害化处理率
3	759	%36. 突发环境事件次数

```
];
[r, ll] = size（TOPDOWN)%用 r 来记录行数，即指明有多少个指标
```
需要归一化

```
character = [1 %1. 人均 GDP
1    %2. 第三产业增加值占 GDP 比重
2    %3. 万元 GDP 能耗
1    %4. 工业劳动生产率
1    %5. R&D 经费投入强度
1    %6. 万人拥有科研人员数
```

1　％7. 万人发明专利授权量

1　％8. 技术市场成交额（区域板块用年增速，省域用总量）

1　％9. 信息产业占 GDP 比重

1　％10. 规模工业企业新产品销售收入年增速,％

1　％11. 城镇化率

2　％12. 城乡居民收入比

1　％13. 出口交货值相对规模

1　％14. 直接利用外资（区域板块用年增速，省域用总量）

1　％15. 地方财政住房保障支出比重

2　％16. 泰尔熵

2　％17. 万元 GDP 水耗

2　％18. 农业用水效率

2　％19. 工业用水效率

2　％20. 人均生活用水量

1　％21. 长江流域国控断面三类（水质）以上占比

1　％22. 湿地面积占比

1　％23. 人均城市污水处理能力

2　％24. 化学需氧量排放强度

2　％25. 氨氮排放强度

2　％26. 化肥施用强度

2　％27. 农药施用强度

1　％28. 财政节能环保支出占比

1　％29. 水利环境固定资产投资占比

1　％30. 万人拥有环保人员数

1　％31. 森林覆盖率

1　％32. 建成区绿化覆盖率

1　％33. 城市空气质量优良率

1　％34. 公共交通覆盖率

1　％35. 生活垃圾无害化处理率

2　％36. 突发环境事件次数

```
];%确定每个指标的性质，为一个 r 行 1 列的矩阵，效益型指标 1，
成本型 2，适中型 3
A = [];%A 矩阵用来存放需要进行归一的指标历年值，行数显然 =
r，列数 = 年份数
[r，l] = size（A）;%列数 l = 年份数
B = [];%用来存放归一化后的矩阵
i = 1;
j = 1;
while i < r + 1
while j < l + 1
if character（i） = =1%如果这一指标是效益型指标
if A（i，j） < = TOPDOWN（i，1)%若小于等于下限
B（i，j） =0;
elseif A（i，j） > = TOPDOWN（i，2)%若高于等于上限
B（i，j） =1;
else B（i，j） = （A（i，j） - TOPDOWN（i，1)) / （TOPDOWN
（i，2） - TOPDOWN（i，1));
end
elseif character（i） = =2%若是成本型指标
if A（i，j） < = TOPDOWN（i，1)%若小于等于下限
B（i，j） =1;
elseif A（i，j） > = TOPDOWN（i，2)%若高于等于上限
B（i，j） =0;
else B（i，j） = （TOPDOWN（i，2） - A（i，j)) / （TOPDOWN
（i，2） - TOPDOWN（i，1));
end
else %如果是适中型指标
if （A（i，j） < = TOPDOWN（i，1)) ｜ （A（i，j） > = TOPDOWN
（i，2))%若小于等于下限或者大于等于上限
B（i，j） =0;
```

```
    elseif A (i, j) > = (TOPDOWN (i, 1) + TOPDOWN (i, 2)) /2
%若大于等于中间值
    B (i, j) = 2 * (TOPDOWN (i, 2) - A (i, j)) / (TOPDOWN
(i, 2) -TOPDOWN (i, 1));
    else B (i, j) = 2 * (A (i, j) - TOPDOWN (i, 1)) / (TOP-
DOWN (i, 2) -TOPDOWN (i, 1));
    end
    end
    j = j + 1;
    end% 一行的历年数据全部在此循环归一化
    j = 1;
    i = i + 1;
    end% 全部指标的数据归一化结束，外层循环结束
    disp (分指标个数和输入组数分别为);
    r
    l
    disp (矩阵归一化结果为);
    B% 输出归一化的结果


2. 长江经济带长江指数评价计算程序
%36 指标适用的评分程序，7 个准则层
% B 为 36 指标归一化后的结果
B = [ ];% 写入归一化矩阵，行数 = 指标数，列数 = 年份数
% 将 B 转换为灰色关联系数
maxmax = 1;% 两级最大极差
minmin = 0;% 两级最小极差
LX = 1;% 理想序列为全 1 矩阵
B = (minmin + 0. 5 * maxmax) ./ (abs (LX - B) + 0. 5 * max-
max);% 计算灰色关联系数矩阵
    AHP = [0. 1333
```

0. 2519

0. 4520

0. 1629

0. 3406

0. 1432

0. 1459

0. 1566

0. 1165

0. 0971

0. 2758

0. 2196

0. 0651

0. 0804

0. 0963

0. 2628

0. 4491

0. 1741

0. 2128

0. 1641

0. 2740

0. 1621

0. 1659

0. 1156

0. 1014

0. 1003

0. 0807

0. 4402

0. 4351

0. 1247

0. 1843

0. 1708

0. 1176

0. 0453

0. 2002

0. 2820

];%写入最后一级的本级权重

AHPTOTAL = ［0. 0240

0. 0453

0. 0814

0. 0293

0. 0690

0. 0290

0. 0296

0. 0317

0. 0236

0. 0197

0. 0148

0. 0118

0. 0035

0. 0043

0. 0051

0. 0141

0. 0601

0. 0233

0. 0285

0. 0220

0. 0705

0. 0417

0. 0427

0. 0297

```
    0.0261
    0.0258
    0.0208
    0.0464
    0.0458
    0.0131
    0.0124
    0.0115
    0.0079
    0.0030
    0.0135
    0.0190
];%写入指标占总指标（0级指标）中的权重
AHP7 = [0.4125
    0.4645
    0.1230
    0.3425
    0.6575
    0.6103
    0.3897
];%结构优化等7个2级指标本级权重
[r, l] = size (B);%读取B的行列号
B1 = [];%存放中间的变量
B2 = [];%存放中间的变量
T = [];%记录8个分层次评分在历年的变化，行数 = 8，列数 = 年
份数
D = [];%记录3个一级指标变化（绿色增长度，绿色承载力和绿色
保障力）
S = [];%记录总层次评分变化，行数 = 1，列数 = 年份数
i = 1;
```

j = 1 ;

while j < l + 1

while i < r + 1

B1（i，j）= B（i，j）* AHP（i）;%用最后一级本级权重测算指标的（最大）得分

B2（i，j）= B（i，j）* AHPTOTAL（i）;%用占 0 级指标权重测算指标的（最小）得分

i = i + 1 ;

end

i = 1 ;

j = j + 1 ;

end

j = 1 ;

i = 1 ;

while j < l + 1

T（1，j）= B1（1，j）+ B1（2，j）+ B1（3，j）+ B1（4，j）;%结构优化

T（2，j）= B1（5，j）+ B1（6，j）+ B1（7，j）+ B1（8，j）+ B1（9，j）+ B1（10，j）;%创新驱动

T（3，j）= B1（11，j）+ B1（12，j）+ B1（13，j）+ B1（14，j）+ B1（15，j）+ B1（16，j）;%开放协调

T（4，j）= B1（17，j）+ B1（18，j）+ B1（19，j）+ B1（20，j）;%水资源利用

T（5，j）= B1（21，j）+ B1（22，j）+ B1（23，j）+ B1（24，j）+ B1（25，j）+ B1（26，j）+ B1（27，j）;%水生态治理

T（6，j）= B1（28，j）+ B1（29，j）+ B1（30，j）;%绿色投入

T（7，j）= B1（31，j）+ B1（32，j）+ B1（33，j）+ B1（34，j）+ B1（35，j）+ B1（36，j）;%绿色生活

D（1，j）= T（1，j）* AHP7（1）+ T（2，j）* AHP7（2）+ T（3，j）* AHP7（3）;

```
D（2，j）= T（4，j）* AHP7（4）+ T（5，j）* AHP7（5）;
D（3，j）= T（6，j）* AHP7（6）+ T（7，j）* AHP7（7）;
S（j）= 0;
while i < r + 1;
S（j）= S（j）+ B2（i，j）;% 计算历年 0 级指标
i = i + 1;
end
i = 1;
j = j + 1;
end
T = T. * 100;
D = D. * 100;
S = S. * 100;% 换算成百分制
disp（7 个二级指标评分矩阵为）
T
disp（分为绿色增长度等 3 一级指标时，计分为）
D
disp（绿色发展水平总指数评分矩阵为）
S
```

上述两个程序段可合并使用，但单独输出归一化矩阵对结果分析更有帮助。长江经济带东、中、西区域和各省绿色发展指数计算程序略有区别，这里不一一赘述。

报告精读丨长江经济带绿色发展报告（2017）

本书回顾梳理了长江经济带绿色发展的政策背景和演进历程，基于层次分析法与灰色评价法，构建绿色发展评价指标体系，将绿色发展分解为绿色增长度、绿色承载力和绿色保障力3个维度，以及结构优化、创新驱动、开放协调、水资源利用、水生态治理、绿色投入和绿色生活7项二级指标，从流域、区域、省（市）域3个层次对长江经济带绿色发展进行评价分析，并对长江经济带城市、产业、消费3大领域的绿色发展进行专题研究。

一 推进长江经济带绿色发展具有重大的战略意义

长江经济带是我国综合实力最强、战略支撑作用最大的巨型流域经济带，承担着促进中国崛起、实现中华民族伟大复兴的历史重任，推动长江经济带走生态优先、绿色发展之路，把长江经济带建设成为我国生态文明建设的先行示范带，意义非凡。

1. 推动高质量发展的必由之路

长江经济带地跨9省2市，国土面积约占全国的21%，人口和GDP均占全国的40%以上，是我国国土空间开发最重要的东西轴线，在区域发展总体格局中具有举足轻重的地位。然而，近40年来的高速增长也带来了巨大的资源环境压力和资源环境超载的困境，长期以来的粗放发展和不尽合理的产业布局，资源消耗和污染排放强度高，区域性、累积性、复合性环境风险突出，成为现阶段长江经济带高质量发展的重要瓶颈。破解发展难题决定了长江经济带的发展必须寄希望于发展模式的转型创新，把生态优先、绿色发展作为新时代推动长江经济带高质量发展的行动指南，形成"保护生态环境就是保护生产力，改善生态环境就是发展生产力"的广泛共识，摒弃传统的"高投入、高消耗、高污染、低效率"的发展模式，坚持改革引领，创新驱动，全面推动长江经济带形成节约资源和保护环境的空间格局、产业结构、生产方式和生活方式，不断提高经济社会和资源环境的协调性，以先进理念、科学思路、创新制度切实推动长江经济带以及我国经济高质量发展，标注中华民族永续发展的新高度。

2. 加快产业转型升级的必然选择

长江经济带具有优越的区位条件、优异的资源禀赋，完善的城市体系、强大的创新能力，是世界上最大的内河产业带和制造业基地，也是我国"T"形生产力布局主轴线的核心组成部分，拥有上海国际大都市和中西部广阔腹地，下游地区产业转型升级加速，中上游承接产业梯度转移的潜力日益释放，市场需求和发展回旋空间呈现双旺态势。但从总体上看，依然存在产业发展层次低、空间布局不合理、区域发展不平衡等问题，资源错配、结构雷同、过度集中布局加大了环境承载的压力，特别是部分沿江省（市）的产业结构重型化格局明显，部分资源型、传统型、重化工型产业的绿色投资和技术创新不足。因此，必须把推动长江经济带绿色发展作为加快推进产业转型升级、促进产业结构向中高端迈进的核心任务，执行最严格的环保、水耗、能耗、安全、质量标准，加快传统制造业绿色化改造升级，不断提高资源能源利用效率和清洁生产水平。大力发展绿色产业，优先发展生产性服务业，大力发展现代文化产业，加快发展节能环保、新一代信息技术、生物技术、高端装备制造、新能源、新材料等战略性新兴产业，推进农业现代化和生态化。进一步加强产业布局优化，推动工业园区循环化改造，规范产业集约集聚发展，严格禁止污染型产业、企业向中上游地区转移。通过打造世界级绿色产业集群，推动产业转型升级和产业技术创新，实现经济发展从中高速增长迈向产业价值链的中高端。

3. 保障生态功能格局安全的客观要求

长江经济带拥有独特的生态系统，水系密集、湿地众多，五大淡水湖都位于经济带内，长江上游是"中华水塔"，是珍稀濒危动植物的家园和生物多样性的宝库，中下游是我国不可替代的战略性饮用水水源地和润泽数省的调水源头。作为我国"两屏三带"为主体的生态安全战略格局中具有全局性控制作用的生态主轴，长江经济带发挥着确保整个国家总体生态功能格局安全稳定的全局性作用。但目前工业化、城镇化加快推进与资源环境承载力之间的矛盾日益突出，全流域开发已在总体上接近或超出资源环境承载的上限，江湖关系改变，入湖水量减少，通江湖泊消失，环境容量降低；开发区和城市新区沿江大规模低效率无序蔓延，导致岸线资源过度利用，湿地加速萎缩，生态空间被大量挤占；"糖葫芦串"式水电开发对长江上游珍稀特有鱼类保护区形成了"合围"的态势，重要生态环境丧失或受到严重挤压，生物多样性下降。因此，生态修复和环境保护成为现阶段长江经济带建设的根本和核心，是不能突破的底线。也只有科学认识和正确把握发展与保护的辩证关系，大力推进长江经济带绿色发展，修复治理长江生态环境，维护长江生态功能和格局稳定，才能确保国家总体生态功能格局安全稳定。

4. 增进人民福祉的有效途径

长江经济带是我国"两纵三横"为主体的城市化战略格局的重要组成部分，集中了长三角城市群、长江中游城市群、成渝城市群等世界级城市群，全流域总人口超过5亿，人口密度远超全国平均水平，是全球人口最密集的流域之一。良好生态环境是最公平的公共产品，是最普惠的民生福祉，是民心所向。随着人民群众迈向小康，对美好生活向往的内涵更加丰富，对与生命健康息息相关的环境问题越来越关切，期盼更多的蓝天白云、绿水青山，渴望更清新的空气、更清洁的水源。目前，长江经济带面临的生态环境问题值得高度关注，环境质量和风险隐患挑战人居环境安全，特别是饮用水安全隐患突出，切实改善长江经济带生态环境，事关数亿人的生存与健康。因此，必须将绿色发展理念全面融入长江经济带城乡发展之中，以生态红线为底线，以长江水质保护为重点，实施山水林田湖系统保护，切实保护和改善水环境，大力保护和修复水生态，有效保护和利用水资源。倡导绿色消费理念，培育绿色文明意识，推行绿色生活方式，形成厉行节约、文明健康的社会风尚，培育具有国际竞争力的绿色城市群。以实实在在的行动为人民谋福祉，让人民群众生活得更加幸福、更有尊严。

二 长江经济带绿色发展是多元素、多层次的复合决策目标系统

绿色发展理念源自中国特色社会主义伟大实践，又引领以人与自然和谐相处为指向的中国经济社会发展实践。长江经济带绿色发展的构成和影响因素是复杂的、多元的，多种因素和环境系统以不同的方式相互作用，共同形成绿色发展系统。按照"反映广义范畴的绿色发展、体现长江经济带区域特征、考虑区域发展的不均衡性、注重指标的稳定性及可操作性"等原则，长江经济带绿色发展的分析框架与评价指标体系包括绿色增长度、绿色承载力和绿色保障力3个维度，结构优化、创新驱动、开放协调、水资源利用、水生态治理、绿色投入和绿色生活等7项二级指标和36项具体指标。

1. 绿色增长度

绿色发展反对以牺牲资源环境和社会福利为代价的经济增长，提倡绿色经济和绿色增长。经济繁荣稳定、人民生活富裕是长江经济带绿色发展的最基本标准。长江经济带绿色发展既要体现经济、收入、福利的稳定增长，更要有推进经济增长的路径，关注影响绿色增长的各类经济要素的成长和相互之间的关系。

（1）结构优化。在长江经济带绿色发展的过程中，经济增长模式的选择至关重要。绿色增长模式本质上包含着对资源环境的尊重与保护，强调产业结构的优化与升级。利用绿色、环保、集约、低碳的先进模式与技术，提高传统产业的能源和资源利用效率，降低经济增长过程中的资源消耗和环境损失；同时，推动新兴绿色产业发展，为经济增长提供新的动

力。构建结构优化、技术先进、附加值高、吸纳就业能力强的现代产业体系，能够有效地实现产业结构的绿色重组，为长江经济带绿色发展提供稳定的经济支撑。

（2）创新驱动。创新是绿色发展的关键，也是经济增长的助推器。科技创新通过技术进步、科技成果产出、高技术产业发展，增强了绿色发展的能力，在长江经济带绿色发展中扮演着重要角色。在推进长江经济带绿色发展的过程中，需要更多依靠科技创新驱动，充分发挥包含产品、技术、商业模式、体制机制创新在内的全面创新的作用，形成创新型经济发展模式，通过创新形成促进经济高效、稳定增长的动力机制，摆脱经济对高资源消耗、高排放、高污染产业的依赖，促进绿色发展。

（3）开放协调。开放式长江经济带的建设具有重要使命，是我国东西双向开放战略的重要内容。长江经济带与依托亚欧大陆桥的丝绸之路经济带相连接，构建了沿海、沿江、沿边全方位开放新格局。伴随着长江经济带建设的起步，区域经济发展格局将由目前的"沿海一竖"转变为"T"形结构，内陆开发开放将全面提速。推进长江经济带绿色发展，必须做好战略统筹与协调。进一步加强长江经济带东部、中部、西部的交流与合作，贯通黄金水道的上中下游，使各个省市相互促进、共同发展，让经济联系更加紧密，发展水平更加接近，区域之间的差距进一步缩小。

2. 绿色承载力

资源环境承载能力是经济社会发展的刚性约束，推进长江经济带绿色发展，既要充分考虑资源环境承载力，也要不断提高绿色承载力。水资源是长江重要的自然资源，长江经济带多年平均水资源总量 9958 亿立方米，约占全国水资源总量的 35%。因此，长江经济带绿色发展必须重点关注以承载能力为核心的水资源问题。

（1）水资源利用。长江经济带水资源虽然总体上比较丰富，但由于经济社会发展的需求，水资源的消耗量非常巨大。如何支撑和保障城镇化、工业化、农业现代化发展的用水需求，需要全面统筹，做好长江经济带全流域水资源总量控制和水量分配。从水资源总量和强度双控、实施以水定城和以水定产、严格水资源保护等三个方面加强流域水资源统一管理和科学调度，确立水资源利用上限，实现江湖和谐、人水和谐。加强水功能区的建设与管理，不断提高水资源利用效率，优化人水关系。

（2）水生态治理。长江流域生态环境难堪重负，水生态环境保护和治理刻不容缓。推进长江流域水污染联防联治，建立水环境质量底线管理制度，坚持点源、面源和流动源综合防治策略，突出抓好良好水体保护和严重污染水体治理，强化总磷污染控制，切实维护和改善长江水质。要把治江与治山、治林、治田有机结合起来，从涵养水源、修复生态入手，协调解决水灾害防治、水生态环境保护问题。加快推进长江流域水生态文明建设，提高流域水资源和水环境承载能力。

3. 绿色保障力

推进长江经济带绿色发展，需要面对利益冲突的挑战和困惑，因此，需要充分发挥政府的作用，加大绿色投入力度，加快环境基础设施建设，创新绿色发展体制机制，形成绿色发展方式和生活方式，建设长江绿色生态走廊。

（1）绿色投入。绿色投入是长江经济带绿色发展的重要保障。各级政府要将环保投入作为公共财政支出的重点，优先保证重大环境综合整治和生态建设项目资金，逐步增加节能环保建设经费，增加节能环保支出占GDP的比例和水利环境固定资产投资占比，加强环保人才队伍建设。同时，统一设计财政资金使用方式，使环保财政投入的效果进一步提升，提高绿色保障力，切实改善生态环境。

（2）绿色生活。人与自然是一种共生关系，破坏自然最终会伤及人类自身；尊重自然、顺应自然、保护自然，实现人与自然和谐共生，才能让广大人民群众享有更多的绿色福利、生态福祉。长江经济带建设必须坚持绿色发展理念，坚决摒弃以牺牲生态环境为代价换取一时一地经济增长的做法，正确处理经济发展和生态环境保护的关系，形成节约资源和保护环境的空间格局和产业结构，形成绿色发展方式和生活方式，让良好生态环境成为人民生活的增长点，成为经济社会持续健康发展的支撑点，让长江经济带天更蓝、山更绿、水更清、环境更优美（见附图1）。

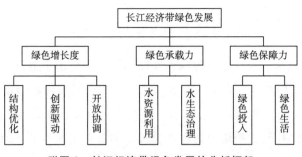

附图1 长江经济带绿色发展的分析框架

三 "长江指数"稳步上升，但发展不充分、不平衡

1. "长江指数"稳步上升，上海市、浙江省、江苏省位列前三名

从全流域看，2011年以来，"长江指数"呈稳定上升的趋势，2011～2015年，"长江指数"由49.39上升到56.35，年均增速为2.67%。其中表征生态绿色化的绿色承载力指数上升趋势最为平稳，说明长江经济带生态环境质量有明显改善，为长江经济带绿色发展发挥了重要的支撑作用。

分区域看，在绿色发展总体水平上，以东部区域居首位，西部区域居第二位，中部区域暂居第三位。从3个一级指标来看，东部区域的绿色增长度和绿色承载力均居首位，这得益于其经济绿色化转型相对领先，且生态环保基础设施相对完备；西部区域的绿色保障力指标领跑各区域板块，主要是西部省市对生态环保领域的投入比例高于东部、中部区域。

分省市域看，长江经济带11个省市的绿色发展水平参差不齐，且处于不断的变化之中。2015年，长江经济带11省市绿色发展水平可分为3个梯队：第一梯队为上海，评价指数超过70分，高达77.7分；第二梯队为浙江、江苏和重庆，评价指数介于55～70分；第三梯队为贵州、湖北、四川、云南、湖南、安徽和江西，评价指数介于47～54分。从7项二级指标来看，上海在结构优化、创新驱动、开放协调、水生态治理4项指数上拔得头筹，浙江、贵州、江西则分别在水资源利用、绿色投入、绿色生活指数上名列榜首。

2. 绿色增长度较低，创新驱动为制约瓶颈

2011 年以来，长江经济带绿色发展总体水平呈稳定上升的趋势，但绿色增长度指数仍在中等水平处徘徊。可见，大力发展绿色经济是今后亟须努力的重要方向。从二级指标来看，结构优化指数由 2011 年的 49.31 上升到 2015 年的 61.61，年增速高达 4.55%，对绿色增长度的贡献最大。开放协调指数由 49.83 上升到 58.64，年增速 3.31%，对绿色增长度的贡献其次。2011~2013 年，创新驱动指数由 41.64 上升到 53.27，2014 年、2015 年则持续下降到 43.17，年增速仅为 0.72%，创新驱动对绿色增长度的贡献较小，2014 年其指数的下降甚至直接导致绿色增长率的下降。因此，提升长江经济带绿色增长度，创新驱动能力的提高是重点和关键。

3. 绿色承载力较高，水生态治理仍需加强

2011~2015 年，长江经济带绿色承载力指数由 53.11 上升到 61.15，年增速为 2.86%。从二级指标来看，5 年来水资源利用指数由 55.40 上升到 65.50，年增长率达到 3.41%，对长江经济带绿色承载力的贡献较大。水生态治理指数由 51.92 提高到 58.89，年均增长 2.55%，目前长江经济带水生态治理虽然取得了一定成效，但仍需继续努力。

4. 绿色保障力提升缓慢，绿色投入严重不足

2011~2015 年，长江经济带绿色保障力指数由 49.98 上升到 54.70，年均增速为 1.82%。从指数值来看，近两年绿色保障力指数低于绿色承载力指数而高于绿色增长度指数，排名第二；从增长率来看，绿色保障力年均增速比绿色增长度、绿色承载力低 1 个百分点左右，也低于长江指数 2.67% 的年均增速。可见，近年来长江经济带绿色保障力提升缓慢，若不加以重视，将严重影响长江经济带绿色发展进程。从二级指标来看，绿色投入少且增长慢是绿色保障力薄弱和提升缓慢的主要原因，2011~2015 年，绿色投入指数由 41.07 上升到 43.96，年增长率仅为 1.37%。绿色生活指数由 63.93 提高到 71.52，年增长率为 2.27%，绿色生活达到较高水平，为绿色保障力的提高做出了贡献。

5. 东、中、西三大区域板块各有特色，差异明显

总指数方面，东、中、西区域绿色发展水平与其社会经济发展水平并不完全重合，东部区域＞西部区域＞中部区域。2011～2015 年，三大区域板块都保持了持续上升的势头，东、中、西三大板块总指数年均增速分别为 3.89%、3.17% 和 2.93%，东部区域不仅存量较高，而且增速也领先。从 3 个一级指标看，东部区域的绿色增长度和绿色承载力指数都高于其他区域板块，西部区域的绿色保障力指数领跑各区域，且绿色承载力指数高于中部区域。具体分析，东部区域经济绿色化转型相对成熟，未来绿色发展的重点是在经济新常态下强化开放引领，提高创新驱动的价值产出；在环保投资存量已经较高、基础设施相对完善的前提下，长效地建立起环保服务市场化运行机制。中部区域水资源节约和水生态治理任重道远，提高绿色承载力是提高其绿色发展水平的关键，这需要克服由于水资源相对丰富带来的节水措施、水资源回用措施缺乏资源紧约束的大环境，以及养殖业规模大、传统产业多等产业形态带来的水环境污染路径锁定问题。西部区域近年来在绿色发展政府财力投入比例方面表现不错，但受其经济总量和财力制约，绝对投入依然受到限制，未来绿色发展的核心是加快产业转型升级进程，将对接长江黄金水道和利用沿边开放区位优势有效结合，在加快发展新兴产业的同时，大力推进生态农业、生态旅游业的发展，改造提升传统产业，提高经济绿色化水平。

四 长江经济带产业绿色发展面临挑战

1. 整体：产业布局不尽合理，资源环境负载较重

首先，产业布局与资源错配加大了环境承载的压力。目前长江经济带产业布局与资源、市场脱节，如煤炭等能源基地主要集中在中、西部地区，而钢铁、石化、建材等耗能型企业则多集中在东部地区；大量的进口油从东部上岸后往返运输中、西部加工；东部地区轻工、纺织等产业外向型特征明显，而棉、毛、麻、丝等天然纤维原料需要从中、西部地区调运。产业布局与资源错配导致的大规模资源、产品跨区域流动加大了环境

的承载压力。

其次，产业布局过度集中和雷同导致主要污染物排放总量超过环境承载能力。长江沿岸布局了大量重化工企业，有五大钢铁基地、七大炼油厂以及上海、南京等大型国有化工基地，且众多产业项目和园区之间的上、下游梯度产业链条不明显，存在雷同现象，同时，一些污染型企业距离居民区和江边过近，水源的安全保护距离很难得到保障，部分企业对环境风险认识不足，风险防范应急预案措施不具体，加大了环境突发污染事故的风险。

2. 东部：经济下行弱化企业节能减排意愿，企业污染治理投资不足

受国内外环境影响，目前长江经济带东部省（市）仍未完成产业结构的调整与转型，化学原料与化学品制造、纺织、黑色金属冶炼与压延加工业仍是部分省（市）的支柱产业。进入新常态，经济下行压力不断加大，劳动力成本优势不断削弱，企业盈利能力受到很大影响。同时，部分工业行业产能过剩现象依然严重，特别是钢铁、建材、有色金属等行业尤为突出，制造业产品价格和行业利润普遍处于低位，利润不足、效益下滑导致企业节能减排的投入意愿不高，抉择和权衡产业绿色转型与保持经济稳定增长的关系成为重要挑战。

国际经验表明，当污染治理投资占国民生产总值的比例达到 1%～1.5% 时才能基本控制环境污染，提高到 2%～3% 时才能改善环境质量。近年来，随着污染排放形势加剧和绿色发展理念的提升，长江经济带东部各省市逐步提高了对污染治理的重视程度、加大了投资力度，但仍显不足。2015 年，长江经济带东部地区环境污染治理投资占 GDP 比重为 1.17%，低于全国平均水平 0.05 个百分点，低于长江经济带平均水平 0.11 个百分点；工业污染治理投资占工业增加值比重为 0.27%，低于全国平均水平 0.01 个百分点。东部 3 省市中，仅有江苏省环境污染治理投资占 GDP 比重超过全国平均水平和长江经济带平均水平，且仅有 1.36%，低于 1.5% 的国际惯例。此外，治理固体废物、噪声和其他污染物投资强度均低于全国平均水平，显然较低的环保投资难以适应未来产业绿色转型发展的需要。

3. 中部：重化工业占主导，产业绿色转型压力大

由于历史发展原因，为了加速由农业大省向工业大省的发展，中部的湖南省、湖北省、江西省纷纷选择了加快发展重化工业，形成了重化工业占主导的产业体系。2016 年，湖南省六大高耗能行业（化学原料及化学制品制造业、非金属矿物制品业、黑色金属冶炼及压延加工业、有色金属冶炼及压延加工业、石油加工炼焦及核燃料加工业、电力热力的生产和供应业）增加值占规模以上工业的比重为 30.6%，比 2015 年提高 0.3 个百分点；江西省六大高耗能行业增加值占规模以上工业的 36.0%，比 2015 年下降 1.8 个百分点。

重化工业的发展迅速提高了中部省份的工业化水平，但是也带来了资源环境的巨大压力。以江西省为例，"两高一资"行业产能的迅速扩张加大了江西省节能减排和工业污染治理压力和难度，加大了环境污染风险。从 2010 年重点调查工业企业"三废"排放情况来看，13 个"两高一资"行业工业废水、工业固废、工业废气、工业 SO_2、工业烟尘和工业粉尘排放量分别占工业行业排放总量的 87.62%、94.94%、95.72%、95.83%、91.04% 和 97.96%。特别是非金属矿物制品业、黑色金属冶炼和压延加工业、有色金属矿采选业、有色金属冶炼和压延加工业、化学工业、电力热力的生产工业等六大行业是江西省工业污染物排放的主要来源行业，应该作为江西省工业污染控制和绿色转型的重点行业。

4. 西部：绿色制造技术装备和创新能力较弱，配套产业和服务体系发展滞后

首先，长江经济带西部 4 省产业层次依然偏低，低端产业、低附加值产品、低技术装备为主的产业结构特征明显，以技术和品牌为主导的竞争优势还没有形成。特别是高消耗、高污染的低端技术装备和产品仍占据一定的比例，生产制造过程中的物耗、能耗和废弃物排放严重，主要行业能源资源利用效率与国际先进水平仍有差距，绿色制造技术、工艺和装备水平亟待提高。

其次，节能环保产业和服务体系不适应产业绿色转型升级需要。机械

装备及产品的绿色设计能力及其软件支持工具薄弱，废旧家电、汽车、工程机械等产品和机械装备资源再利用率较低、附加值低，二次污染问题严重，难以满足日益快速增加的报废处理和资源循环再利用的需求。相关节能环保企业规模普遍偏小，产业集中度低，龙头骨干企业带动作用有待进一步提高。节能环保服务体系仍不健全，节能环保产业公共服务平台建设亟待加强。

5. 对策：加快转型升级，推动错位发展和合理布局

推动长江经济带产业转型升级至关重要，转型升级的核心是摒弃走粗放式增长的老路，更多依靠科技创新、管理创新、制度创新以及商业模式创新驱动。长江经济带上、中、下游之间存在显著的产业梯度和要素禀赋差异，产业能级沿长江流向呈现递增趋势，要素丰裕度则沿长江流向递减。在要素价格普遍上涨的当前，上、中、下游地区之间应该立足于自身的比较优势展开更高层次的分工合作，对符合比较优势的区域特色产业应加以优化升级，对比较优势错位的产业则可以利用天然的长江航道和发达的沿江综合运输体系实施产业转移，淘汰落后产能，对高能耗、高污染企业实现关停并转，实现产业合理布局。从产业定位来看，上中下游各具特色，转型升级的方向也不太一样。长三角作为长江下游地区，经济发达，科技实力雄厚，改革开放较早，应该成为高科技研发中心、金融贸易中心和高端产业、总部经济的集聚地；长江中游地区是我国重要的工业基地，具有良好的装备制造基础，产业配套能力比较强，而且区位条件好，交通四通八达，物流成本低，应将其打造成我国制造业中心；上游地区生态资源丰富，经济欠发达，应依托资源加快科学发展，以资源型产业为主体，对资源进行深加工，延长产业链，提高附加值。

五 加快推动长江经济带城市绿色协同发展

让人民生活得更健康、更幸福、更美好，是城市建设之本。随着世界经济的复苏和城市化的迅速发展，日趋严重和复杂的城市问题使得越来越多的城市开始摒弃以传统褐色经济为基础的城市发展道路，转而探索一条绿色可持续的城市发展道路。长江经济带作为国务院依托长江黄金水道打

造的以城市群为主体形态的中国经济新支撑带，是国家产业结构转型升级和经济发展转型战略的重要阵地，也是城市环境、热岛效应、能源供需矛盾等问题比较突出的地区，城市绿色转型发展成为必然选择。长江经济带11个核心城市绿色发展评价结果表明，成都、长沙、武汉和合肥等城市的绿色发展水平较高，而重庆、昆明、贵阳和南京等城市的绿色发展水平较低。进一步分解各指标，各城市绿色增长度差别不大，但长沙、成都、武汉和合肥的绿色承载力居长江经济带核心城市前四位，而南京和重庆居后两位，成都、武汉、合肥的绿色保障力居长江经济带核心城市前三位，长沙与南昌并列第四位，而昆明、贵阳、南京和上海居后四位。

目前长江经济带城市绿色发展面临的主要问题是区域内上、中、下游城市绿色发展水平差距较大，中、下游城市与上游城市之间缺乏联系，城市绿色发展仍面临环境污染挑战，环境生态风险较大。基于此，应打破行政区划界限和市场分割的制约，推动资源、要素、产业等在流域合理配置和优化升级，创新协调发展机制，实现政府、市场等多方协同，加快长江经济带城市绿色发展。

1. 建立城市绿色协同发展的决策、协调、执行机制

一是建立城市群绿色协同发展的决策机制。成立由长江经济带各省、市主要领导组成的"长江经济带绿色发展协调委员会"，设置办公室管理日常工作，每年定期举行一次联席会议，负责解决长三角、长江中游、成渝、滇黔等城市群之间跨界合作遇到的障碍，对长江经济带重大基础设施建设、重大战略资源开发、生态环境一体化建设、跨区域生产要素流动等重大问题进行决策和顶层设计。二是建立城市群绿色协同发展的协调机制。成立由各省、市政府秘书长组成的"长江经济带秘书长协调委员会"，负责协调推进合作事项的进程，组织有关单位联合编制绿色发展合作的专项规划，并向各省、市党政领导联席会议提交区域合作进展情况报告和建议。三是建立城市群绿色协同发展的执行机制。成立由各省、市有关主管部门主要领导组成的"长江经济带部门协调委员会"，主要负责流域各部门间的协商与衔接，对城市群间的具体合作项目提出工作措施，制订详细计划。

2. 探索城市绿色协同发展的多中心路径

以长三角、长江中游、成渝等跨区域城市群为主体，黔中、滇中等区域性城市群为补充，构建五大城市群绿色发展的多中心协同发展格局，以"全面绿色发展"为目标，以省会城市为核心，促进城市群之间、城市群内部之间的产业分工协作和有序转移，以特色绿色产业集群带动长江经济带城市绿色发展。一是长三角绿色城市群，以上海为核心，依托南京都市圈、杭州都市圈、合肥都市圈、苏锡常都市圈、宁波都市圈，改造提升传统产业，建设具有全球影响力的科技创新高地、全球重要的现代服务业和先进制造业中心。二是长江中游绿色城市群，以武汉、长沙、南昌为中心，依托武汉城市圈、长株潭"3＋5"城市群、环鄱阳湖城市群，推动石油化工、钢铁、有色金属产业等传统产业的转型升级，建设具有全球影响的现代产业基地和全国重要创新基地。三是成渝绿色城市群，提升重庆和成都双核带动功能，依托成渝发展主轴、沿江城市带和成德绵乐城市带，积极发展高技术服务业和科技服务业，打造全国重要的先进制造业和战略性新兴产业基地、长江上游地区现代服务业高地。四是黔中绿色城市群，增强贵阳产业配套和要素集聚能力，打造国家重要能源资源深加工、特色轻工业基地和西部地区装备制造业、战略性新兴产业基地。五是滇中绿色城市群，提升昆明面向东南亚、南亚开放的中心城市功能，改造升级烟草、冶金化工等传统优势产业，打造面向西南开放重要桥头堡的核心区、国家现代服务业基地和先进制造业基地。

3. 完善城市绿色协同发展的市场机制

一是通过市场机制，促进长江沿线产业结构优化，发展节能环保产业，加快"两高"产业技术改革，降低高耗能产业的比重，以此减少区域发展的代价。二是引入更多的环境保护市场工具，借鉴上海崇明世界级生态岛建设经验，在环保部统筹协调及 UNEP 等组织协调下，建立具有国际水准的监测网络，在探索并实施跨界生态补偿的同时，充分发挥碳交易市场的作用（上海、重庆、武汉），建立产业生态化、生态产业化的推进机制，挖掘年超千亿元产业潜力。三是支持企业间进行碳交易，构建低碳技术创新平台，扶持一批低碳技术研发和扩散中心，推动区域绿色合作，及时了解跟进国内外相关低碳绿色技术标准、设备、产品的最新发展状况。四是创新可再生能源体系，提高新能源和可再生能源的使用效率，探索完善环保税的征收标准，提升环境保护和生态修复理念，改变先污染后治理的发展模式。五是在《联合国气候变化框架公约》框架内，推动建立以发达国家的垃圾处理、水体污染、土壤污染治理技术为基础的国际绿色技术共享机制，鼓励企业开展长江经济带绿色技术转移，降低长江经济带沿线城市污染治理成本。六是由国务院牵头构建长江流域 11 个省市水环境合作组织与横向交易平台，以断面水质考核指标为测算标准，确定省际生态补偿标准，实现污染省市向非污染省市支付生态补偿金。

《长江经济带绿色发展报告（2017）》
出版发布社会反响

长江经济带绿色发展水平前三名出炉 上海居首

来源于《人民日报》（海外版）

　　《长江经济带绿色发展报告（2017）》近日发布，报告指出，长江经济带 11 个省市的绿色发展水平排名为：上海市、浙江省、江苏省、重庆市、贵州省、湖北省、四川省、云南省、湖南省、安徽省、江西省。

上海一直保持首位

　　报告指出，从 2011～2015 年，长江经济带绿色发展指数由 49.39 上升到 56.35，年增速为 2.67%，绿色发展水平呈稳定上升的趋势。在这个过程中，部分省市的排名情况没有变化，如上海市绿色发展指数由 61.41 提高到 77.70，一直保持首位；重庆市绿色发展指数由 51.90 提高到 58.52，一直保持第 4 位；贵州省绿色发展指数由 47.65 提高到 54.26，一直保持第 5 位，云南省绿色发展指数由 44.66 提高到 49.64，基本保持第 8 位；安徽省绿色发展指数由 43.93 提高到 48.86，一直保持第 10 位。部分省市排名略有变化，如浙江省由第 3 位上升到第 2 位，主要原因是其绿色保障力提升较快；江苏省由第 2 位下降到第 3 位，主要原因是其绿色承载力指数有所下降；湖北省由第 7 位上升到第 6 位，主要原因是其绿色增长度指数上升很快；四川省由第 6 位下降到第 7 位，主要原因是绿色保障力指数的增长速度放缓。排名变化略大的省是江西省和湖南省，江西省由第 9 位下降到第 11 位，主要原因是其绿色增长度、绿色保障力的增长速度较慢；湖南省由第 11 位上升到第 9 位，主要是由于其绿色增长度、绿色保障力有了很大的提高，且增长速度非常快。

长江经济带 11 省市在绿色发展水平整体上升的同时，区域不平衡特征明显，绿色发展差距有扩大趋势。2011 年，绿色发展指数最高的是上海市，指数为 61.41，最低的是湖南省，指数为 42.43，两者之间的差为 18.98；2015 年，绿色发展指数最高的仍然是上海市，指数为 77.70，最低的指数为 47.96，两者之间的差为 29.74。绿色发展的不平衡影响了长江经济带绿色发展的全面推进，因此，缩小长江经济带东、中、西三大区域及省域之间的差距，完善协调发展机制，提升长江经济带整体绿色发展能力，是需要解决的重大课题。

创新能力需提高

报告指出，绿色发展与创新具有明显的相关性，创新是影响绿色发展的重要因素。多年来，长江经济带创新驱动指数一直处于较低水平，2011 年是 41.64，2015 年是 43.17，年均增速为 0.72%，增长幅度非常小，对绿色发展的支撑不足。R&D 经费投入强度由 2011 年的 1.71% 提高到 2015 年的 2.04%，科技创新的基础性投入明显不够，没有形成有效的创新机制，关键技术和集成性技术缺乏，科技竞争能力十分薄弱。科技成果转化率较低，技术市场成交额增速由 2011 年的 19.5% 下降到 2015 年的 14.0%。信息产业发展缓慢，2011~2015 年，信息产业占 GDP 的比重由 4.24% 下降到 4.17%。政府对企业自主创新的引导不够，缺乏有利于提高自主创新能力的激励性机制和市场化融资机制，中小企业和节能环保技术在国家创新体系中的潜力仍有待发掘。

报告认为，目前支撑长江经济带绿色发展的政策工具不足，长江经济带尚未形成促进经济发展相互协调配合的、完善的绿色发展法律、政策体系，不能对长江经济带绿色发展进行有效的引导和规范。绿色投入严重不足，2011~2015 年，绿色投入指数由 41.07 提高到 43.96，年均增长率仅为 1.37%，中央和地方预算投入较少，没有建立稳定的预算投入科目和机制，地方政府和民间资本参与绿色投资的激励不足。绿色税收体系有待进一步完善，资源税种设置不全，环保税实施伊始效果待明朗，企业进行污染治理与技术创新动力待提升。促进绿色经济发展的社会融资机制不健全，制约了绿色经济的持续发展。

产业布局需调整改善

报告称，长江经济带经济总量约占全国的40%，但产业绿色转型面临着区域性、累积性、复合性等一系列生态环境问题的挑战。同时，沿江各省市经济综合发展水平存在较大落差，特别是部分省（市）的产业结构重型化格局难以在短期内取得根本性转变，部分资源型、传统型、重化工型产业的绿色投资和技术创新不足。总体来看，长江经济带产业的绿色发展水平和发展空间仍需要进一步提升。

首先，产业布局与资源错配加大了环境承载的压力。目前长江经济带产业布局与资源、市场脱节，如煤炭等能源基地主要集中在中西部地区，而钢铁、石化、建材等耗能型企业则多集中在东部地区；大量的进口油从东部上岸后往返运输中西部加工；东部地区轻工、纺织等产业外向型特征明显，而棉、毛、麻、丝等天然纤维原料需要从中西部地区调运。产业布局与资源错配导致的大规模资源、产品跨区域流动加大了环境的承载压力。

其次，产业布局过度集中和雷同导致主要污染物排放总量超过环境承载能力。长江沿岸布局了大量重化工企业，有五大钢铁基地、七大炼油厂以及上海、南京等大型国有化工基地，且众多产业项目和园区之间的上、下游梯度产业链条不明显，存在雷同现象，同时，一些污染型企业距离居民区和江边过近，水源的安全保护距离很难得到保障，部分企业对环境风险认识不足，风险防范应急预案措施不具体，加大了环境突发污染事故的风险。

《报告》由湖南省社会科学院组织专家撰写，并与社会科学文献出版社联合发布。

《长江经济带绿色发展报告（2017）》发布

来源于《湖南日报》

《长江经济带绿色发展报告（2017）》成果发布暨出版座谈会今天下午

在省社会科学院举行。

　　由社会科学文献出版社出版的这一报告，是我国关于长江经济带绿色发展整体性研究的首部专著，由湖南省社会科学院绿色发展研究团队集体攻关、历时一年多撰写。报告书在全国率先构建了长江经济带绿色发展指数（简称"长江指数"），首次从流域、区域、省（市）域三个层次对长江经济带绿色发展进行了评价分析，突出了绿色城市、绿色产业、绿色消费三大重点领域的绿色发展分析，提出了推进长江经济带绿色发展的对策建议。

　　报告体现了对党中央、国务院"坚持生态优先，依托黄金水道推动长江经济带发展"重大战略决策的积极响应，是湖南省社会科学院致力于"跳出湖南来研究湖南"、拓展智库建设布局的一次重要探索。

长江经济带绿色发展指数平稳上升

来源于《国际商报》

　　日前，湖南省社会科学院与社会科学文献出版社共同发布《长江经济带绿色发展报告（2017）》。报告指出，2011 年以来，长江经济带绿色发展指数平稳上升，东部区域在绿色增长度和绿色承载力方面、西部区域在绿色保障力方面居于首位，上海、浙江、贵州、江西分别在不同的二级指标方面领先其他省份。

绿色发展水平稳步上升

　　报告指出，2011 ~ 2015 年，长江经济带绿色发展指数由 49.39 上升到 56.35，年增速为 2.67%，长江经济带绿色发展水平呈稳定上升的趋势。报告分析认为，绿色承载力为长江经济带绿色发展发挥了重要的支撑作用，这与长江经济带丰富的自然资源尤其是水资源禀赋密不可分；长江经济带绿色发展同样离不开绿色保障力的提升；相比而言，绿色增长力对长江经济带绿色发展做出的贡献略低，可见提高长江经济带绿色发展指数、大力发展绿色经济是亟须努力的方向。

　　报告还指出，长江经济带 11 个省市的绿色发展水平参差不齐，且处于不断的变化之中。

四方面主要问题亟待解决

报告认为，长江经济带是我国重要的流域经济带，流域内一切生产性、生存性活动与区域内资源、环境、生态密不可分。近年来，长江经济带各省（市）围绕资源环境问题开展了大量工作，取得了初步成效。但由于长江经济带工业化、城镇化快速发展，推动绿色发展尚面临一系列亟待解决的问题。

一是绿色发展区域不平衡。长江经济带绿色发展区域不平衡特征明显，且绿色发展差距有扩大趋势。区域地区之间绿色发展的不平衡影响了长江经济带绿色发展的全面推进。因此，缩小长江经济带东、中、西三大区域及省域之间的差距，完善协调发展机制，提升长江经济带整体绿色发展能力，是需要解决的重大课题。

二是创新能力亟待提高。绿色发展与创新具有明显的相关性，创新是影响绿色发展的重要因素。长江经济带创新驱动指数一直处于较低水平，由 2011 年的 41.64 提高到 43.17，年均增速为 0.72%，增长幅度非常小，对绿色发展的支撑不足。

三是水生态治理任重道远。近年来，长江经济带水生态治理虽然取得了一定的成效，但水生态环境问题仍然是制约长江经济带绿色发展的一个重要因素，特别是在城镇水污染防治进展较快的情况下，农业面源污染日益成为突出问题。

四是政策工具支撑不足。目前，长江经济带尚未形成促进经济发展相互协调配合的、完善的绿色发展法律、政策体系，不能对长江经济带绿色发展进行有效的引导和规范。

产业绿色发展仍面临挑战

报告指出，长江经济带横跨我国东、中、西三大区域 11 个省（市），全域人口众多，资源相对丰裕，发展基础较好。2015 年，长江经济带各省（市）地区生产总值总计 28.85 万亿元，经济总量接近全国的 40%，但产业绿色转型面临着区域性、累积性、复合性等一系列生态环境方面的严峻挑战。同时，沿江各省市经济综合发展水平存在较大落差，特别是部分省（市）的产业结构重型化格局难以在短期内取得根本性转变，部分资源型、传统型、重化工型产业的绿色投资和技术创新不足。总体来看，长江经济带产业的绿色发展水平和发展空间仍需进一步提升。

《长江经济带绿色发展报告（2017）》发布

来源于中国社会科学网

近日，湖南省社会科学院与社会科学文献出版社共同发布了《长江经济带绿色发展报告（2017）》。

《长江经济带绿色发展报告（2017）》是由湖南省社会科学院绿色发展研究团队推出的首本跨省域大区域级绿色发展报告。本书回顾梳理了长江经济带绿色发展的政策背景和演进历程，将长江经济带绿色发展分解为绿色增长度、绿色承载力和绿色保障力三个维度，以及结构优化、创新驱动、开放协调、水资源利用、水生态治理、绿色投入和绿色生活七项二级指标进行考察。研究结果显示，2011 年以来，长江经济带绿色发展指数平稳上升，东部区域在绿色增长度和绿色承载力方面、西部区域在绿色保障力方面居于首位，上海、浙江、贵州、江西分别在不同的二级指标方面领先其他省份。报告同时也对长江经济带城市、产业、消费等绿色发展进行了专题研究。

长江经济带是我国人口多、产业规模大、城镇体系完整的巨型流域经济带之一，承担促进中国崛起、实现中华民族伟大复兴的历史重任，发挥着保障全国总体生态功能格局安全稳定的全局性作用。报告指出，推动长江经济带发展走生态优先、绿色发展之路，建设成全国具有重大影响的绿色经济示范带，意义非凡，是长江经济带发展的必然选择。推进长江经济带绿色发展是破解生态环境瓶颈制约的必由之路、是以创新驱动促进产业转型升级的必然选择、是保证全国生态功能格局安全稳定的客观要求、是增进人民福祉的有效路径。

2011~2015 年，长江经济带绿色发展指数由 49.39 上升到 56.35，年增速为 2.67%，长江经济带绿色发展水平呈稳定上升的趋势。报告分析指出，绿色承载力为长江经济带绿色发展发挥了重要的支撑作用，这与长江经济带丰富的自然资源尤其是水资源禀赋密不可分；长江经济带绿色发展同样离不开绿色保障力的提升；相比而言，绿色增长力对长江经济带绿色发展做出的贡献略低，可见，提高长江经济带绿色发展指数，大力发展绿色经济是亟须努力的方向。

长江经济带是我国重要的流域经济带，流域内一切生产性、生存性活动与区域内资源、环境、生态密不可分。报告认为，近年来，长江经济带各省（市）围绕资源环境问题开展了大量工作，取得了初步成效。但由于长江经济带工业化、城镇化快速发展，推进绿色发展尚面临一系列亟待解决的问题：绿色发展区域不平衡；创新能力亟待提高；水生态治理任重道远；政策工具支撑不足。

长江经济带横跨我国东、中、西三大区域 11 个省（市），全域人口众多，资源相对丰裕，发展基础较好。报告指出，2015 年，长江经济带各省（市）地区生产总值总计 28.85 万亿元，经济总量接近全国的 40%，但产业绿色转型面临着区域性、累积性、复合性等一系列生态环境问题的严峻挑战。同时，沿江各省市经济综合发展水平存在较大落差，特别是部分省（市）的产业结构重型化格局难以在短期内取得根本性转变，部分资源型、传统型、重化工型产业的绿色投资和技术创新不足。总体来看，长江经济带产业的绿色发展水平和发展空间仍需要进一步提升。

《长江经济带绿色发展报告（2017）》发布 湖南绿色增长度表现抢眼
来源于《潇湘晨报》

我国关于长江经济带绿色发展整体性研究的首部专著——《长江经济带绿色发展报告（2017）》4 月 24 日发布，绿色发展总指数是其核心，该指数结合多套评价指标体系，制定出一套科学的体系，分省域指标包含 3 个一级指标，绿色增长度、绿色承载力、绿色保障力；二级指标：结构优化、创新驱动、开放协调、水资源利用、水生态治理、绿色投入、绿色生活七项，含有 36 项三级指标，如第三产业增加值比重、万元 GDP 能耗、森林覆盖率等，综合反映绿色水平。

2011～2015 年，中部区域绿色增长度指数由 42.97 上升至 49.32，年均增长 3.5%，高于总水平指数增速，在三大板块位列第二；绿色承载力指数由 40.89 升至 47.54，年均增长 3.84%，远高于总水平指数增速，位居三大板块之首。增长态势方面，绿色增长度在 2011～2013 年出现较快上升，年均增速达 7.89%，2013 年达到峰值 50.02。绿色承载力保持平稳，呈逐年增长趋势；绿色保障力则保持平稳增速微弱上升，变动幅度极小。

湖南省 2011～2015 年的绿色发展总水平指数最低点为 42.43，最高点为 49.51，2011～2015 年平均年增速 3.93%，其变化曲线呈现逐年快慢交替的折线上升，与三个次级指标绿色增长度、绿色承载力和绿色保障力的变化节律一致。

《长江经济带绿色发展报告（2017）》统计显示，绿色增长度指标得分增速最快，考察期间由 40.18 升至 49.22，年均增速为 3.9%，虽然其三个次级指标都呈上升趋势，但增速主要由结构优化所提供，其余二者增幅不大。

在七个二级指标中，数结构优化升幅最大，年均增速为 8%，从最低点 2011 年的 43.68 升至 2015 年的 59.44；与这一期间湖南省万元 GDP 能耗较大下降和工业劳动生产率指标明显趋优关系密切。

根据数据对比分析，湖南绿色生活指数一直得分较高，而且还在提升。其中森林覆盖率、生活垃圾无害化处理率等指标在长江经济带各省市中均处在领先水平。

湖南省社会科学院举行《长江经济带绿色发展报告（2017）》成果发布会

来源于红网

2018 年 4 月 24 日下午，《长江经济带绿色发展报告（2017）》成果发布会在湖南省社会科学院召开，在全国率先发布"长江指数"。成果发布会由湖南省社会科学院副院长周小毛主持，省社会科学院院长刘建武、社会科学文献出版社社长谢寿光致辞，省社会科学院绿色发展研究团队负责人方向新研究员作成果介绍，省长株潭两型试验区管委会副主任刘怀德、省政府发展研究中心副主任唐宇文、省社科联副主席汤建军、湖南科技大学副校长刘友金、社会科学文献出版社皮书出版分社社长邓泳红等专家出席发布会，《湖南日报》、湖南经视、红网、新湖南、《湖南社会科学报》、湖湘智库等媒体代表参加了发布会。

《长江经济带绿色发展报告（2017）》是国内推出的首部关于长江经济带绿色发展整体性研究专著，由湖南省社会科学院绿色发展团队集体攻关，历时一年多完成，并于2018年1月由社会科学文献出版社出版。该《报告》回顾梳理了长江经济带绿色发展的政策背景和演进历程，在全国率先构建了长江经济带绿色发展指数（简称"长江指数"），首次从流域、区域、省（市）域三个层次对长江经济带绿色发展进行了评价分析，对绿色城市、绿色产业、绿色消费三大重点领域进行绿色发展分析，提出了推进长江经济带绿色发展的对策建议。该《报告》指出，2011年以来，长江经济带绿色发展指数平稳上升，东部区域在绿色增长度和绿色承载力方面、西部区域在绿色保障力方面居于首位，上海、浙江、贵州、江西分别在不同的二级指标方面领先其他省份。

与会专家认为，《长江经济带绿色发展报告（2017）》是对长江经济带发展战略的积极响应，是湖南省社会科学院致力于"跳出湖南来研究湖南"、拓展智库建设布局的一次重要探索，也是湖南省智库研究的重大成果。该《报告》发布的"长江指数"首届一指，充分体现了湖南省社会科学院智库改革先行一步、生态智库建设别具一格，走在了全国地方社会科学院的前列。

长江经济带绿色发展指标要形成特色

社会科学文献出版社社长　谢寿光

这个会场我非常熟悉，前前后后已经出席过多次湖南省社会科学院重大成果的发布会了，也感谢湖南省社会科学院长期的信任和合作，把很多重要的成果都在我们这个平台上发布。我们出版社在人文社会科学专业出版领域中名列前茅，其中有很多是湖南省社会科学院和湖南社会科学界对我们长期的支持和鼓舞。《长江经济带绿色发展报告（2017）》的这个重大成果正式进行发布，作为出版方，我首先要向这个课题主要的原创者，向湖南省社会科学院绿色发展研究团队表示衷心的祝贺；同时要向以建武院长为首的湖南省社会科学院领导，对这个课题的整体策划和给予的支持，以及其他各兄弟单位的关注，表示衷心感谢！

长江经济带绿色发展是我国区域发展三大战略和五大发展理念交织的热点领域，《长江经济带绿色发展报告（2017）》一书，是研究团队对跨省域大区域级绿色发展水平进行定量化评价的首次探索。该书回顾梳理了长江经济带绿色发展的政策背景和演进历程，将长江经济带绿色发展分解为绿色增长度、绿色承载力和绿色保障力三个维度，以及结构优化、创新驱动、开放协调、水资源利用、水生态治理、绿色投入和绿色生活七项二级指标进行考察。能把五大协调发展中的绿色发展变成指标化进行评价，这是新型智库建设最重要的突破点。社会科学想要有地位，有一点很重要，不要搞玄而又玄的东西，要做实证研究，加强量化研究。针对长江经济带绿色发展所构建的这一套指标体系，在落实新型智库建设方面，至少在全国地方社会科学院这个系统的新型智库研究上，湖南省社会科学院已迈出了一个坚实的步伐，而且在这个方面可能已经走到前头。

下一步要把这套体系、这些指标进一步完善，广泛征求有关各方的意见，形成一套具有自己特色的评价指标体系。那么在这个问题上，就可形成非常明显的优势和特色。对长江经济带绿色发展，建议下一步开始做绿皮书，可两年或者三年发布一次指标评价，但一定要把这个机制固定下来。做绿皮书可以专题评价，比如说省会城市，城市绿色指数，农村绿色指数，或者是绿色食品指数等。但要有指标，对指标进行不断调整完善丰富，而且让更多的人接受；要有一套自己的数据采集系统，建立起一个基础数据平台。除了长江经济带，还可做黄河经济带、珠江经济带等，这样的地方智库就变成全国性的智库，就可跃出湖南省的范围，所发布的绿色指数的影响力就不仅是全国的，甚至是世界的。

始终把出高质量成果作为智库建设的生命线

湖南省社会科学院党组书记、院长　刘建武

今天，跃进湖畔绿意盎然，鸟语花香，我们在这里召开"《长江经济带绿色发展报告（2017）》成果发布暨出版座谈会"。首先，对莅临会议的各位领导、各位专家、各位来宾和新闻界的朋友们表示热烈的欢迎！

以"生态优先、绿色发展"为核心理念的长江经济带发展战略，是以习近平同志为核心的党中央尊重自然规律、经济规律和社会规律，顺应世界发展潮流，为推动我国绿色发展和可持续发展做出的重大战略决策和部署，是党中央治国理政新理念新思想新战略的重要组成部分。开展长江经济带绿色发展研究，是国家战略层面的现实需求，是对中央和政府有关文件的准确领悟，在当前和未来都将是理论界、智库界探讨的热点命题。

湖南地处长江中游，是长江经济带的重要省域与支点，承担着"一带一部"的战略使命，融入长江经济带绿色发展是湖南发展的重要目标。省社会科学院作为省委、省政府的核心智库，担当着咨政建言的重任。2016年，我院结合"创新、协调、绿色、开放、共享"五大发展理念要求和自身优长特色学科，组建了长江经济带绿色发展研究团队，并投入专项经费，将长江经济带绿色发展系列报告作为品牌成果进行打造和推出。长江经济带绿色发展研究团队承接该报告研究任务后，组织相关专家进行了研究思路、框架体系、详细提纲的多次讨论，进行了细致的数据采集和撰稿工作，于2017年7月完成初稿，四易其稿后，于2018年1月在社会科学文献出版社正式出版了首部《长江经济带绿色发展报告》。

成果的出版与我院长期重视智库品牌建设是分不开的。2013年以来，我院确立了"马克思主义的坚强阵地、省委省政府的核心智库、湖南哲学社会科学的重要力量"三位一体发展思路；形成了加强特色新型智库建设的实施方案，将全院研究重点调整为"当代中国马克思主义""绿色发展与两型社会建设""湖南发展新理念新思路新战略"与"湖南历史文化"四个主攻方向排兵布阵，进行开创性的积极探索；秉持"基础理论研究与应用对策研究结合""出成果与出影响结合""重人才与重团队结合""创新管理体制与创新运行机制结合""调动科研人员积极性与调动行政科辅人员积极性结合"等五个结合的基本发展理念,支持开展合作研究和集体攻关,推动优势互补,推进智库建设,激发创新活力,不断推出标志性的研究成果,《长江经济带绿色发展报告(2017)》就是其中之一。

今后,我们将进一步加大工作力度,不负省级重点智库的使命,始终把出高质量成果作为智库建设的生命线。坚持问题导向,精心组织开展面向改革、面向决策、面向实践的重大课题研究,把中央精神与改革实践中的问题有效地连接起来,把省委、省政府关心关注的问题与研究工作者的兴奋点有效地连接起来,紧扣热点、难点问题,举全院之力进行深入调研,联合攻关,形成高质量的应用对策成果,进入决策,服务实践;始终把打造优势学科作为智库建设的主支撑。进一步加强重点学科的科学化设计与精细化管理,进一步提高我院在中国马克思主义研究、区域经济、绿色发展、共享发展、乡村振兴、湖湘历史文化、新型城镇化等方面的研究实力,建设一批具有地域特色、发展潜力和竞争优势的新兴学科与交叉学科,确定一批长期跟踪研究、持续滚动资助项目,形成一批特色鲜明、长期关注的决策咨询研究领域及其研究成果。朝着国家级智库的战略方向和目标,努力迈上新台阶。

这场成果发布会,同时也是一场湖南区域经济与绿色发展学界与政界的学术研讨和经验交流会,期待《长江经济带绿色发展报告(2017)》的出版与今天的座谈会,能为推进我国、我省,特别是长江经济带绿色转型发展有所助益。

伟大的事业,产生史诗般的成果

湖南省长株潭两型社会建设服务中心副主任 刘怀德

上周接到参加省社会科学院、社会科学文献出版社《长江经济带绿色发展报告(2017)》发布会的邀请,感到这是一个很不简单的事,就找到报告文本进行学习,重温习近平总书记关于长江经济带、关于生态文明建设的思想,以及最近在海南省的两个讲话,体会"共抓大保护、不搞大开发"思想,品读湖南省社会科学院绿色发展研究团队的心血,很受启发。

这当然是因为湖南省社会科学院在长株潭两型社会、生态文明建设问题研究坚守多年、积累很深，因为这个主题很重大。

这个《报告》是一个高水平的报告，比较充分地体现了国家对长江经济带的要求，政治性、政策性、学术性强。从中，我们既看到战略部署和计划安排，也看到工程、管理上的努力；既看到显性的生态环境质量，也反映了隐性的经济活动和生活；既看到发达地区的状况，也能看到中西部地区的状况，从中感知把握中国绿色发展的形势和大局。报告对长江经济带建设特别是绿色发展将起到积极的支持促进作用。

下面再简要汇报一下长江经济带绿色发展及其评价的几点学习体会。我们考虑长江经济带绿色发展，其主题是绿色发展，主体是长江经济带，这是几个关键点。

第一，提高绿色空间布局的合理性。在上中下游的自然布局和现状经济人口布局的基础上，根据"五位一体"的要求，生产、生活、生态空间的合理配置，长三角、长江中游和上游几个城市群的发展，每一个城市群的发展，发展规模、主导产业、内部结构、动力等，都应根据其自然条件进行规划，根据《报告》，长江从上游到下游，自然资源条件是递减的，产业能级是递增的，产业布局就有一个响应问题，才可以实现经济、生态效益的最大化。湖南在全国的面积、人口、经济总量都排前十，全国只有两个省另外一个是四川，湖南应该在国家特别是长江经济带的人口、城镇化、经济的布局上处在更加重要的位置。

第二，强化绿色制度的导向性。"要用改革创新的办法抓长江生态保护"，"要使市场在资源配置中起决定性作用，更好发挥政府作用"。这些年，国家加大了生态文明制度建设的力度，但制度尤其是针对长江经济带实际的制度缺失仍然比较突出，包括源头严控、过程严管、后果严惩的制度建设，包括生态红线、产业准入负面清单、环境准入标准、生态环境监测网络、资源环境预警系统、生态补偿、责任追究等一些大的制度，如水权的分配与交易、建设用地跨省调剂，可以在长江经济带先行先试。

第三，注重绿色发展的系统协同性。主体是带，不是单个的主体。习近平总书记曾指出，"长江经济带作为流域经济，涉及水、路、港、岸、产、城和生物、湿地、环境等多个方面，是一个整体，必须全面把握、统筹谋划","要增强系统思维,统筹各地改革发展、各项区际政策、各领域建设、各种资源要素,使沿江各省市协同作用更明显,促进长江经济带实现上中下游协同发展、东中西部互动合作"。山水林田湖的关系,上下游、左右岸、干支流的关系,水质与水量的关系,都必须系统考虑,如仅仅考虑水质而不考虑水量,生态用水保障不了,也不是绿色的。莱茵河之所以从欧洲的下水道,成为世界管理最好的河流之一,是从(20世纪)80年代后期开始,系统治理,而且不是简单地采用几个水质指标,而是注重完整的生态系统。我们要对计划的统筹、规划的衔接、法制的同步、标准的对接、工程的联动、执法的综合、政策的保障、信息的对称等方面予以关注,综合、系统施策。

第四,体现长江文明的先进性。长江不是一般的河流,"长江、黄河都是中华民族的发源地,都是中华民族的摇篮",要"把长江经济带建设成为我国生态文明建设的先行示范带、创新驱动带、协调发展带","把长江经济带建成生态更优美、交通更顺畅、经济更协调、市场更统一、机制更科学的黄金经济带"。长江经济带其历史地位已经不容置疑,应该围绕"五更",率先实现高质量发展,创造与莱茵河、多瑙河等世界河流媲美并能超越的生态环境、制度、技术、文化,成为与社会主义现代化强国相适应,能展示中国风范、中国气派、中国形象的中华文明亮丽名片。

第五,记实转型的阶段性。习近平总书记强调,"当前和今后相当长一个时期,要把修复长江生态环境摆在压倒性位置,共抓大保护,不搞大开发。要把实施重大生态修复工程作为推动长江经济带发展项目的优先选项,实施好长江防护林体系建设、水土流失及岩溶地区石漠化治理、退耕还林还草、水土保持、河湖和湿地生态保护修复等工程"。不同的阶段,有不同的重点、不同的任务,尤其是当前要付出巨大的努力。发展报告可以通过一些专题、案例,记录这一伟大进程。这次针对洞庭湖治理,省政协组织了四支队伍,到岳阳、常德、益阳和长沙调研和现场勘察,上上下下各方面都觉得洞庭湖治理很有必要,行动都很积极主动,但很多历史性、阶段性的问题,要在短期内处理,是很不容易的,如杨树、采砂、养鱼、黑臭水体治理,造纸、化工等产业转型,都涉及民生、市场、企业生存发展等问题,考验着各方的定力与智慧。

其实，湖南在长江经济带乃至全国的工作是不错的，国家统计局、国家发改委等发布的全国 2016 年生态文明建设年度评价，湖南在全国排第 8，在长江经济带 11 省市中排第 5，当然这次《长江经济带绿色发展报告 (2017)》中排第 9，我反复对照了，出现差异的原因一是年度不一，二是指标体系不一，当然也看出我们湖南人心底无私，遵循数据。湖南的工作是不错的，最近国家发改委向国务院专门报告，梳理长株潭试验区在流域治理、老工业城市环境治理、农村面源污染治理、政府企业社区学校群众参与等四个方面的 11 个案例，拟发文在全国推广。这在全国 12 个试验区中是第一个。当然，从制度建设、从治理工作，到生态环境绩效，有一个过程，不可能早上栽树下午就结果，只要努力，就有希望。

伟大的事业，产生史诗般的成果，很钦佩湖南省社会科学院和社会科学文献出版社的眼光，出版了这一本《长江经济带绿色发展报告 (2017)》。

《长江经济带绿色发展报告 (2017)》发布正当其时
湖南省人民政府发展研究中心副主任　唐宇文

非常高兴参加《长江经济带绿色发展报告 (2017)》的成果发布会，祝贺我们这个成果的发布，有两点感想。

第一，《长江经济带绿色发展报告 (2017)》的成果发布正当其时，具有重要的理论和时间的价值，非常有意义。习近平总书记反复讲绿水青山就是金山银山，而且把长江经济带作为中国经济的未来一个支撑来建设，也一再强调长江经济带是不搞大开发，要搞大保护。《长江经济带绿色发展报告 (2017)》非常契合习近平总书记的讲话精神。我们践行五个发展理念，实现绿色发展，既是国家的发展战略，其实也是老百姓对美好生活的一个向往。现在环境不好的地方大家不想去，破坏环境的事情大家也很反感，表明绿色发展已经成为美好生活的一个非常重要的组成部分。报告用了大量定量分析的方法，通过实证分析研究得出的结果是非常科学的。通过科学的定量分析，也为我们未来的发展指明了一些不足的地方，对实践的指导意义也是非常大的。这个报告思路非常清晰，前后的逻辑主线很明确，而且从分析的结果到最后的对策建议，也非常契合当前实际。

第二是报告的发布有利于长江经济带找到绿色发展的主攻方向。对长江经济带流域的这些省份，特别是湖南，未来绿色发展的方向在哪里？有哪些不足？这个报告就是一个非常好的指引方向的成果。像绿色发展评价三大类指标的设计，七个方面的二级指标，到三十几个具体指标；通过计算得出的结果令人深思，湖南的绿色发展水平过去处在第 11 位，到 2014 年前进到第 9 位。近两年我们也做了一个重大课题，即两型社会和生态文明的研究，拿 31 个省市自治区来比较，感觉湖南排位也较靠后。《长江经济带绿色发展报告（2017）》这个研究成果是能够说明问题的，比如水生态治理这个指标湖南排名第 11 位，这也说明我们在水生态、水环境治理方面还是任重道远，也说明了我们为什么要把湘江治理作为省委、省政府的一号工程。当然，在绿色发展上，湖南有好的地方，比如森林覆盖率差不多达到 60%，在 11 个省市里比较靠前，但环境治理的任务还是比较重。对我们来说，知道了哪些方面湖南比较落后，湖南绿色发展以后对接的方向是哪些，应该着力的方向是什么。报告提供了一些方向性的指引。并且在数据比较中，还可告诉我们外省哪些方面做得好，在数据背后隐含了其他省市创造的好的办法，好的模式，好的经验可以借鉴，值得做进一步的调研。

最后希望以后陆续把《长江经济带绿色发展报告》形成一个系列的研究，打造出一个品牌。在绿色发展上，也希望省社会科学院绿色发展团队能成为一个很有特色的专业智库，并通过尽量多的持续不断的绿色发展研究，抢占绿色发展研究的先机，成果辈出，人才也辈出。

读《长江经济带绿色发展报告（2017）》的四点体会

湖南科技大学副校长　刘友金

很高兴来参加这样一个标志性的智库重大成果的发布。看了《长江经济带绿色发展报告（2017）》，我主要有以下四点体会。

第一，选题非常重要。长江经济带绿色发展是一个重大的选题，不仅是因为它反映了我们现在需要研究的重大问题，而且它抓住了长江经济带发展战略中的核心问题。长江经济带的发展，关键是绿色发展。十九大报告中，习近平总书记讲要转型发展，转型发展要转型到什么？叫作高质量发展，向高质量发展这个方向转型，高质量发展的关键在于绿色发展，或者绿色发展应该说是高质量化的一个重要体现。所以我觉得这样一个绿色发展报告选题非常好，非常重要。

第二，结构非常合理。这个报告不是很好写，因为发展报告有很多种形式，但这个发展报告在结构上还是很有新意的。首先前面这几章主要是理论与指标体系的构建，接下来就是从空间的角度对长江经济带的绿色发展进行评价，第三个大的部分就是对重点领域，包括产业、城市的绿色发展进行评价。这三大部分或者三大块是互相联系的，而且都抓住了问题的关键或者重点。

第三，指标非常系统。绿色发展的评价指标选择很难，理念不同，对内涵的理解不同，所构建的指标体系可能就不一样。这中间有很多问题你们考虑得很好，总体来讲是三级 36 个指标，以水体流域生态及保护为主线，但没有只局限于水体流域生态及保护问题，而是跳出这个问题来看水体流域和生态保护问题。比方说，在指标体系中包括了创新驱动指数，实际上是告诉我们，绿色的发展，环境的治理，离不开科技创新。技术水平发展越高，很有可能治理的程度、绿色发展的程度就越高。评价的结果显示，上海排在 11 个省市的前面，这体现了一种理念，或者说是从一个更长远的角度在看绿色发展问题，是从一种发展趋势的角度来设计指标体系，因此，这种指标体系是有特色的。再比方说绿色保障力，其中把 R&D 的投入或者经费的投入作为一个很重要的指标，也有特色。虽然是以水体流域或者生态保护为主线，但又跳出这个问题看问题，这样的指标体系设计有合理性、科学性、前瞻性。

第四，观点非常新颖。长江经济带到底是发展还是保护？单纯只保护不发展，肯定不行；单纯只发展不保护也不行。这个报告就强调了协调发展与保护的关系，隐含了这么一个观点。对产业发展问题，这个报告从流域、区域的角度来看，从资源环境承载角度来看，指出东部省市是经济下行弱化企业节能减排投入，导致企业污染治理投入不够不足，中部省市是重化工业占比大，产业绿色转型压力大，这些观点应该说是抓住了矛盾的主要方面。通过这一报告我可以从中挑出很多很有影响的、很有新意的观点，为我们下一步出政策提供了一个很好的引导，或者说一个很好的支撑。

"长江指数"及其背后的思考

湖南省社会科学联合会副主席　汤建军

我十分高兴参加今天下午在湖南省社会科学院举行的《长江经济带绿色发展报告（2017）》成果发布暨出版座谈会。由社会科学文献出版社出版的这本绿色报告书，是我国首部关于长江经济带绿色发展整体性研究的发展报告，是第一次发布"长江指数"（在全国率先构建长江经济带绿色发展指数），也是湖南省社会科学院智库改革后，组建绿色发展研究团队集体攻关撰写的首部智库报告。

我认为，这本报告发布的"长江指数"首屈一指，充分体现了湖南省社会科学院智库改革先行一步、生态智库建设别具一格。

（一）绿色发展已成为长江经济带建设主题。从沿海起步先行、溯内河向纵深腹地梯度发展，这是世界经济发展史上的重要规律，也是许多发达国家在现代化进程中的共同经历。长江是中华民族的母亲河。长江经济带覆盖9省2市，面积205.1万平方公里，占国土面积约21.4%。在中国发展版图上占据极其重要的地位。

早在2013年11月，习近平总书记在湖南考察时就指出，湖南要发挥作为东部沿海地区和中西部地区过渡带、长江开放经济带和沿海开发经济带接合部的区位优势。习近平总书记曾在长江考察期间指出，长江拥有独特的生态系统，是我国重要的生态宝库。今年全国"两会"期间，政府工作报告指出，以生态优先、绿色发展为引领推进长江经济带发展。

就在今天，习近平总书记在湖北宜昌，考察调研长江生态环境修复工作。习近平总书记强调，长江经济带建设要共抓大保护、不搞大开发，不是说不要大的发展，而是首先立个规矩，把长江生态修复放在首位。这就充分表明，绿色发展已经成为建设长江经济带的主题。

（二）参与长江经济带调研的几次经历。为服务党委政府科学决策，

2014 年初，我受单位主要领导委托，深入湖南长江经济带的重要门户岳阳市和湖南长江经济带的第一站华容县，围绕"把湖南长江经济带打造成新的增长极"这一主题，先后召开两个座谈会，并实地调研岳阳临港产业新区。

2014 年 5～7 月，参加省委党校 71 期厅干班"加快湖南长江经济带建设专题研讨教学"，进一步思考如何加快湖南长江经济带建设的优势、问题及其对策，与省委党校教育长吴厚庆同志一起组织 20 多位同学开展专题研究，在《湖南日报》专版发表了一组文章，我撰写的《加快湖南长江经济带建设刻不容缓》一文，后被水利部长江委员会刊物《长江技术经济》（2015 年第 2 期）全文转载。

在此基础上，我所在单位省社科联委托岳阳市主要领导牵头，组织专家和实际工作部门的同志联合开展"关于加快建设湖南长江经济带的政策建议"这一课题研究，其成果得到时任湖南省政府常务副省长陈肇雄同志的肯定批示，为省委、省政府做出"把岳阳打造成新的经济增长极"重大战略决策提供了理论参考。

2015 年 2 月，我提议并参与大量筹备工作的湖南省生态文明研究会正式成立。2015 年上半年，省社科联还受省发改委委托，我参与组织社会科学专家开展"关于落实长江中游城市群发展规划的实施意见"课题研究，其成果被发改委采纳，并得到省政府常务会议肯定。

2015 年上半年，《湖南日报》开展《奔向长江》系列报道，我认真阅读，感觉它确实是大视野大气势，有深度有影响，体现了主流媒体服务科学决策、服务发展改革的担当，为加快建设长江经济带提供智力支持、精神动力和舆论氛围。7 月 14 日，我应邀参加湖南日报报业集团在长沙主办的"推进长江经济带战略研讨会"。时任湖南省委常委、常务副省长陈肇雄出席并讲话。会后，我撰写了一篇《加快湖南长江经济带建设二十策》的文章在主流媒体公开发表，产生了较大反响。

2016 年下半年《新湘评论》社长、总编郝安同志向我约稿。后来我在该杂志 21 期刊发题为《奔向长江对接"一带一路"》一文。文中我明确提出：坚持"两型湖南"，大力发展绿色产业。绿色湖南是我们未来发展的最大优势，"两型湖南"是我们未来发展的核心资源。既要率先探索大湖流域以生态文明建设引领经济社会全面发展新路径，让湖南的生态产品直接供应长三角及其辐射地带的大城市；又要充分利用国家产业梯度转移良机，有选择地战略引进和升级开发绿色化工、绿色能源、装备制造、航运物流、卫星导航、文化旅游等绿色产业，率先探索湖南长江经济带的生态文明发展模式，促进长江中游城市群一体化发展和长江全流域开发开放。

今天，又有幸参与周小毛副院长主持的座谈会，聆听谢寿光、刘建武、方向新、刘怀德、唐宇文、刘友金、谢瑾岚等学术大家演讲，深受教育和鼓舞。今天，还有很多主流媒体参加会议，准备重点报道这个事情，作为长江边上长大的人，感觉长江经济带建设的春天真正来了，心里格外高兴。

（三）湖南须抢抓建设长江经济带战略机遇。我一直呼吁：在中国版图上，长江经济带，上接京津冀，西连丝绸之路，右接长三角，下连珠三角，天然地把东、中、西部连接在一起。湖南正位于长江经济带的脊背位置，天然具有"一带一部"的区位优势，应该加快长江经济带建设。

习近平总书记针对湖南未来发展战略提出了"一带一部"战略。因此，建设湖南长江经济带，既是顺应时代进步潮流、抢抓发展机遇，又是积极履行地区职责、落实国家发展战略；既是根据习近平总书记指示、确定湖南发展战略，又是落实湖南"四个全面"战略、推进经济结构转型升级。

当前，我们首先应把认识和行动统一到"一带一部"战略上来，结合湖南实际，用行动落实好中央和省委、省政府关于建设长江经济带的安排部署，特别是要始终坚持把市场机制这只"无形之手"与政府作用这只"有形之手"有机结合，真抓实干加快建设进度。

湖南是两型社会建设综合改革配套试验区，是国家战略长江经济带的脊背位置所在地，还是洞庭湖生态经济区所在地。我们应该有所作为、大有作为，应该在长江经济带绿色发展上走在前列，为全国探索经验。《湖南日报》《奔向长江》系列报道开了先河。湖南社会科学专家也不甘落后，研究发布了长江指数。

《长江经济带绿色发展报告（2017）》的公开出版发行表明，湖南社会科学界的学者先行一步了。该书发布的长江指数，聚焦绿色发展，科学设计评价指标，区分层次（流域、区域、省市域）评价，突出评价重点（绿色城市、绿色产业、绿色消费），开展绿色发展分析，为推进长江经济带绿色发展和两型社会建设，发展生态文明提出了系列对策建议。这本书是全国首创，充分体现了湖南社会科学界学者的宽思路、大视野、真情怀和高水平。在此，对研究团队及其领导团队表示热烈祝贺。

《长江经济带绿色发展报告（2017）》一书，充分体现了党中央"坚持生态优先，依托黄金水道推动长江经济带发展"重大战略，展现了湖南省社会科学院敢为人先、"跳出湖南来研究湖南"的精神风貌，打造出了生态智库的标志性品牌。

为湖南省社会科学院"绿色发展与两型社会建设研究团队"进一步整合资源，发挥好生态智库作用，我建议：一是更多吸收实际工作部门，如林业、水利、环保等行业的综合管理部门和基层单位的同志参与课题研究；二是加大宣传力度，积极联系媒体大张旗鼓宣传"长江指数"这个开创性重大智库成果；三是继续完善评价指标，深入对省内外流域、区域内绿色发展的重点领域和地区开展仔细研究，争取多出成功案例；四是建立绿色智库数据，服务科学决策，方便社会共享。

《长江经济带绿色发展报告》的特色及现实意义

湖南省社会科学院原副巡视员　方向新

依托黄金水道推动长江经济带发展，打造中国经济新支撑带，是党中央、国务院所做出的重大战略决策。坚持生态优先、绿色发展，建设绿色生态廊道，打造生态文明建设的先行示范带，是推动长江经济带发展的一个重要战略定位。无疑，加强对长江经济带绿色发展的研究，是对长江经济带发展需求的准确领悟，更是湖南智库研究中值得高度重视的重大问题。

为积极参与长江经济带发展的研究，湖南省社会科学院于2016年根据"创新、协调、绿色、开放、共享"五大发展理念，组建了包括绿色发展研究在内的四大智库研究团队，确定绿色发展研究团队以"长江经济带绿色发展"作为首个集体攻关项目，并以院智库重大委托项目形式立项予以专项资金资助。通过一年多的努力，《长江经济带绿色发展报告（2017）》

（以下简称本《报告》）于 2017 年 7 月完成初稿，2018 年 1 月由社会科学文献出版社正式出版。

本《报告》是国内推出的关于长江经济带绿色发展整体性研究的首部专著。鉴于国内学术界在长江经济带绿色发展研究上尚存在着整体性不够、流域特色稍弱的问题，本《报告》注重了三个突出：突出绿色发展指标体系的构建；突出绿色发展的多层次评价；突出绿色发展重点领域的分析。由此，取得了以下重要成果。

其一，在全国率先构建了长江经济带绿色发展指数，简称"长江指数"。本《报告》按照"反映广义范畴的绿色发展、体现长江经济带区域特征、考虑区域发展的不均衡性、注重指标的稳定性及可操作性"等原则，构建了长江经济带绿色发展评价指标体系。该体系分为 3 个层次：一级指标为绿色增长度、绿色承载力和绿色保障力；二级指标为结构优化、创新驱动、开放协调、水资源利用、水生态治理、绿色投入和绿色生活；三级指标包含 36 项具体指标。与国内类似评价相比较，本评价体系重点突出了水资源、水生态的内容，绿色承载力层次均为水资源节约、水生态修复和水环境治理的相关指标，这与《长江经济带发展规划纲要》中以水资源、水环境、水生态的保护和修复，作为界定经济带生态环境改善的主要标识的相关要求相吻合。

其二，首次从流域、区域、省（市）域三个层次对长江经济带绿色发展进行了评价分析。主要结果有：①从流域总体评价上看。从 2011～2015 年，长江经济带绿色发展水平稳步提升，"长江指数"由 49.39 上升至 56.35，其中表征生态绿色化的绿色承载力指数上升趋势最为平稳，说明长江经济带生态环境质量有明显改善。但绿色增长度和绿色保障力层面的部分二级指标有所波动，特别值得关注的是：创新驱动指数自 2013 年后回落明显，绿色投入水平增幅有限等。②从区域评价上看。在绿色发展总体水平上，以东部区域居首位，西部区域居第二位，中部区域暂居第三位。从 3 个一级指标来看，东部区域的绿色增长度和绿色承载力均居首位，这得益于其经济绿色化转型相对领先，且生态环保基础设施相对完备；但西部区域的绿色保障力指标领跑各区域板块，主要是西部省市对生态环保领域的投入比例高于东部、中部区域。③从省（市）域评价上看。长江经济带

11 省市从绿色发展水平上可分为三个梯队：第一梯队为上海，评价指数超过 70 分，高达 77.7 分；第二梯队为浙江、江苏和重庆，评价指数介于 55 ～ 70 分；第三梯队为贵州、湖北、四川、云南、湖南、安徽和江西，评价指数介于 47 ～ 54 分。从 7 项二级指标来看，上海在结构优化、创新驱动、开放协调、水生态治理 4 项指数上拔得头筹，浙江、贵州、江西则分别在水资源利用、绿色投入、绿色生活指数上名列榜首。

其三，突出了绿色城市、绿色产业、绿色消费三大重点领域的绿色发展分析。绿色城市评价显示：在绿色增长度上，以上海、杭州、武汉为高；在绿色承载力上，以长沙、成都、武汉为高；在绿色保障力上，则以成都、武汉、合肥最高。但目前尚存在上、中、下游城市绿色发展水平差距大、联系低、协同发展不足的突出问题。绿色产业评价显示：长江经济带上、中、下游之间存在显著的产业梯度和要素禀赋差异，产业能级沿长江流向呈递增趋势，要素丰裕度则沿长江流向递减，应通过错位发展和合理布局推动产业绿色转型。绿色消费评价显示：绿色消费制度不完善、绿色产品市场鱼龙混杂、绿色消费习惯尚未形成等仍为突出问题。

其四，提出了推进长江经济带绿色发展的对策建议。在长江经济带绿色发展整体上，尤要针对创新驱动和绿色投入提升相对较慢的问题，加快资源环境产权制度改革，创新要素投入和社会资本参与机制；在区域绿色协调发展上，加大中西部区域赶超力度仍为重点，中部区域应特别关注制造业升级和水资源节约问题，西部区域需要在传统产业改造上下功夫；在绿色城市、绿色产业的培育上，应注重城市群绿色协作，协同打造高科技研发中心、绿色制造中心和资源型产业绿色化改造示范区。

本《报告》是湖南省社会科学院致力于"跳出湖南来研究湖南"、拓展智库建设布局的一次重要探索，也是对长江经济带绿色发展研究新的起点。我们将在三个方面作进一步的努力：一是继续完善评价体系，使"长江指数"成为流域评价的重要参考；二是深化对省域（特别是湖南）嵌入长江经济带绿色发展的研究，迅即推出《长江经济带绿色发展报告（湖南篇）》；三是拓展对农业农村、企业、社区等绿色发展重点领域的细化研究。

图书在版编目（CIP）数据

长江经济带绿色发展报告 . 2019 / 谢瑾岚等著. --
北京：社会科学文献出版社，2020.1
ISBN 978 - 7 - 5201 - 5977 - 7

Ⅰ.①长… Ⅱ.①谢… Ⅲ.①长江经济带 - 绿色经济
- 区域经济发展 - 研究报告 - 2019 Ⅳ.①F127.5

中国版本图书馆 CIP 数据核字（2020）第 012083 号

长江经济带绿色发展报告（2019）

著　　者 / 谢瑾岚　杨顺顺　刘　敏　罗黎平 等

出 版 人 / 谢寿光
组稿编辑 / 邓泳红　陈　颖
责任编辑 / 陈　颖

出　　版 / 社会科学文献出版社·皮书出版分社（010）59367127
　　　　　　地址：北京市北三环中路甲 29 号院华龙大厦　邮编：100029
　　　　　　网址：www. ssap. com. cn
发　　行 / 市场营销中心（010）59367081　59367083
印　　装 / 三河市东方印刷有限公司

规　　格 / 开　本：787mm × 1092mm　1/16
　　　　　　印　张：16　字　数：247 千字
版　　次 / 2020 年 1 月第 1 版　2020 年 1 月第 1 次印刷
书　　号 / ISBN 978 - 7 - 5201 - 5977 - 7
定　　价 / 128.00 元

本书如有印装质量问题，请与读者服务中心（010 - 59367028）联系